知识产权法案例教程

主　编　袁海英
副主编　邱丽阳　焦红梅　王　司

中国民主法制出版社

图书在版编目（CIP）数据

知识产权法案例教程/袁海英主编；邱丽阳,焦红梅,王司副主编.—北京:中国民主法制出版社,2023.3

高等学校法律实务系列教材.第三辑
ISBN 978-7-5162-3061-9

Ⅰ.①知… Ⅱ.①袁… ②邱… ③焦… ④王… Ⅲ.①知识产权法—案例—中国—高等学校—教材 Ⅳ.①D923.405

中国国家版本馆 CIP 数据核字（2023）第 003089 号

图书出品人:刘海涛
责 任 编 辑:逯卫光

书名/知识产权法案例教程
作者/袁海英　主编
　　　邱丽阳　焦红梅　王　司　副主编

出版·发行/中国民主法制出版社
地址/北京市丰台区右安门外玉林里7号（100069）
电话/（010）63055259（总编室）　63058068　63057714（营销中心）
传真/（010）63055259
http：// www.npcpub.com
E-mail：mzfz@npcpub.com
经销/新华书店
开本/16开　787毫米×960毫米
印张/14.5　字数/218千字
版本/2023年9月第1版　2023年9月第1次印刷
印刷/三河市宏图印务有限公司

书号/ISBN 978-7-5162-3061-9
定价/48.00元
出版声明/版权所有,侵权必究。

（如有缺页或倒装,本社负责退换）

高等学校法律实务系列教材(第三辑)编审委员会

总　主　编　孟庆瑜

副总主编　何秉群　朱良酷　赵树堂

编委会成员(按姓氏笔画排序)

冯惠敏　朱鹏杰　伊士国

刘广明　刘海军　苏永生

张德新　陈玉忠　陈　佳

赵俊岭　柯阳友　秦长胜

高　红　曹洪涛　戴景月

总序

为了贯彻落实《教育部、中央政法委员会关于实施卓越法律人才教育培养计划的若干意见》的文件精神，全面推进法律硕士专业学位研究生教育综合试点改革工作，充分发挥国家大学生校外实践基地的育人功能，持续深化法学专业实践教学改革，不断提高法学专业学生的实践创新能力，我们组织法学专家与法律实务部门专家共同编写了高等学校法律实务系列教材。

本套系列教材共分为三辑：第一辑包括《宪法案例教程》《行政法案例教程》《刑法案例教程》《民法案例教程》《经济法案例教程》《刑事诉讼实务教程》《民事诉讼实务教程》《法律文书实务教程》8部教材；第二辑包括《商法案例教程》《刑事诉讼法案例教程》《民事诉讼法案例教程》《刑法（总论）案例教程》《公证与律师制度实务教程》《行政诉讼实务教程》6部教材；第三辑包括《法理学案例教程》《中国法律史案例教程》《行政诉讼法案例教程》《劳动法和社会保障法案例教程》《知识产权法案例教程》《环境保护法案例教程》《国际法案例教程》《国际私法案例教程》《国际经济法案例教程》《法律职业伦理案例教程》10部教材。

本套教材以案例研析和实务操作为主题,以高等学校和实务部门的共同开发为特点,以培养学生的法律实践应用能力为目标,以逐步形成适应应用型、复合型法律人才培养需要的法律实务教材体系。教材的编写力求遵循以下原则。一是理论与实践相结合,突出实践性:即教材内容要强化法学理论和原理的综合应用,强调实践和应用环节,侧重实践能力培养,为学生的知识、能力、素质协调发展创造条件;二是立足现实,追踪前沿:即教材内容要最大限度地反映本专业领域的最新学术思想和理论前沿,吸收本专业领域的最新实务经验和研究成果,具有前瞻性;三是全面覆盖,突出重点:即教材既要整体反映本专业知识点,又要彰显案例和实务操作领域的规律和重点,以避免与理论教材之间的内容重复。

本套教材的编写力求满足以下要求。一是立足基础,突出应用:即立足基本知识,不作系统讲解,着重法律应用,突出应用性和实务特色;二是表述准确,言简意明:即基本概念阐释清晰准确,知识要点讲解言简意赅;三是篇幅适中,便于使用:即控制每部教材的篇幅字数,均衡各章之间的权重,不宜畸轻畸重;四是知识案例,融会贯通:即将知识讲授与案例评析有机结合,真正做到以案说法,突出案例与知识的互动。

本套教材的编写是高等院校与法律实务部门之间深入合作和大胆尝试的结果,无论是教材内容,还是编写体例,肯定还存在诸多有待完善提高的地方,使用效果也有待教学实践的评估与检验。我们将及时总结经验,不断修订提高。同时,也期待着法学界和法律实务部门的各位同人能够提出宝贵的意见和建议。

教材编委会
2022 年 3 月 26 日

目 录

第一章 著作权法 　　001

案例 1　广东原创动力文化传播有限公司诉北京奇客创想信息技术
有限公司著作权权属、侵权纠纷案　　001

案例 2　游万全诉东莞市嘉信实业有限公司著作权侵权纠纷案　　005

案例 3　中国音像著作权集体管理协会诉汤光照著作权权属、
侵权纠纷案　　011

案例 4　中国音像著作权集体管理协会诉林宝俤著作权侵权纠纷案　　016

案例 5　北京北大方正电子有限公司诉广州宝洁有限公司、北京家乐福
商业有限公司侵犯著作权纠纷案　　021

案例 6　冯源著作权纠纷案　　027

案例 7　广西广播电视报社诉广西煤矿工人报社电视节目预告表
使用权案　　031

案例 8　叶×玲诉广州艺×文化传播有限公司侵犯著作财产权案　　036

案例 9　中国音乐著作权协会诉新兴大富豪酒店有限公司侵犯著作权
权属、侵权纠纷案　　040

案例 10　郝岩、大连锦绣年华影视有限公司与大连电视台、中央电视台、
齐鲁电子音像出版社侵犯著作人身权纠纷案　　045

案例 11　科艺百代股份有限公司诉北京阿里巴巴信息技术有限公司
侵犯著作邻接权案　　050

案例 12	孙士琦诉天津人民出版社等侵犯出版者权纠纷案	055
案例 13	东莞市金朗酒店与叶佳修著作权权属、侵权纠纷案	061
案例 14	中国音像著作权集体管理协会诉麦肇著作权侵权纠纷案	067
案例 15	姚天、冯丹诉天津顶津公司、中央电视台、林志颖侵权纠纷案	072
案例 16	杨林诉孙建国、湖北省孝商股份有限公司、武汉市江汉区绿叶超市有限公司侵犯著作权案	079
案例 17	胡某波诉教育部考试中心侵犯著作权纠纷案	082
案例 18	佛山市南海区××××家具厂诉佛山市南海×××家具有限公司侵害其著作财产权纠纷案	087
案例 19	广州艺洲人文化传播有限公司诉吴井泉著作权侵权纠纷案	100
案例 20	庄某诉郭敬明侵犯著作权案	105
案例 21	黄某新诉中国文采声像出版公司等侵犯著作权纠纷案	110
案例 22	萧玉田诉瑞蚨祥绸布店著作权纠纷案	114

第二章　商标法　　　　　　　　　　　　　　　　　　　　119

案例 23	红河卷烟厂诉昆明市宜良金象洗涤用品有限公司商标侵权纠纷案	119
案例 24	浙江蓝野酒业有限公司、上海百事可乐饮料有限公司等商标侵权纠纷案	126
案例 25	北京汇成酒业技术开发公司诉北京龙泉四喜酿造有限公司侵犯商标权纠纷案	136
案例 26	利勃海尔—国际德国有限公司诉国美电器等公司商标侵权案	140
案例 27	云南大江旅游漂流有限公司诉昆明风情国际旅行社有限公司商标侵权案	145
案例 28	可口可乐公司诉商标评审委员会商标行政纠纷案	150
案例 29	费列罗有限公司诉国家工商行政管理总局商标评审委员会商标确权纠纷案	152
案例 30	卡特彼勒公司诉瑞安市长生滤清器有限公司商标侵权纠纷案	155
案例 31	北京国美电器有限公司诉武汉大为电子有限责任公司计算机网络域名侵犯注册商标专用权纠纷案	161
案例 32	上海申达音响电子有限公司与玖丽得电子(上海)有限公司侵犯商标专用权纠纷案	166

案例33　大众交通(集团)股份有限公司等诉北京百度网讯科技有限
　　　　公司等侵犯商标专用权与不正当竞争纠纷案　　　　　　　174

第三章　专利法及其他　　　　　　　　　　　　　　　　　　　　183

案例34　专利侵权诉讼等同特征判断标准的适用方法——评君合公司
　　　　诉赢海公司、崔某某侵犯实用新型专利权纠纷案　　　　　183

案例35　广东雅洁五金有限公司与谢忠英、王文景及中山市凌志锁业
　　　　有限公司侵害外观设计专利权纠纷案　　　　　　　　　　186

案例36　上海晨光文具股份有限公司诉上海肖隆贸易有限公司、被告
　　　　慈溪市爱可制笔有限公司侵害外观设计专利权纠纷案　　　188

案例37　洛阳毅兴石化电器仪表设备有限公司与新乡市胜达过滤净化
　　　　技术有限公司侵害实用新型专利权纠纷案　　　　　　　　190

案例38　王飞诉江苏洋河酒厂股份有限公司侵犯实用新型专利权因现有
　　　　技术抗辩成立被判败诉案　　　　　　　　　　　　　　　192

案例39　永莹辉贸易(上海)有限公司与上海欣典灯饰有限公司、张某
　　　　侵害外观设计专利权纠纷案　　　　　　　　　　　　　　197

案例40　伐柏拉姆公司与义乌市丹晨袜业有限公司、马凤英侵害发明
　　　　专利权纠纷案　　　　　　　　　　　　　　　　　　　　199

案例41　湖南千山制药机械股份有限公司与山东新华医疗器械股份
　　　　有限公司等侵害发明专利权纠纷案　　　　　　　　　　　201

案例42　上海拓鹰机电设备有限公司与上海昱品通信科技有限公司
　　　　专利权权属纠纷案　　　　　　　　　　　　　　　　　　204

案例43　柳艳舟、程旭波与程海波植物新品种权属纠纷案　　　　　207

案例44　莱州市金海种业有限公司与张掖市富凯农业科技有限责任公司
　　　　侵害植物新品种权纠纷案　　　　　　　　　　　　　　　210

案件45　钜泉光电科技(上海)股份有限公司等诉上海雅创电子零件
　　　　有限公司侵害集成电路布图设计专有权纠纷案　　　　　　211

案例46　宝钢集团有限公司、宝山钢铁股份有限公司与青岛宝钢五金
　　　　制品有限公司商标侵权及不正当竞争纠纷案　　　　　　　215

案例47　加多宝公司诉湖北日报传媒集团、广州医药集团不正当
　　　　竞争纠纷案　　　　　　　　　　　　　　　　　　　　　218

后记　　　　　　　　　　　　　　　　　　　　　　　　　　　　　221

PART 1

第一章

著作权法

案例1 广东原创动力文化传播有限公司诉北京奇客创想信息技术有限公司著作权权属、侵权纠纷案[①]

【案情简介】

原告:广东原创动力文化传播有限公司。住所地:广东省广州市越秀区北较场横路12号物资大厦14楼1402室。

委托代理人:林超颖,浙江亿维律师事务所律师。

被告:北京奇客创想信息技术有限公司。住所地:北京市海淀区海淀大街38号楼1201室。

委托代理人:张红杰,北京尚伦律师事务所律师。

原告广东原创动力文化传播有限公司(以下简称"原创动力公司")诉被告北京奇客创想信息技术有限公司(以下简称"奇客创想公司")侵犯著作权纠纷一案,具体案情如下:

《喜羊羊与灰太狼》是由原创动力公司制作的系列动画片,该动画片曾获得"2007年度动漫榜中榜内地及港澳台年度最佳创意动画"、第二届中国创意策划节"中国最佳动漫创意奖""最佳动画衍生产品设计奖(玩具类)""白玉兰奖国产动画片银奖"以及"第二十三届中国电视金鹰奖美术片形象设计提名奖""第十一届精神文明建设'五个一工程'奖"等奖项。

2007年至2008年,原创动力公司申请广东省版权保护联合会对动画片《喜羊羊与灰太狼》中的暖羊羊、喜羊羊、美羊羊、慢羊羊、懒羊羊、灰太狼、红太狼、沸羊羊卡通形象分别进行了著作权登记,除作品名称外,著作权登记证书上载

[①] 案例来源:北京市海淀区人民法院(2013)海民初字第19270号判决。

明的事项均显示:作品类型为美术作品,著作权人为原创动力公司。

2012年5月8日,原创动力公司申请浙江省杭州市钱塘公证处对7k7k小游戏网上传播涉案游戏的过程进行了证据保全公证。根据公证过程制作的〔(2012)浙杭钱证民字第3620号公证书〕(以下简称第3620号公证书):在ICP/IP地址/域名信息备案管理系统的网站首页地址栏中输入"www.7k7k.com",查询该网站名称为7k7k小游戏,主办单位为奇客创想公司;点击www.7k7k.com,进入7k7k小游戏网首页,点击首页上端的"7k7k游戏盒",下载并打开。在打开的页面上有"热门推荐""动作""冒险""益智""休闲""体育""儿童"等详细分类。点击页面上方的"帮助—关于"选项,显示奇客创想公司版权所有。在搜索栏中搜索"喜羊羊",点击"灰太狼荒野大逃生",进入页面载有包含"灰太狼荒野大逃生"文字内容及灰太狼形象的游戏截图、游戏介绍及涉及其他喜羊羊游戏的相关推荐;点击"开始游戏",可以运行该游戏,游戏中使用了喜羊羊、美羊羊、灰太狼等形象。该公证书还涉及案外其他游戏。

奇客创想公司表示其仅为供用户上传游戏的游戏平台,并提交其网站的使用协议、版权声明、作品上传须知、上传游戏说明、游戏大厅使用说明等。其中,内容权利一栏显示"除非7k7k.com收到相反通知,7k7k.com将用户视为其网站上载或发布的内容的版权拥有人"。上传游戏一栏中还注明了作品要求及3种投稿方法:"方法一,发送自己的作品,请发送邮件到upload2013@7k7k.com;方法二,在线联系我们的战略合作伙伴北京优游共赢;方法三,点击、直接联系我们的在线客服。"奇客创想公司表示网友上传作品,需要提交相关著作权证明,经公司审核后才能发布,网友并没有决定上传涉案作品的权利。

原创动力公司分别于2013年1月15日、2013年6月28日向被告发送律师函,要求其删除以"喜羊羊与灰太狼"系列美术作品为元素的游戏。经当庭勘验,涉案游戏仍未删除。奇客创想公司表示其在收到原告通知之后即已将涉案游戏删除,但没有证据佐证。

另查,原创动力公司为证明涉案美术形象的市场价值及其损失,向法庭提交了一份涉及授权手机产品使用涉案美术形象的许可协议。

此外,原创动力公司还提交了1800元公证费发票及230元复印费发票,公证费在本案与案外的7案中共同主张。复印费发票未向法庭提交原件,其他主张的费用均未提交相应票据。

【基本问题】

1. 卡通形象是否属于著作权法上的美术作品？
2. 判断案件中奇客创想公司是否存在主观过错？
3. 奇客创想公司应承担的民事责任。

【讨论与分析】

一、卡通形象是否属于著作权法上的美术作品

美术作品指绘画、书法、雕塑等以线条、色彩及其他方法构成的有审美意义的造型艺术。审查时，对客体的最低限度的质的要求，即本质上必须具有审美意义或审美目的。原创动力公司本案主张权利的美羊羊、懒羊羊、灰太狼、暖羊羊、喜羊羊、慢羊羊、红太狼、沸羊羊等卡通形象符合美术作品的要求，属于著作权法上的美术作品。根据原创动力公司系动画片《喜羊羊与灰太狼》制片者的身份以及相应作品著作权登记证书载明的内容，在无相反证据的情况下，认定原创动力公司享有美羊羊、懒羊羊、灰太狼、暖羊羊、喜羊羊、慢羊羊、红太狼、沸羊羊等卡通形象的著作财产权。

根据第3620号公证书的内容，在7k7k游戏盒上运行游戏"灰太狼荒野大逃生"，游戏中使用的卡通形象分别与喜羊羊、美羊羊、灰太狼等形象在整体造型、眼睛、鼻子、犄角、神态等细节方面基本相同，结合该游戏开始界面截图中的游戏名称及游戏简介文字介绍，法院可以认定"灰太狼荒野大逃生"中的卡通形象使用了原创动力公司享有权利的美术作品。

二、判断案件中奇客创想公司是否存在主观过错

奇客创想公司虽然主张其仅为供网友上传游戏的网络服务平台，但并未提交相应证据证明其提供服务的性质及涉案游戏的上传者信息。根据其网站上载明的上传游戏方式及其在庭审中的相关陈述，奇客创想公司对其网站上的涉案游戏需要进行事先的著作权审查，以决定是否在网络上发布。法院认为，根据公证的情况，奇客创想公司存在主观过错：奇客创想公司的7k7k游戏盒对不同类型的游戏进行了分类，并对涉及喜羊羊等形象的游戏进行了推荐；而《喜羊羊与灰太狼》为国内知名的国产动画片，其中的卡通形象被公众熟知，涉案游戏

的名称及图标均直接指向喜羊羊等卡通形象,故针对涉案游戏,奇客创想公司理应对其具有更高的注意义务。奇客创想公司亦未提交证据证明收到通知后及时删除了相关游戏,经法院勘验,相关游戏在开庭时仍然存在。奇客创想公司的行为侵犯了原创动力公司对涉案美术作品享有的信息网络传播权,应承担停止侵权并赔偿损失的民事责任。

三、奇客创想公司应承担的民事责任

原告原创动力公司诉称:原告是"喜羊羊与灰太狼"系列美术作品的著作权人,依法享有上述美术作品的著作权。被告未经原告许可,擅自通过其所有并经营的域名为7k7k.com的客户端软件"7k7k游戏盒"传播了以"喜羊羊与灰太狼"系列美术作品为游戏元素的游戏"灰太狼荒野大逃生",被告的行为侵犯了原告依法享有的著作权。请求法院判令:1.被告立即停止侵权,删除在其所有并经营的域名为7k7k.com的客户端软件"7k7k游戏盒"上的游戏"灰太狼荒野大逃生";2.被告赔偿原告经济损失3万元及合理费用5000元。被告承担本案的全部诉讼费用。

被告奇客创想公司辩称:"我公司仅为供网友上传游戏的游戏平台,涉案游戏系网友上传;我公司在接到原告律师函后,即已将涉案游戏及时删除;原告并非涉案游戏的经营者,并未因此而遭受损失,被告亦未获得经济利益;原告主张的合理费用与本案没有关联性,不同意原告的诉讼请求。"

法院审理本案的法律依据如下:

《中华人民共和国著作权法》(2010)第四十八条第(一)项规定:"有下列侵权行为的,应当根据情况,承担停止侵害、消除影响、赔礼道歉、赔偿损失等民事责任;同时损害公共利益的,可以由著作权行政管理部门责令停止侵权行为,没收违法所得,没收、销毁侵权复制品,并可处以罚款;情节严重的,著作权行政管理部门还可以没收主要用于制作侵权复制品的材料、工具、设备等;构成犯罪的,依法追究刑事责任:(一)未经著作权人许可,复制、发行、表演、放映、广播、汇编、通过信息网络向公众传播其作品的,本法另有规定的除外。"第四十九条第一款规定:"侵犯著作权或者与著作权有关的权利的,侵权人应当按照权利人的实际损失给予赔偿;实际损失难以计算的,可以按照侵权人的违法所得给予赔偿。赔偿数额还应当包括权利人为制止侵权行为所支付的合理开支。"

《最高人民法院关于审理侵害信息网络传播权民事纠纷案件适用法律若干

问题的规定》(2012)第三条第一款规定:"网络用户、网络服务提供者未经许可,通过信息网络提供权利人享有信息网络传播权的作品、表演、录音录像制品,除法律、行政法规另有规定外,人民法院应当认定其构成侵害信息网络传播权行为。"第十条规定:"网络服务提供者在提供网络服务时,对热播影视作品等以设置榜单、目录、索引、描述性段落、内容简介等方式进行推荐,且公众可以在其网页上直接以下载、浏览或者其他方式获得的,人民法院可以认定其应知网络用户侵害信息网络传播权。"

本案中,通过上传到网络服务器、设置共享文件或者利用文件分享软件等方式,将作品、表演、录音录像制品置于信息网络中,使公众能够在个人选定的时间和地点以下载、浏览或者其他方式获得的,人民法院应当认定其实施了上述规定的提供行为。被告北京奇客创想信息技术有限公司应当立即删除"7k7k游戏盒"客户端软件上的游戏"灰太狼荒野大逃生";被告北京奇客创想信息技术有限公司应当赔偿原告广东原创动力文化传播有限公司经济损失及合理支出。

权利人的实际损失或者侵权人的违法所得不能确定的,由人民法院根据侵权行为的情节判决。关于赔偿数额,鉴于原创动力公司的经济损失和奇客创想公司违法所得的具体数额均缺乏相应证据予以确定,法院根据涉案作品的知名度、涉案网站的规模和影响力、涉案游戏的类型和对喜羊羊、美羊羊、灰太狼等形象的使用方式、使用数量、作品的删除情况,并结合奇客创想公司的主观过错程度等因素,酌情确定赔偿数额。原创动力公司所主张的公证费中的合理部分属于必要的诉讼支出,应由奇客创想公司负担。

案例2 游万全诉东莞市嘉信实业有限公司著作权侵权纠纷案[①]

【案情简介】

原告:游万全,男,我国台湾地区居民。
委托代理人:陈国柱,江西红源律师事务所律师。

---

① 案例来源:广东省东莞市第三人民法院(2013)东三法知民初字第315号判决。

委托代理人:陈锡全,江西红源律师事务所律师。

被告:东莞市嘉信实业有限公司(以下简称嘉信公司)。住所地:广东省东莞市常平镇陈屋贝村商业街。

委托代理人:李翠荷,广东众达律师事务所律师。

原告游万全是《游戏筹码之骰子图》《游戏筹码之图(一)》的作者,有相关著作权登记证书及相关公证书。我国台湾台北地方法院所属民间公证人杨昭国卢荣辉联合事务所101年度北院民认鑫字第600632号公证书显示,游万全声明自己是《游戏筹码之骰子图》《游戏筹码之图(一)》的作者,并附相关著作权登记证书。根据上述公证书所附著作权登记证书,《游戏筹码之骰子图》于1996年7月10日完成,于1996年11月30日在我国台湾进行著作权登记,核准文号为8519222,于2001年12月8日在中华人民共和国国家版权局进行著作权登记,登记证号为2001-F-0406;《游戏筹码之图(一)》于1996年5月完成,于1996年6月21日在我国台湾进行著作权登记,核准文号为8510477。上述公证书经与台湾海峡交流基金会邮寄至广东省公证协会的海廉陆(法)公认字第1010008984号台湾公证书副本核对相符,并由广东省公证协会出具粤司公协〔2012〕931号核验证明。被告嘉信公司系于2010年2月9日登记成立的经营范围包括加工、产销塑胶制品、五金制品的一家有限责任公司。2012年6月,原告在浙江省台州市从事商务活动,发现被告在国际互联网其企业网站上未经许可,将原告的《游戏筹码之骰子图》《游戏筹码之图(一)》美术作品予以发布,对游戏筹码之骰子图稍加篡改,并用于产品生产销售的经营活动。原告发现被告网站上的筹码图片与自己作品《游戏筹码之骰子图》《游戏筹码之图(一)》中的整体构图及具体图案特点上基本一致,整体视觉上无差别,且在图片下方均标明"供应定制双色扑克花筹码"字样,认为被告侵犯了其合法权益,为维护自身权益,于2012年6月18日在浙江省台州市正立公证处申请对被告企业网站的相关网页内容以截图方式进行证据保全。2012年6月18日,公证员于刚、工作人员章华军与原告游万全的委托代理人金胜一起,在公证处电脑上进入互联网,由章华军输入网址 http://zhengxing188.cn.alibaba.com,进入标有"东莞市嘉信实业有限公司"的网站页面,点击该页面中的"我的相册"图标,返回前一页面,点击该页面首行"诚信档案"图标等操作,并对上述操作结果进行截图共14张。经庭审比对,上述公证书所附截图中,截图1出现"东莞市嘉信实业有限公司"字样;截图2中第二行第三幅图片及截图3中第一行第二幅图片的筹码图片与原告涉案《游戏筹码之图(一)》在整体构图及具体图案特点上基本一致，整体视觉上无差别，且在图片下方均标明"供应定制双色扑克花筹码"字样；截图6、截图7中的筹码图片与原告涉案《游戏筹码之骰子图》在整体构图及具体图案特点上一致，整体视觉上无差别，截图12、截图13显示了被告嘉信公司的基本信息，并显示"通过第三方认证"。被告嘉信公司在庭审过程中确认上述公证书所附截图显示的网页为其员工在职期间制作。2012年6月19日，浙江省台州市正立公证处出具《公证书》。

原告起诉请求判令：1. 被告停止侵害原告著作权的行为；2. 被告支付原告赔偿金100000元；3. 律师费、公证费等合理支出15000元及本案诉讼费用由被告承担。

为证明其诉讼主张，原告游万全举证如下：

1. 原告身份证明，拟证明原告身份等主体事项；
2. 被告企业信息，拟证明被告主体资格等事项；
3. 著作权登记证书，拟证明原告拥有涉案作品的著作权；
4. 公证书，拟证明被告实施侵权行为的真实性；
5. 作品发表证明书，拟证明原告作品公开发表的时间；
6. 相关费用票据，拟证明原告主张权利支出的费用。

其中，原告游万全主张为本案支出公证费人民币820元、彩照打印费人民币112元、刻盘费人民币75元，并提交了浙江省台州市正立公证处出具的发票及收款收据。此外，原告游万全主张为本案支出律师费人民币10000元，但没有提交证据证明。原告游万全没有提供被告嘉信公司生产销售涉案产品的证据，也没有提供因侵权受到的实际损失或被告在侵权期间的违法所得。

被告嘉信公司辩称：

1. 原告提供的证据不足以证明原告在起诉状中所述的游戏筹码之骰子图和扑克花筹码图享有著作权。原告提供用于证明其拥有游戏筹码之骰子图和扑克花筹码图的著作权的证据只是原告个人的声明公证书，声明书只是声明个人在民事活动中公开的单方意思表示，其公开单方意思表示所述内容是否真实、是否与事实相符，被告对其真实性、合法性不予确认。声明书的附件1是在我国台湾地区形成的文件，未办理相关的公证认证手续，其真实性、合法性无法确认。并且，我国台湾地区著作权登记簿中附载事项中显示，我国台湾地区的著作权登记只是依"申请人的申报，不作实质审查的，登记事项如发生司法争议时，应由当事人自负举证责任，亦由司法机关依著作权法及具体个案调查事实认定，不应以登记簿认定为享有著作权之唯一证据"。据此，在我国台湾地区的著作权登记只是依个人申请，有关登记部门是不作实质审查的，即使办理了著作权登记，也并不等于申请人对其登记作品享有著作权，因此原告应当作进一步的举证。依据我国著作权法的规定，著作权自作品创作完成之日起产生，本案中，原告并未提供实质性的证据证明起诉状中所述的游戏筹码之骰子图和扑克花筹码图是其于何时自行创作完成的。因此，被告认为原告提供的证据不足以证明其对游戏筹码之骰子图和扑克花筹码图享有著作权。

2. 起诉状中所述的游戏筹码之骰子图和扑克花筹码图不具有独创性，即不属著作权法所述的受著作权保护的作品，即文学、艺术和科学领域内具有独创性并能以某种有形形式复制的智力成果。而作品独创性从根本上说是指作品来自创作这一智力活动。正是在此意义上，可以认为作品的独创性是指一件作品的完成是作者自己选择、取舍、安排、设计的结果，即不是依已有的作品复制而来的。现实生活中，筹码基本上是使用圆柱形，扑克图筹码的圆形底面是：扑克牌中的红心、黑桃、梅花、方砖这4个图形在该表面上简单地排列。而作为该作品的主要元素扑克牌中的红心、黑桃、梅花、方砖是公众所知的信息，原告只是把公众信息"扑克牌中的红心、黑桃、梅花、方砖"简单复制到筹码圆形底面中。并且在现实生活中的博彩，扑克牌与筹码是经常联系在一起。而同样筹码之骰子图，也只是把骰子中的"一到六点"的6个面简单复制到筹码的表面上。因此，被告认为涉案的游戏筹码之骰子图和扑克花筹码图不具有独创性，只是公众信息的合理运用，该图形并不属于我国著作权法上所述的产品，其不应受著作权法保护。

3. 被告从事塑料的加工业务，现经营塑料加工的业务中只有吸塑，表现为根据客户的要求、提供的图片、样品生产塑料瓶子。以前筹码的加工，被告也是根据客户提供的图片或样品或为客户提供的筹码再按其要求进行进一步加工的，比如在筹码上烫金着色。而原告在起诉状中所述的游戏筹码之骰子图和扑克花筹码图，被告从来也没有为客户或自行加工运用到筹码的加工生产中。互联网上存在大量的各种各样的筹码图片，随便在互联网搜一下就能找到很多，被告网站上的图片基本上也是在互联网上转载的，事实上也没有生产销售，筹码的加工已经全部没有经营生产。综上所述，原告要求被告停止侵权及支付赔偿金100000元，律师费、公证费等合理支出15000元，均没有事实依据。

被告嘉信公司没有向本院提供任何证据。

【基本问题】

1. 涉案筹码图案是否构成著作权法所保护的作品？
2. 原告游万全是否享有涉案作品著作权？
3. 被告嘉信公司是否存在侵犯原告游万全著作权的行为？

【讨论与分析】

一、涉案筹码图案是否构成著作权法所保护的作品

我国著作权法规定，美术作品是指绘画、书法、雕塑等以线条、色彩或者其他方式构成的有审美意义的平面或者立体的造型艺术作品。涉案《游戏筹码之骰子图》《游戏筹码之图（一）》分别将骰子、扑克与圆形的筹码相结合构成平面的筹码图案，尽管与部分公开出版物中的筹码图案在构成要素上存在一定的相似性，但由于对相关构成要素进行了一定的变化和组合，使之与公开出版物中的设计产生了一定的差异，具有了个性特征，凝结了作者智力劳动成果，整体构图上具有最低限度的独创性，应认定为我国著作权法意义上的美术作品。

二、原告游万全是否享有涉案作品著作权

《最高人民法院关于审理著作权民事纠纷案件适用法律若干问题的解释》(2002)第七条规定："当事人提供的涉及著作权的底稿、原件、合法出版物、著作权登记证书、认证机构出具的证明、取得权利的合同等，可以作为证据。在作品或者制品上署名的自然人、法人或者其他组织视为著作权、与著作权有关权益的权利人，但有相反证明的除外。"原告游万全提交了经公证转递的著作权登记证书，其形式、内容合法，在被告嘉信公司没有提供相反证据的情况下，依法确认《游戏筹码之骰子图》《游戏筹码之图（一）》的作者是原告游万全。

关于被告嘉信公司提出原告游万全没有证据证明其作品已完成并已发表、在我国台湾地区形成的著作权登记本不能作为认定原告游万全享有著作权的抗辩理由。《尼泊尔公约》规定：作者自作品创作完成之时就自动取得著作权，而无须履行加注版权标记和登记手续。我国加入了该公约，且我国著作权法对作品的著作权亦采取自动取得，以自愿登记作为补充，且不以发表为前提。原告游万全于1996年7月完成《游戏筹码之骰子图》,并于2001年12月8日在中华人民共和国国家版权局进行著作权登记,于1996年5月完成《游戏筹码之图(一)》,在无相反证据的情况下,原告游万全提交的版权登记证明、经公证转递的著作权登记证书可以证明其对上述美术作品享有著作权并受我国法律保护。被告嘉信公司的抗辩理由不成立,不予采信。

三、被告嘉信公司是否存在侵犯原告游万全著作权的行为

《公证书》截图1出现"东莞市嘉信实业有限公司"字样,截图12、截图13显示了被告嘉信公司的基本信息,并显示"通过第三方认证",被告嘉信公司亦确认上述网页为其员工在职期间制作。因此,可以认定涉案网页为被告嘉信公司所有。

被告嘉信公司在其网页上刊登的涉案筹码图案,与原告游万全享有著作权的筹码图案相比,两者基本一致。结合被告嘉信公司将上述筹码图案放在其企业相册中进行宣传的情况及工业生产的一般规律,能够推定被告生产过被控侵权的游戏筹码。被告嘉信公司侵权,依法应当承担停止侵害、赔偿损失等责任。被告在其网页相关栏目中展示涉案侵权美术作品没有说明作者,客观上使受众认为被告或其他自然人为作者,侵犯了原告的署名权。被告生产及许诺销售的涉案筹码图案设计与原告享有著作权的《游戏筹码之骰子图》相对比,在内圈十二个规则排列的隔断与外圈图案的对应上存在细小差别,且涉案筹码图案中心并非空白。因此,原告认为被告涉案行为侵犯其《游戏筹码之骰子图》的保护作品完整权,应当予以支持。被告生产及许诺销售的涉案筹码图案设计与原告享有著作权的《游戏筹码之图(一)》特征一致,并未使原告该美术作品受到歪曲、篡改。因此,原告认为被告涉案行为侵犯其《游戏筹码之图(一)》的保护作品完整权证据不足,法院不应该予以支持。

至于赔偿损失数额的问题,原告在本案中既未能提供证据证明原告因侵权所受损失,也未能提供证据证明被告因侵权获利,仅提供证据证明了其为维权支付了公证费及取证费用等。依据《中华人民共和国著作权法》(2010)第四十九条第二款、《最高人民法院关于审理著作权民事纠纷案件适用法律若干问题的解释》(2002)第二十五条第一款及第二款的规定,被告的赔偿数额由法院在人民币50万元以下酌情确定。由于原告游万全的实际损失和被告嘉信公司的违法所得难以确定,故综合考虑涉案作品的流行时间及相关美术作品使用的付酬标准;被告嘉信公司的侵权行为方式、侵权行为持续时间、主观过错程度、经营规模;以及原告游万全为本案诉讼而支出的公证费、律师费、取证费用等的合理支出,酌定被告嘉信公司赔偿原告游万全包含合理维权费用在内的经济损失。对于原告游万全超出该部分的诉讼请求,不予支持。

需要说明的是,鉴于著作权侵权成本太低,严重侵权和恶意侵权难以有效遏制,2020年第三次修正的著作权法已经大幅度提高了赔偿标准,并引入了惩罚性赔偿制度,其第五十四条第一款、第二款规定:"侵犯著作权或者与著作权有关的权利的,侵权人应当按照权利人因此受到的实际损失或者侵权人的违法所得给予赔偿;权利人的实际损失或者侵权人的违法所得难以计算的,可以参照该权利使用费给予赔偿。对故意侵犯著作权或者与著作权有关的权利,情节严重的,可以在按照上述方法确定数额的一倍以上五倍以下给予赔偿。权利人的实际损失、侵权人的违法所得、权利使用费难以计算的,由人民法院根据侵权行为的情节,判决给予五百元以上五百万元以下的赔偿。"

案例3　中国音像著作权集体管理协会诉汤光照著作权权属、侵权纠纷案[①]

【案情简介】

上诉人(原审被告):汤光照,男,汉族,住广东省台山市。
委托代理人:余惠军、李婕,均系广东雄军律师事务所律师。
被上诉人(原审原告):中国音像著作权集体管理协会。住所地:北京市朝阳区。
委托代理人:林秀娟、周莹,均系广东良匠律师事务所律师。
中国音像著作权集体管理协会(以下简称"中国音著协")系经依法登记成立的音像著作权集体管理的社会团体法人,开展音像著作权集体管理工作、咨询服务、法律诉讼、国际版权交流、举办研讨、交流及与协会宗旨一致的相关业务活动。

---

① 案例来源:广东省江门市新会区人民法院(2012)江新法知民初字第193号民事判决,广东省江门市中级人民法院(2013)江中法知民终字第74号判决。

《POPCLASSIC流行歌曲经典》VCD是由北京海蝶音乐有限公司（以下简称"海蝶公司"）提供版权，中国唱片总公司出版，中国音著协监制。《POPCLASSIC流行歌曲经典》VCD光盘收录了林俊杰的《木乃伊》等卡拉OKMTV作品。

2010年11月11日，海蝶公司与中国音著协签订《音像著作权授权合同》，该合同约定：海蝶公司将其依法拥有的音像节目的放映权、复制权、广播权（包括海蝶公司过去、现在和将来自己制作、购买或以其他任何方式取得的权利）授权中国音著协自2010年11月11日至2013年11月10日止在上述权利存续期间行使（其中放映权、复制权的授权仅以中国音著协用于KTV的许可、收费以及维权为目的），并且中国音著协可以自己名义向侵犯上述权利的第三方主张权利。

2012年4月9日，中国音著协向北京市国信公证处申请证据保全公证。北京市国信公证处受理了中国音著协的申请后，指派公证人员李德新和张辰，与中国音著协的委托代理人林秀娟于2012年4月19日晚以普通消费者的身份，进入林秀娟所指认的位于广东省台山市台城站西路79号美嘉大酒店四层"嘉年华歌舞会"405号房间。公证人员首先对林秀娟提供的摄像设备进行清洁性检查，经检查，该摄像设备的存储空间为空白。之后，在公证人员的现场监督下，林秀娟在该处点歌系统上依次点播如下曲目：《曹操》《西界》《进化论》《木乃伊》《醉赤壁》《豆浆油条》《编号89757》《一千年以后》《不潮不用花钱》《Stop》《HappyWakeUp》《差生》《小朋友》《冬天快乐》《少年中国》《秀才胡同》《下个路口见》《翅膀》《哪一站》《天下无贼》《朋友难当》《幸福恋人》《擦肩而过》《一万个理由》《曾经爱过你》《怎么会狠心伤害我》《爱情里没有谁对谁错》《难道爱一个人有错吗》《为什么相爱的人不能在一起》《当我孤独的时候还可以抱着你》《天黑》《认真》《坚持到底》《死心彻底》《一首情歌》《不让你走》《他一定很爱你》《一天天一点点》《倦鸟余花》。上述曲目播放的同时，林秀娟使用其自备的摄像设备对上述歌曲的播放过程进行现场摄像。在公证人员的现场监督下，林秀娟在该处消费结束之后结账，并向该处工作人员索要名片及消费凭证，该处工作人员现场出具了《广东省地方税收通用发票（电子）》一张（金额共计人民币302元整）和名片一张。上述消费过程均在公证人员现场监督下进行，公证人员根据现场实际情况制作《工作记录》一份，并由公证人员及代理人林秀娟签字确认，该《工作记录》之原件现留存于公证处。2012年5月14日，北京市国信公证处作出《公证书》，对上述证据保全的全过程进行了公证。

另查明，汤光照经营的美嘉酒店成立于2010年11月19日，经营范围包括中西餐制售、旅游业、卡拉OK、歌舞厅等。中国音著协为制止汤光照的侵权行为,支付了取证消费支出7.55元、公证费37.5元及律师费2000元。

原审法院依照《中华人民共和国著作权法》(2010)第三条第(六)项、第八条、第十条第一款第(十)项、第四十八条第(一)项、第四十九条,《最高人民法院关于审理著作权民事纠纷案件适用法律若干问题的解释》(2002)第七条、第二十五条、第二十六条和《最高人民法院关于民事诉讼证据的若干规定》(2001)第二条的规定,判决如下:汤光照应于本判决发生法律效力之日起十日内向中国音像著作权集体管理协会支付赔偿金2665元。如果汤光照未按本判决指定的期限履行给付金钱义务,应当依照《中华人民共和国民事诉讼法》(2007)第二百二十九条之规定,加倍支付迟延履行期间的债务利息。本案案件受理费人民币50元,由中国音像著作权集体管理协会负担人民币30元,汤光照负担人民币20元。

上诉人汤光照不服江门市新会区人民法院〔(2012)江新法知民初字第193号〕民事判决,向广东省江门市中级人民法院提起上诉。广东省江门市中级人民法院经审理认为:原审法院认定事实清楚,适用法律正确,汤光照的上诉请求理据不足,应予以驳回。依照《中华人民共和国民事诉讼法》(2007)第一百七十条第一款第(一)项的规定,判决驳回上诉,维持原判。二审案件受理费50元,由上诉人汤光照负担。判决为终审判决。

【基本问题】

1. 涉案作品的类型及其著作权人。
2. 汤光照使用涉案作品是否构成侵权?
3. 汤光照应向中国音著协赔偿的数额。

【讨论与分析】

一、涉案作品的类型及其著作权人

《中华人民共和国著作权法》(2010)第十五条第一款规定:"电影作品和以类似摄制电影的方法创作的作品的著作权由制片者享有,但编剧、导演、摄影、作词、作曲等作者享有署名权,并有权按照与制片者签订的合同获得报酬。"依据我国著作权法的有关规定,电影作品和以类似摄制电影方法创作的作品是指摄制在一定介质上，由一系列有伴音或者无伴音的画面组成，并且借助适当装置放映或者以其他方式传播的作品。音乐电视作品作为以类似摄制电影方法创作的作品，是以确定的声乐、器乐作品作为承载的主题形象，依据音乐体裁不同的特性和诗歌意象进行视觉创意设计，确立作品空间形象的形态、类型特征和情境氛围，使画面与音乐在时空运动中融为一体，形成鲜明和谐的视听结构。这种声、画合一的电视艺术体裁充分运用光、色、构图、运动等各种造型因素，利用电子编辑、三维动画和数码剪辑系统等后期技术制作手段，将电视画面造型语言的诸多元素从传统的制作规范中解脱出来，利用分解的、变形的、多层画面的拼叠组合等形式构建一个多维时空形态。涉案 MTV 凝聚了在导演的统一构思下，演员、摄影、剪辑、服装、灯光、特技、合成等各方面的创造性劳动，包含了作者大量的创作活动，是视听结合的一种艺术形式，符合上述音乐电视作品的构成要件，构成以类似摄制电影的方法创作的作品。

《中华人民共和国著作权法》(2010)第十一条第四款规定："如无相反证明，在作品上署名的公民、法人或者其他组织为作者。"《最高人民法院关于审理著作权民事纠纷案件适用法律若干问题的解释》(2002)第七条规定："当事人提供的涉及著作权的底稿、原件、合法出版物、著作权登记证书、认证机构出具的证明、取得权利的合同等，可以作为证据。在作品或者制品上署名的自然人、法人或者其他组织视为著作权、与著作权有关权益的权利人，但有相反证明的除外。"本案中，汤光照虽然对海蝶公司就涉案 MTV 享有的著作权及海蝶公司对中国音著协的授权均不予认可，但未能提供相反证据证明。而涉案 MTV 属于以类似摄制电影的方法创作的作品，且中国音著协提供的合法出版物证实海蝶公司对涉案 MTV 享有著作权，故原审法院对海蝶公司著作权人身份予以认可。同时，中国音著协作为依法登记成立的中国音像著作权集体管理组织，通过与海蝶公司签订授权合同，取得了涉案 MTV 的放映权，依据《中华人民共和国著作权法》(2010)第八条第一款"著作权人和与著作权有关的权利人可以授权著作权集体管理组织行使著作权或者与著作权有关的权利。著作权集体管理组织被授权后，可以以自己的名义为著作权人和与著作权有关的权利人主张权利，并可以作为当事人进行涉及著作权或者与著作权有关的权利的诉讼、仲裁活动"的规定，在著作权人的合法权利被侵害时，中国音著协可以以自己的名义向侵权人提起诉讼，主张与著作权有关的财产性权利。因此，汤光照的抗辩意见，理据不足，二审法院不应予以采纳。

二、汤光照使用涉案作品是否构成侵权

根据著作权法的规定,放映权,即通过放映机、幻灯机等技术设备公开再现美术、摄影、电影和以类似摄制电影的方法创作的作品等权利,未经著作权人许可,他人不得通过放映机、幻灯机等技术设备公开再现美术、摄影、电影和以类似摄制电影的方法创作的作品。违者应当根据情况,承担停止侵害、消除影响、赔礼道歉、赔偿损失等民事责任。本案中,汤光照未能提供证据证明其放映涉案MTV的行为经过了著作权人的许可,其放映行为构成侵犯著作财产权,依法应当承担相应的民事责任。

三、汤光照应向中国音著协赔偿的数额问题

《中华人民共和国著作权法》(2010)第四十九条第一款规定:"赔偿数额还应当包括权利人为制止侵权行为所支付的合理开支。"《最高人民法院关于审理著作权民事纠纷案件适用法律若干问题的解释》(2002)第二十六条规定:"著作权法第四十八条第一款规定的制止侵权行为所支付的合理开支,包括权利人或者委托代理人对侵权行为进行调查、取证的合理费用。人民法院根据当事人的诉讼请求和具体案情,可以将符合国家有关部门规定的律师费用计算在赔偿范围内。"根据著作权法及其司法解释的规定,侵犯著作权或者与著作权有关的权利的,侵权人应当按照权利人的实际损失给予赔偿;实际损失难以计算的,可以按照侵权人的违法所得给予赔偿;赔偿数额应当包括权利人为制止侵权行为所支付的合理开支,包括权利人或者委托代理人对侵权行为进行调查、取证的合理费用;人民法院根据当事人的诉讼请求和具体案情,可以将符合国家有关部门规定的律师费用计算在赔偿范围内;权利人的实际损失或者侵权人的违法所得不能确定的,由人民法院根据侵权行为的情节,判决给予50万元以下的赔偿;人民法院在确定赔偿数额时,应当考虑作品类型、合理使用费、侵权行为性质、后果等情节综合确定。根据上述规定,结合本案案情,综合考虑本案作品类型、合理使用费、侵权时间、汤光照的美嘉酒店档次规模、侵权行为性质、后果、中国音著协的合理开支、中国音著协所支付的符合国家规定的律师费用等,原审法院依法适用法定赔偿,确定汤光照的赔偿数额,中国音著协请求赔偿损失和合理开支,原审法院只对其中合理部分予以支持,超出部分,理据不足,原审法院不予支持。

案例4　中国音像著作权集体管理协会诉林宝俤著作权侵权纠纷案[①]

【案情简介】

原告:中国音像著作权集体管理协会。

委托代理人:杨向东。

委托代理人:苏寒。

被告:林宝俤。

中国音像著作权集体管理协会系经中华人民共和国民政部核准登记成立的社会团体法人,成立于2008年6月24日,其业务范围包括开展音像著作权集体管理工作、咨询服务、法律诉讼、国际版权交流、举办研讨、交流及与该会宗旨一致的相关业务活动。

2008年8月21日,中国音像著作权集体管理协会与中国唱片广州公司签订《音像著作权授权合同》。合同约定,中国唱片广州公司将其依法拥有的音像节目的放映权、出租权、复制权、广播权、信息网络传播权信托给中国音像著作权集体管理协会,以便上述权利在其存续期间及合同有效期内完全由中国音像著作权集体管理协会行使,上述权利包括中国唱片广州公司过去、现在和将来自己制作、购买或者以其他方式取得的权利。合同自签订之日起有效期为3年,至期满前60日中国唱片广州公司未提出书面异议,合同自动续展3年,之后亦照此办理。中国唱片总公司出版的《流行歌曲经典——中国音像著作权集体管理协会会员作品精选集(第一辑)》17碟装DVD,其中第16碟、第17碟分别收录了涉案的3首歌曲,选集中载明《月牙五更》的演唱者为万山红,《马儿啊你慢些走》的演唱者为马玉涛,《东方骆驼》的演唱者为腾格尔,3首歌曲的著作权人均为中国唱片广州公司。

2012年3月1日,中国音像著作权集体管理协会的委托代理人黄亚与北京市东方公证处的公证员关世捷、工作人员吕晨晨一起,到位于广东省云浮市新兴县广兴大道中嘉润商务酒店店面名称为"红钻娱乐城"的场所,黄亚以普通消

[①] 案例来源:广东省云浮市中级人民法院(2012)云中法民三初字第110号民事判决。

费者的身份办理相关手续后,进入该场所三楼名称为"303"的房间内进行消费,公证人员随同黄亚一起进入房间。进入房间后,公证人员首先对黄亚携带的用于保全证据的硬盘式摄像机进行了清洁性检查,随后,黄亚在房间内安置的歌曲点播机上进行操作,点播了包括《月牙五更》《马儿啊你慢些走》《东方骆驼》等在内的45首歌曲。黄亚操作摄像机对上述45首歌曲播放画面的过程进行了录像。公证员关世捷与公证处工作人员吕晨晨监督了上述点播与录像的全过程。消费结束后,黄亚当场向该场所索取了票面印章为"新兴县新城镇红钻酒店发票专用章"、发票号码为01367413的《广东省地方税收通用发票(电子)发票联》一张。在公证人员的监督下,黄亚将摄像机中的录像内容下载到其随身携带的笔记本电脑中,并运用该电脑中的记录程序将上述录像内容刻录成光盘一式三张,上述光盘由公证人员带回公证处后密封于证物袋内,两张交中国音像著作权集体管理协会保存,一张留存在公证处。北京市东方公证处的公证人员对上述保全证据的全过程进行了公证。

原告中国音像著作权集体管理协会认为:原告是经合法授权取得音乐电视作品《月牙五更》《马儿啊你慢些走》《东方骆驼》在全国的排他性专属音乐著作权,是上述音乐电视作品的合法权利人,被告未经授权或许可在其经营的KTV内,以营利为目的使用原告享有著作权的上述音乐电视作品,其行为严重侵犯了原告的合法权益。依法提起诉讼,请求依法判决:1.被告立即停止侵权行为,从其曲目库中删除音乐电视作品《月牙五更》《马儿啊你慢些走》《东方骆驼》;2.被告赔偿原告经济损失人民币7000元,并赔偿原告为制止侵权行为所产生的合理费用人民币2000元,上述两项费用合计人民币9000元;3.被告承担本案全部诉讼费用。

原告中国音像著作权集体管理协会对其陈述事实在举证期限内提供的证据有:证据1.个体户机读档案资料,证据来源从工商局取得,拟证明被告合法身份。证据2.权利来源公证书〔(2012)京东方内民证字第475号〕,由公证处提供,拟证明涉案歌曲的权利人已经将涉案音乐著作权授予了原告。证据3.正版出版物封面及实物,拟证明权利人已将涉案音乐授予原告。证据4.侵权公证书〔(2012)京东方外民证字第1142号〕,拟证明被告存在侵犯原告音乐著作权之事实。证据5.侵权光盘封存袋封面,拟证明被告存在侵犯原告音乐著作权之事实。补充证据1.在被告处取证的消费发票(或收据),拟证明被告侵犯原告著作权,原告及委托的公证人员在取证过程中在被告处消费而发生的费用

380元。补充证据2. 公证费发票，拟证明原告委托公证处对被告侵权事实进行公证发生的公证费用1000元。补充证据3. 委托代理合同、律师费发票，拟证明原告委托律师事务所代理此案及发生的律师费用4000元。补充证据4. 维权取证过程中发生的费用票据清单（该证据是原告维权取证过程中发生的费用票据明细，平均每个被告分摊的费用6875.4元）：(1)由2家店分摊到每家的工商查询费票据10.6元；(2)由27家店分摊到每家的光盘及复印费用154.8元；(3)由11家店分摊到每家的邮递特快费用56元；(4)由11家店分摊到每家的市内交通费用152.5元；(5)由27家店分摊到每家的市外交通费用400.5元；(6)市外餐宿费用、市内餐宿费用（餐饮费239.5元，由2家店分摊到每家的住宿费481.5元），拟证明为证明被告侵犯原告著作权，原告及委托的公证人员在取证过程中发生的工商查询费、光盘及复印费用、邮递特快费用、住宿费、餐饮费、交通费。

被告林宝俤没有答辩也没有提供任何证据。

庭审中对上述封存光盘进行播放，光盘中点播的涉案3首歌曲的播放画面、声音与中国音像著作权集体管理协会提供的《流行歌曲经典——中国音像著作权集体管理协会会员作品精选集（第一辑）》中的同名音乐电视作品的画面、声音基本一致。

【基本问题】

1. 涉案音乐电视的著作权归属。
2. 中国音像著作权集体管理协会能否以自己的名义起诉？
3. 被告是否构成侵权？
4. 侵权赔偿的数额如何计算？

【讨论与分析】

一、涉案音乐电视的著作权归属

关于涉案音乐电视的著作权归属问题。涉案的音乐电视均由音乐歌曲与画面共同构成，有一定的故事情节，画面起到了重要作用，属于我国著作权法保护的以类似摄制电影的方法创作的作品。

我国著作权法（2010）第十一条规定："著作权属于作者，本法另有规定的除外。创作作品的公民是作者。由法人或者其他组织主持,代表法人或者其他组织意志创作,并由法人或者其他组织承担责任的作品,法人或者其他组织视为作者。如无相反证明,在作品上署名的公民、法人或者其他组织为作者。"《最高人民法院关于审理著作权民事纠纷案件适用法律若干问题的解释》(2002)第七条规定:"当事人提供的涉及著作权的底稿、原件、合法出版物、著作权登记证书、认证机构出具的证明、取得权利的合同等,可以作为证据。在作品或者制品上署名的自然人、法人或者其他组织视为著作权、与著作权有关权益的权利人,但有相反证明的除外。"中国音像著作权集体管理协会提供的合法出版物《流行歌曲经典——中国音像著作权集体管理协会会员作品精选集(第一辑)》中收录了涉案3首音乐电视作品,注明著作权人为中国唱片广州公司,在林宝佛放弃参加诉讼、没有提供相反证明的情况下,依据著作权法(2010)第十一条第四款以及《最高人民法院关于审理著作权民事纠纷案件适用法律若干问题的解释》(2002)第七条的规定,应依法认定中国唱片广州公司为涉案3首音乐电视作品相应的著作权人身份,均享有的著作权包括我国著作权法(2010)第十条第一款第(十)项规定的"放映权"等权利。

二、中国音像著作权集体管理协会能否以自己的名义起诉

关于中国音像著作权集体管理协会能否以自己名义起诉的问题。我国著作权法(2010)第八条第一款规定:"著作权人和与著作权有关的权利人可以授权著作权集体管理组织行使著作权或者与著作权有关的权利。著作权集体管理组织被授权后,可以以自己的名义为著作权人和与著作权有关的权利人主张权利,并可以作为当事人进行涉及著作权或者与著作权有关的权利的诉讼、仲裁活动。"本案中,中国音像著作权集体管理协会是经批准依法成立的著作权集体管理组织,并取得了涉案音乐电视作品著作权人的授权,其授权范围包括了音像节目的放映权、复制权,该授权在无相关证据证明其已经失效的情形下应视为有效。因此,中国音像著作权集体管理协会以自己的名义在著作权人授权的范围内提起本案诉讼符合法律规定。

三、被告是否构成侵权

关于被告是否构成侵权的问题。我国著作权法(2010)第十条第一款第(十)项规定:"放映权,即通过放映机、幻灯机等技术设备公开再现美术、摄影、

电影和以类似摄制电影的方法创作的作品等的权利。"林宝俤作为卡拉 OK 经营者,以营利为目的,在其营业场所内通过卡拉 OK 伴奏系统及放映设备,向不特定的消费者公开播放《月牙五更》《马儿啊你慢些走》《东方骆驼》等音乐电视作品,行使了著作权人所享有的放映权。由于林宝俤的行为未经著作权人或其授权的著作集体管理组织的授权、也未支付报酬,侵害了上述 3 首音乐电视作品著作权人的放映权,应承担相应的民事责任。

四、侵权赔偿的数额如何计算

《最高人民法院关于审理著作权民事纠纷案件适用法律若干问题的解释》(2002)第二十五条规定:"权利人的实际损失或者侵权人的违法所得无法确定的,人民法院根据当事人的请求或者依职权适用著作权法第四十八条第二款的规定确定赔偿数额。人民法院在确定赔偿数额时,应当考虑作品类型、合理使用费、侵权行为性质、后果等情节综合确定。当事人按照本条第一款的规定就赔偿数额达成协议的,应当准许。"第二十六条规定:"著作权法第四十八条第一款规定的制止侵权行为所支付的合理开支,包括权利人或者委托代理人对侵权行为进行调查、取证的合理费用。人民法院根据当事人的诉讼请求和具体案情,可以将符合国家有关部门规定的律师费用计算在赔偿范围内。"通过上述条文,我们可以看出:关于赔偿数额,我国著作权法对侵权赔偿确定的原则是,以权利人的实际损失或者侵权人的违法所得为赔偿依据。权利人的实际损失或者侵权人的违法所得不能确定的,由人民法院根据侵权行为的情节,判决给予 50 万元以下的赔偿。

中国音像著作权集体管理协会未举证证明因林宝俤侵权行为所受的实际损失或者侵权人的违法所得,法院将结合本案的具体情况依法确定赔偿数额。考虑到林宝俤的经营规模、侵权行为的方式、侵权行为的持续时间、主观过错程度、云浮市经济发展状况、涉案音乐电视作品的流行时间及相关音乐电视作品使用的付酬标准等因素,对中国音像著作权集体管理协会提出的 7000 元经济损失的诉讼请求予以部分支持。另外,赔偿数额还应当包括权利人为制止侵权行为所支付的合理开支。原告提供的维权取证等费用是按每个店家分摊所得的,由于原告对每个店家分 4 个案起诉,故维权费用亦应作相应变更,对中国音像著作权集体管理协会主张的 2000 元维权费用,法院予以部分支持。综上所述,法院综合确定林宝俤赔偿中国音像著作权集体管理协会各项经济损失的具体数额。

案例5　北京北大方正电子有限公司诉广州宝洁有限公司、北京家乐福商业有限公司侵犯著作权纠纷案[①]

【案情简介】

上诉人(原审原告):北京北大方正电子有限公司(以下简称"方正公司")。住所地:北京市海淀区上地五街9号方正大厦。

委托代理人:陶鑫良,北京市大成律师事务所律师。

委托代理人:潘娟娟,北京市大成律师事务所律师。

被上诉人(原审被告):广州宝洁有限公司(以下简称宝洁公司)。住所地:广东省广州市经济技术开发区滨河路一号。

委托代理人:周林,中国社会科学院知识产权中心研究员。

委托代理人:张玉瑞,北京市科华律师事务所律师。

被上诉人(原审被告):北京家乐福商业有限公司(以下简称家乐福公司)。住所地:北京市丰台区方庄芳城园二区15号。

法定代表人:孟卫东,董事长。

委托代理人:牛琨,北京市天睿律师事务所律师。

委托代理人:万迎军,北京市天睿律师事务所律师。

与涉案方正倩体字库有关的事实:

2008年4月22日,方正公司以演绎作品著作权人的身份针对方正倩体系列(粗倩、中倩、细倩)在中国版权保护中心申请著作权登记,登记作品为美术作品,该登记证上记载的完成时间为2000年7月7日,首次发表时间为2000年8月31日。

倩体的原始设计人为字体设计师齐立。1998年9月,方正公司与齐立签订字稿购买合同,约定方正公司向齐立支付费用,购买齐立设计的粗倩字体,总字数为9270字,方正公司拥有字稿的所有权,以此为依据开发电脑字库,并对字库享有权利。后双方签订补充协议,将限定交付的字数变更为810个。2004年,齐立成为方正公司的员工。

[①] 案例来源:北京市第一中级人民法院(2011)一中民终字第5969号判决。

原审诉讼中,齐立作为证人出庭,认可将倩体字稿及相关权利转让给方正公司,其也参与了倩体字的后期设计和制作。方正公司认为,齐立只是在字库整体创作过程中承担了设计环节,字库的权利由方正公司享有。

方正公司字库的主要制作过程包括:1. 由专业设计师设计风格统一的字稿。2. 扫描输入电脑,经过计算形成高精度点阵字库,给出字库编码。3. 进行数字化拟合,按照一定的数学算法,自动将扫描后的点阵图形抽成接近原稿的数字化曲线轮廓信息,通过参数调整轮廓点、线、角度和位置。4. 人工修字,提高单字质量,体现原字稿的特点和韵味;利用造字工具可提高效率,保证质量;强大的拼字、补字功能可有效索引,以造出与字稿风格统一的字。5. 质检,使字形轮廓光滑,结构合理,配合技术规范,提高存储效率和还原速度。6. 整合成库,配上相应的符号、数字和外文,转换成不同编码和不同格式。7. 整体测试。8. 商品化。

2000年8月,方正公司开始制作销售兰亭字库软件光盘,其中收录了包含粗、中、细3种倩体的123款中文字体,销售价格为168元。字库光盘包装注明字库可运行于多种系统,并满足用户办公、排版、视频字幕、雕刻、网页设计、平面设计等处理软件对中文字库的要求。

光盘中有方正公司对用户的许可协议文件,但该协议并非安装时必须点击。其中对于前端TrueType字库的授权内容为:最终用户可以在一台计算机上使用该软件,可用于计算机屏幕显示和打印机打印输出。限制内容为:未经方正公司书面许可,该"软件产品"的全部或部分不得被仿制、出借、租赁、网上传输;禁止将字库产品的全部或部分用于再发布用途(包括但不限于电视发布、电影发布、图片发布、网页发布、用于商业目的的印刷品发布等),禁止将本产品字形嵌入可携式文件中(包括但不限于PDF等文件格式),禁止将该产品使用于网络及多用户环境,除非取得各终端机使用权的授权使用协议书。如果用户使用需求超出了本协议的限定,请与方正公司联系以获取相应授权。

方正公司主张涉案字库产品只限于个人或非商业性使用,不适用于商业性使用,对字库产品中具体单字的商业性再使用应另行取得方正公司授权。但方正公司表示没有统一的企业版,针对不同的用户许可不同、价格不同,须直接通过协议确定。

为证明涉案字库软件中单字的商业性使用应获得方正公司许可,方正公司还向法院提交了一份清单,其中涉及其字库产品针对多家最终用户的使用进行授权的情况。另外,方正公司还提交了其与上海惠氏营养品有限公司签订的许可使用协议,证实用户针对粗倩简体字在平面广告和网站1年的使用费为1.35万元。

此外,方正公司同时提交了其授权商业性使用的价格明细表,证实其授权收费的标准,其中费用最高的是用于企业名称、商标、标志的字体,每款字体每年的授权使用价格为1.5万元,产品包装和企业网站使用为1万元,其余企业宣传册、广告等项目的费用是5000元。

法庭询问方正公司的使用收费标准是否在公开场合公示,方正公司表示没有公示,都是与使用方单独协商,签订合同。

方正公司依据上述标准对宝洁公司使用情况列出计算表,经计算2年的使用费用应为142万元。宝洁公司认为方正公司的计算标准没有依据。

以上事实,有方正公司提交的方正TrueType兰亭字库光盘,用户许可协议打印件(光盘中许可协议文件的生成时间是2004年6月),齐立设计的字稿,方正公司与齐立签订的字稿购买合同和补充协议,倩体系列字体的著作权登记证书及所附基本字表,方正公司为字库制作过程进行演示的光盘及方正公司的产品发行通知、方正公司提交的授权清单、价格明细表、许可使用协议及原审庭审笔录在案佐证。

与被控侵权行为有关的事实:

2008年5月12日,方正公司委托北京市海诚公证处进行公证,在家乐福中关村广场店购买宝洁公司生产的洗发水、香皂、卫生巾等67款被控侵权产品,其中包括使用倩体"飘柔"的24款涉案产品。

2008年7月,经方正公司委托,科技部知识产权事务中心作出司法鉴定意见书,认为涉案被控侵权产品中的"飘柔"二字与方正公司倩体字库的笔画、笔数及汉字部件的位置关系一致,字体一致,设计风格和特征一致。

此外,方正公司还提交了其内部往来邮件,给宝洁公司发送的律师函和快递单,用以证实其在2008年3月曾通知宝洁公司告知其使用行为侵权,要求该公司停止使用,进行赔偿。宝洁公司在4月回函表示将调查此事,但此后再无音信。

与被控侵权产品中"飘柔"二字的设计有关的事实:

为证实其被控侵权产品中的"飘柔"二字系使用正版倩体字库设计,宝洁公司提交了美国NICE公司(NICOSIA Creative Expresso Ltd.)设计的飘柔洗发水的设计样本、评估表、订单和账单,以及美国NICE公司于2004年11月购买方正兰亭字库V1.0版本的发票、产品包装盒、光盘照片和最终用户许可协议。

上述证据显示,美国NICE公司是宝洁公司委托的设计公司之一,飘柔系列等被控侵权产品的包装由该公司设计。设计公司在传真的文件中明确表示使用了方正兰亭字库的正版软件，其中的许可协议注明未经方正公司许可，软件产品的全部或部分不得仿制、再发布等，这里所称再发布，应指软件的再发布，而非针对最终用户的使用。

宝洁公司表示，美国 NICE 公司购买的方正字库光盘中的用户协议，只明确不得仿制、租赁、出借、网上传输和再发布，并未限制商业性使用。

方正公司认为，美国 NICE 公司虽购买了方正字库，但许可协议中有对二次使用的限制，其没有授权美国 NICE 公司再许可权，该公司无权再许可第三方使用，所以宝洁公司也无权使用涉案的字体。设计公司购买正版软件，按照许可协议约定设计样稿没有问题，但宝洁公司将设计样稿印在产品的包装上，直接复制、发行了倩体字，应承担侵权责任。

宝洁公司表示，直接使用字库并获益的是设计公司，方正公司应直接起诉设计公司，而非使用设计结果的最终用户。

一审时方正公司请求北京市海淀区人民法院判令宝洁公司停止使用并销毁所有带有倩体"飘柔"二字的包装、标识、商标和广告宣传产品，赔偿经济损失 50 万元，承担诉讼合理支出 119082 元（包括鉴定费 3 万元，律师费 8 万元，公证费 2000 元，产品购买费用 1982 元，翻译费 5100 元）；家乐福公司停止销售上述侵权产品；二被告公开致歉、消除影响。

北京市海淀区人民法院作出判决后，方正公司、宝洁公司、家乐福公司均不服，向北京市第一中级人民法院提起上诉。

【基本问题】

1. 方正公司对倩体字库是否享有著作权？
2. 宝洁公司使用涉案"飘柔"二字的行为是否构成对方正公司复制权及发行权的侵犯，家乐福公司销售被控侵权产品的行为是否构成对其发行权的侵犯？

【讨论与分析】

一、方正公司对倩体字库字体是否享有著作权

我国著作权法中所称的美术作品，是指绘画、书法、雕塑等以线条、色彩或者其他方式构成的有审美意义的平面或者立体的造型艺术作品。与其他作品

不同,美术作品要求作品本身具有审美意义,其功能价值在于传递视觉感受。在现实生活中,美术作品通常指绘画、雕塑等作品;在东方国家,书法也成为美术作品保护的对象。在上述几种美术作品中,绘画、雕塑的审美功能性较强,原创性和选择度较大,比如针对同一处景色,通过绘画展现,可以有多种表达的选择,不同作者的作品之间差异较大。但对于写法受到一定局限的汉字来说,情况有所不同。

汉字由结构和笔画构成,是具有实用价值的工具,其主要的功能为传情达意,视觉审美意义是其次要功能。将汉字作为著作权法意义上的美术作品进行保护,必须要求在完全相同的笔画和结构的基础上,其字体的形态具有一定的独创性。因字库字体需要整体风格的协调统一,其中单字的独特风格更受到较大限制,与书法家单独书写的极具个人风格的单字书法作品,无法相提并论,也不同于经过单独设计的风格极为特殊的单字。但当单字的集合作为字库整体使用时,整套汉字风格协调统一,其显著性和识别性可与其他字库字体产生较大区别,较易达到版权法意义上的独创性高度。对于此种字库作品,他人针对字库字体整体性复制使用,尤其是与软件的复制或嵌入相配合的使用行为,可以认定侵权成立。但将其中的每一个单字都确认具有独创性,享有美术作品的著作权,依据不足。

方正倩体字库字体具有一定的独创性,符合我国著作权法规定的美术作品的要求,可以进行整体性保护;但对于字库中的单字,不能作为美术作品给予权利保护。方正公司自行研制的倩体计算机字体及对应的字库软件是具有一定独创性的文字数字化表现形式的集合。方正公司从齐立处取得其设计的倩体字体的权利,综合具有独创性的汉字风格和笔形特点等因素,通过设计字稿、扫描、数字化拟合、人工修字、整合成库、对设计的字稿设定坐标数据和指令程序等处理方式和步骤,形成由统一风格和笔形规范构成的具有一定独创性的整体字库内容,作为字库软件光盘销售时亦以公司名义署名。方正公司对此投入了智力创作,使具有审美意义的字体集合具有一定的独创性,符合我国著作权法规定的美术作品的特征,应受到著作权法保护。因此方正公司对倩体字库字体内容享有著作权。

二、宝洁公司使用涉案"飘柔"二字的行为是否构成对方正公司复制权及发行权的侵犯,家乐福公司销售被控侵权产品的行为是否构成对其发行权的侵犯

由《中华人民共和国著作权法》(2010)第四十八条规定可知,未经著作权人许可,复制、发行他人作品的,该行为构成对著作权人复制权、发行权的侵犯。依据上述规定,欲证明两被上诉人实施的被控侵权行为构成侵犯著作权的行为,其应证明本案事实同时满足下列全部要件:1. 涉案"飘柔"二字构成作品;2. 上诉人系涉案"飘柔"二字的著作权人;3. 被上诉人实施的行为属于对涉案"飘柔"二字的复制、发行行为;4. 被上诉人实施的复制、发行行为未获得上诉人的许可。这一许可行为既包括明示许可,亦包括默示许可。只有在本案事实同时满足上述全部要件的情况下,被控侵权行为才构成对上诉人复制权、发行权的侵犯。

综合考虑本案现有因素,法院认定两被上诉人的行为系经过上诉人许可的行为,不符合侵权构成要件中的第四个要件。考虑到本案一个关键事实,即被控侵权产品上使用的"飘柔"二字系由被上诉人宝洁公司委托美国 NICE 公司采用"正版"方正倩体字库产品设计而成。依据本案事实可以认定美国 NICE 公司有权使用倩体字库产品中的具体单字进行广告设计,并将其设计成果许可客户进行后续的复制、发行,而被上诉人宝洁公司及家乐福公司的行为均系对该设计成果进行后续复制、发行的行为,故两被上诉人实施的被控侵权行为应被视为经过上诉人许可的行为。

之所以认定美国 NICE 公司有权实施上述行为,具体理由如下:

1. 当知识产权载体的购买者有权以合理期待的方式行使该载体上承载的知识产权时,上述使用行为应视为经过权利人的默示许可。

2. 具体到汉字字库产品这类知识产权载体,基于其具有的本质使用功能,合理认定调用其中具体单字在电脑屏幕中显示的行为属于购买者合理期待的使用行为,应视为经过权利人的默示许可。

3. 对于汉字字库产品这类知识产权载体,在产品权利人无明确、合理且有效限制的情况下,购买者对屏幕上显示的具体单字进行后续使用的行为属于购买者合理期待的使用行为,应视为经过权利人的默示许可。

4. 对于汉字字库产品这类知识产权载体,权利人可以对购买者的后续使用行为进行明确、合理、有效的限制。

5. 具体到本案,合理认定美国 NICE 公司调用该产品中具体单字进行广告设计,并许可其客户对设计成果进行后续复制、发行的行为,属于其合理期待的使用行为,应视为已经过上诉人的默示许可。

综上所述,美国 NICE 公司有权将其利用涉案倩体字库产品中的具体单字

"飘柔"设计的成果提供给被上诉人宝洁公司进行后续复制、发行,美国NICE公司的该行为属于其对涉案倩体字库产品合理期待的使用行为,应视为已获得上诉人许可的行为。鉴于侵犯著作权行为的构成应同时具备4个要件,被上诉人实施的上述行为均不可能构成侵犯著作权的行为。

案例6 冯源著作权纠纷案①

【案情简介】

原告:李本渊,男。

委托代理人:彭晓鹏,男。

被告:冯源(本名冯国平),男。

原告李本渊诉称,其是下岗职工,苦练书法,尤其在篆体书法方面取得了重大突破。为庆祝新中国成立60年华诞,李本渊耗时十余年完成了《毛主席诗词篆书全集》60米的长卷作品。2009年6月下旬,李本渊在中原古玩城认识了冯源,其间冯源获悉李本渊写有该全集,声称其有门路帮助办画展。冯源把全集的底稿骗去,在暗地里将该作品通过电脑合成等手段"移花接木",除将李本渊作品封面"李本渊"署名涂去换成"冯源"的名字,其他均照搬照抄,并在2009年9月12日在商都艺术馆内租用展览厅办起了个人书法展。在冯源展览会上印发的展览册《翰墨颂伟人》中,内容按字数计算多达90%以上都是抄袭李本渊的作品。据此,李本渊诉至法院,请求依法判令冯源停止侵权行为,并赔偿其各项损失,在媒体上公开赔礼道歉。

被告冯源答辩称:1.其没有欺骗李本渊的故意,也不存在侵权行为。冯源在中原古玩城有自己的工作室。2009年6月,李本渊想拜冯源为师,并声称只会写钢笔字,不会写毛笔字。李本渊在冯源工作室学习期间,得知其要办书画展,就称自己写有86首毛主席诗词的篆书,看能否参加征稿活动。冯源告知李本渊,按照国内惯例,投稿基本上不退稿,凡是投稿作品一律归承办方。在李本渊知情的情况下,冯源帮其推荐了装裱店装裱了20米的长卷。之后由于李本

---

① 案例来源:河南省郑州市中级人民法院。

渊书写的是钢笔字，经领导审稿没有通过。据此，李本渊所给的手稿复印件是其自愿的行为，并且之后手稿也归还了。2. 李本渊在我方工作室期间私自将冯源在网上的作品内容下载，将其诗词后70首作品译写字样，又将作品的下半部分重新接成如今的60米长卷。关于《毛泽东诗词》的篆书，我国在2003年至2008年有多位名家篆书出版。篆书的临摹全部是以李斯小篆为依据，李本渊也是在名家的基础上根据自己的方式加以表现。李本渊下载冯源的成型作品，继而临摹，才出现作品的一致。据此，作品即便是艺术形式和具体表现相同，只要相互之间没有抄袭，而是各自独立完成，也分别享有同样的著作权。综上，请求驳回李本渊的诉讼请求。

本院经审理查明：

李本渊于2006年开始着手书写《毛泽东诗词篆书全集》，并于2009年7月中旬予以完成。该全集装裱成卷后共长60米，全卷系由钢笔书写，结构为前半部分所有的诗词均以篆体的方式书写，后半部分又将以上篆体诗词以行书的方式重新书写。该全集是从市面上的毛主席诗词集中综合收集而创作完成的。冯源于2003年8月14日开始收集毛主席诗词篆书，在2008年其将以往几年收集的材料予以整理，并在2009年着手完成了《毛泽东诗词篆书全集》的书写。该全集装裱成卷后共长168米，2万多字，全卷系由毛笔书写，结构为每一首诗词先以篆体方式书写，之后附有行书，在诗词中间加有毛主席肖像。该全集是以李斯小篆为原本进行临摹。从两份长卷比较可以看出：1. 用笔工具上一个为钢笔、一个为毛笔；2. 长卷的排版、结构不相同；3. 用笔的笔法一个为线条规整、流畅，一个为线条较圆润。在印制的《翰墨颂伟人》中有些诗词的错字与李本渊长卷中错字相同。李本渊和冯源在2009年6月相识，冯源在2009年9月举办了个人书法展，展出了《毛泽东诗词篆书全集》的长卷，并且配有宣传册《翰墨颂伟人》的印制。在庭审中，冯源认可临摹过对方30多篇诗词，但其称用毛笔书写。李本渊认为冯源所书的《毛泽东诗词篆书全集》及《翰墨颂伟人》抄袭了其作品，构成侵权，应承担停止侵权行为并赔偿其经济及精神损失共计30万元，并在相关媒体上公开赔礼道歉。

以上事实，两份书法长卷、相片、身份证明、通知、《翰墨颂伟人》、庭审笔录等相关证据予以佐证。

【基本问题】

1. 李本渊对其书写的《毛泽东诗词篆书全集》长卷是否享有著作权？

2. 冯源所创作的书法作品《毛泽东诗词篆书全集》长卷及《翰墨颂伟人》是否构成对李本渊著作权的侵权？

【讨论与分析】

一、李本渊对其书写的《毛泽东诗词篆书全集》长卷是否享有著作权

书法是以文字为创作依据的造型艺术，是凭借文字来抒发作者深邃的内心情感和表达及对世间万物遐想的意象艺术。作为书法作品来说，其表现形式不外有"实"与"虚"两个方面，"实"是指书法的有形方面，包括用笔、结构、布面、章法等内容；"虚"是指书法的无形方面，通常包括神采、气韵、意境等内容。由于书法作品具有以上特点，故其与一般的文字作品存在较大的差别。《中华人民共和国著作权法实施条例》（2002）第四条第（八）项规定，"美术作品，是指绘画、书法、雕塑等以线条、色彩或者其他方式构成的有审美意义的平面或者立体的造型艺术作品"。因此，书法作品属于美术作品的范畴。

由于书法作品在创作上有着特殊性，因此具有不同于一般著作权法上文字作品的保护。我国著作权法保护的是作品的独创性。一部作品要经作者独立创作产生，作品中包括作者的选择、判断以及其个人的个性。故在考虑书法作品保护方面既要着眼作品本身，即书写的手法、字体的风格、排版、墨迹的色彩等，也要考虑书法者自身的个性特点、独立判断、体现的蕴意。本案中，李本渊所书写的《毛泽东诗词篆书全集》长卷，首先，从字体上来看，所书写的是篆体的方式；从长卷的结构、编排来看，采用的是前半部分为篆体，后半部分为行书形式；从每个字的结构来看，字的线条规整、流畅；从笔法来看，全卷系用硬笔即钢笔的书写形式；从内容上看，显示的为毛泽东诗词。李本渊所创作的作品因其是独立完成且融入了一定的劳动成果，因此对该书法作品享有著作权。

二、冯源所创作的书法作品《毛泽东诗词篆书全集》长卷及《翰墨颂伟人》是否构成对李本渊著作权的侵权

首先，从长卷来看：(1)所采用的字体为篆体；(2)长卷的结构、编排为每一首诗词先用篆体书写，之后紧跟有行书的形式，长卷首页开头为4幅毛主席肖像，其后每隔3首诗词均附毛主席肖像；(3)每个字的结构线条圆润；(4)笔法上

为全部软笔即毛笔书写完成;(5)内容也为毛泽东诗词。《翰墨颂伟人》中摘录了《毛泽东诗词篆书全集》部分内容。针对以上作品相比较不难看出,其一为对比的书法作品中使用的笔法一个为硬笔即钢笔书写,一个为软笔即毛笔创作;其二为书法作品整体编排、长卷的长度、诗词的多少均不同;其三为两位书法者在创作作品时用笔的力度、字型的圆润程度等也不尽相同。同时,两幅作品相同的是均使用了篆书的字体,且内容均使用了毛泽东的诗词。对于相同部分,由于篆书的字体早已流入社会的公共领域,不是任何个人所独享的,因此每个人均可使用篆体这种字体用于学习、研究。另外,依据《中华人民共和国著作权法》(2001)第三条、《中华人民共和国著作权法实施条例》(2002)第二条、第三条及第四条之规定,作品应当是具有独创性并能以有形的形式复制的智力成果。因此,作品保护的对象限于思想、情感的表达形式,而不保护思想及情感本身。对于作品的选择,本案中两人均选用了毛泽东诗词,但该内容的选用仅是一种"思想"即"构思",并且毛泽东的诗词也是被公共所熟知的。因此,对使用相同作品构思是否相同不构成对著作权的侵犯,不受著作权的保护。

其次,李本渊所称对方将其作品原搬照抄的行为构成对其著作权的侵犯问题。我国著作权法明确规定,著作权人享有的几项权利中包括复制权在内等相关的权利,同时也表明在未经原著作权人许可的情况下,侵犯以上权利的行为构成侵权。这里所指的复制权其实是指从专业的角度对作品进行再生产,凭借特定的仪器设备和技术手段,可以不经人工的参与,对原作品进行数量无限且基本一致的仿制,即我们通常所说的 Copy。复制不同于临摹,临摹实际上也是作者通过对原作的观察、思考、根据自己的体会感受,以一定的方法和技巧,人工地再现原作的外在形态。由于个人之间用笔的深浅、写作的习惯、使用的工具加之不同的艺术修养及思维方式,故不可能与原作完全一致。我国在2001年重新修正的著作权法第十条第一款第(五)项复制权中将原著作权法第五十二条第一款移来,将临摹从原来规定的复制方式中去掉,也说明了两者的区别。本案中,由于两者采用的用笔工具不同,从而所体现的即使相同的字也具有不同的特点,毛笔写出的字比较圆润、饱满,钢笔写出的字比较规整;另外,整个作品的结构、编排也不相同,因此,对李本渊所称的对方照抄其作品的主张,缺乏事实依据,法院不予支持。因此,冯源所创作的书法作品《毛泽东诗词篆书全集》长卷及《翰墨颂伟人》没有构成对李本渊著作权的侵权。

案例7 广西广播电视报社诉广西煤矿工人报社电视节目预告表使用权案[①]

【案情简介】

原告:广西广播电视报社。

被告:广西煤矿工人报社。

审理法院:广西合山市人民法院。

案号:(1991)合法民判字第46号。

审结日期:1991年9月25日。

上诉人:广西广播电视报社。

被上诉人:广西煤矿工人报社。

审理法院:广西柳州地区中级人民法院。

案号:(1994)柳地法民终字第127号。

审结日期:1994年11月25日。

原告称,《广西广播电视报》于1979年12月创刊,在每周的星期四出版,发行于全区各地。之后,原告与中国电视报社签订协议:由中国电视报社提供中央电视台节目预告表,供原告刊载,由原告向中国电视报每期支付稿酬80元。原告又依据广西电视厅桂发字〔1987〕35号文件精神,与广西电视台达成口头协议:由原告刊登广西电视台的一周电视节目预告表,每期向广西电视台支付稿酬100元。被告广西煤矿工人报社未经原告同意,从1987年起每周一从原告的报纸摘登中央电视台和广西电视台的一周电视节目预告表。1988年2月1日和1989年5月8日,原告在其报纸上发表声明:未经本报准许,任何报刊不得转载、刊登本报的一周电视节目预告表,违者依法追究法律责任。1989年9月22日,广西版权局桂权字〔1989〕9号《关于广播电视节目预告转载问题的通知》下发后,被告仍继续转载原告的一周电视节目预告表。1990年2月4日,原告向广西版权局提出申诉,要求被告停止侵权,登报赔礼道歉,赔偿损失。广西版权局经审查认为,被告擅自转载原告一周电视节目预告,违反有关规定,属侵权

[①] 案例来源:广西壮族自治区合山市人民法院(1991)合法民判字第46号判决,广西壮族自治区柳州地区中级人民法院(1994)柳地法民终字第127号判决。

行为,于同年 7 月 24 日作出裁定:被告立即停止摘登原告的一周电视节目预告,登报公开致歉,补偿原告经济损失 6360 元。裁定后,被告拒不执行。同年 8 月 27 日,原告在自己的报纸上刊登了广西版权局裁定的内容和结果。1991 年 8 月 15 日,原告向原审合山市人民法院起诉,请求判令被告停止侵权,公开赔礼道歉,赔偿损失。一审法院依据《中华人民共和国著作权法》(1990)第五条第(二)项和《中华人民共和国民事诉讼法》(1991)第一百二十六条、民法通则第一百二十条、第一百一十八条、第一百三十四条第一款第(十)项的规定,作出如下判决:(1)驳回原告广西广播电视报社的诉讼请求。(2)原告要在《广西广播电视报》上向被告广西煤矿工人报社公开赔礼道歉。驳回被告反诉原告赔偿经济损失 2 万元的诉讼请求。本案诉讼费 410 元,由原告承担;反诉费 810 元,由被告承担 760 元,原告承担 50 元。后广西广播电视报社不服一审判决上诉,二审法院经过审理,广西柳州地区中级人民法院依照民事诉讼法第一百五十三条第一款第二项之规定和民法通则第四条、第一百三十四条第一款第一、七、十项之规定,作出如下判决:

1. 维持广西合山市人民法院(1991)合法民判字第 46 号民事判决的第二项中"驳回被告反诉原告赔偿经济损失 2 万元的诉讼请求"。

2. 撤销该同一判决的第一项和第二项中关于"原告在《广西广播电视报》上公开向被告赔礼道歉"的判决。

3. 广西煤矿工人报社立即停止摘登《广西广播电视报》的一周电视节目预告表的侵权行为。

4. 广西煤矿工人报社向广西广播电视报社赔偿经济损失 5 万元,限于本判决生效后 10 天内付清。

5. 广西煤矿工人报社应在本报登报向广西广播电视报社公开赔礼道歉。限于本判决生效后 1 个月内履行。赔礼道歉的内容须经法院审核。

本案一审案件受理费、反诉费共 1220 元及二审案件受理费 2010 元,共计 3230 元,由广西煤矿工人报社负担。

本判决为终审判决。

【基本问题】

1. 电视节目预告是否应视为我国著作权法中的"时事新闻"?
2. 试运用利益衡量理论分析电视节目预告是否应该受到著作权法保护?

【讨论分析】

一、电视节目预告是否应视为我国著作权法中的"时事新闻"

本案的关键是电视节目预告是否应视为我国著作权法中的"时事新闻"。所谓"时事新闻",是指报社、通讯社、广播电台、电视台等新闻机构对最近期间国内外政治事件或社会事件的报道。我国著作权法(1990)第五条规定:"本法不适用于:(一)法律、法规,国家机关的决议、决定、命令和其他具有立法、行政、司法性质的文件,及其官方正式译文;(二)时事新闻;(三)历法、数表、通用表格和公式。"如果电视节目预告为"时事新闻",对于时事新闻,无论新闻单位或者个人都不享有著作权,任何人都可以自由使用。

原告诉称:《广西广播电视报》于1979年创刊后,经广西广播电视厅和中国电视报社同意,取得了广西电视台和中央电视台一周电视节目预告表的使用权。中国电视报社还特别授权原告代为追究各种未经授权而在广西境内擅自刊登该一周电视节目预告表的行为人的侵权责任。原告曾在《广西广播电视报》就此多次发表声明。之后,多数曾登载一周电视节目预告表的报纸都已陆续停止登载。但被告自1987年以来,一直在每星期五收到当天出版的广西广播电视报后,即在下星期一出版的《广西煤矿工人报》的中缝刊登一周电视节目预告表。原告认为:关于电视报刊登电视节目预告的问题,有关法律和政策已有明文规定。根据规定,被告的行为已经侵犯了原告版权,直接影响了原告在自治区煤炭系统和合山市的发行,造成较大的经济损失。为此要求受诉法院判令被告立即停止侵权行为,公开赔礼道歉,赔偿经济损失1万元。

被告辩称:《广西煤矿工人报》从1987年起一直刊登《广西广播电视报》的一周电视节目预告。国家版权局1987年12月12日《关于广播电视节目预告转载问题的意见》中指出:"广播电视节目预告,应视为新闻消息,不属于版权保护的作品范畴。"时任国家版权局副局长刘杲在《新著作权法若干问题答记者问》中谈道:"广播电视节目预告本身视为时事新闻,不属著作权保护范围;但作为整体的广播电视报刊是受著作权法保护的,将整张广播电视报复印下来出售才是侵权行为。"被告辩称:"被告没有将《广西广播电视报》的节目预告和文章全部翻印,故原告诉称被告侵犯其版权无法律依据,我们之所以没有执行上级版权机关的规定和'裁定',是我们认为它们无法律依据,也不符合人民的利益。"

因此，不同意原告的诉讼请求。此外，原告在广西区版权局的'裁定'未经正当法律程序生效之前，即抢先在《广西广播电视报》和广西电视台的《广西新闻》中登载和播出我报社被裁定处罚的消息，使我报社名誉受到极大的损害，要求原告在同样的新闻媒介上登载或播出赔礼道歉内容，并赔偿2万元的经济损失。"

原审法院经审理认为：电视节目预告属预告性新闻范围，本身应视为时事新闻。对于时事新闻，无论新闻单位或个人都不享有著作权，任何人都可以自由使用不受限制。原告诉被告侵权无法律依据，不予支持。同时，原告在本报和广西电视台登载和播出广西版权局尚未发生法律效力的裁定，使被告名誉受到损害，被告反诉要求赔礼道歉的理由成立，予以支持。判决驳回原告的诉讼请求，并责令原告公开向被告赔礼道歉。

广西广播电视报社不服原审一审判决，于规定期限内上诉称：一审判决把电视节目预告表视为时事新闻而不加保护是错误的，上诉人对广播电视节目预告表应享有使用权和专有出版权。同时认为，被上诉人广西煤矿工人报社利用开庭发表意见之机，对上诉人进行侮辱和丑化，事后又利用所办报纸进一步扩散，侵害了上诉人的名誉权。故请求撤销原判，判令被上诉人停止侵权并赔偿其经济损失。被上诉人辩称：被上诉人刊登电视节目预告表符合国家版权局1987年12月12日《关于广播电视节目预告转载问题的意见》中"广播电视节目预告，应视为新闻消息，不属于版权保护的作品范畴"的规定。一审判决是正确的，被上诉人并就上诉人提出的侵犯名誉权之诉提出反诉。

终审法院经审理认为：电视节目预告表是电视台通过复杂的专业技术性劳动制作完成的，电视台对其劳动成果，应享有一定的民事权利。根据我国目前的实际情况，对电视台所享有的这一民事权利，应予以适当的法律保护。但电视节目预告表不具有著作权意义上的独创性，因而不宜适用著作权法保护。原告通过协议方式有偿取得的广西电视台和中国电视报一周电视节目预告，在广西地区以报纸形式向公众传播的使用权，应予以保护。被告未经许可，擅自无偿摘登原告一周电视节目预告表，而有偿地提供给公众，不符合原民法通则的有关原则，侵犯了原告的权利，应承担相应的民事责任。特别是在诉讼期间，被告仍继续摘登原告的一周电视节目预告表，对此造成的法律后果亦应承担相应的民事责任。造成对方经济损失，应根据实际情况酌情给予赔偿。原告上诉有理，予以支持；一审判决不当，应予纠正。

当时的著作权法把此类不受保护的对象称为时事新闻,确实不够严谨,容易引起误解,按照通常的理解,电视节目预告确实难以称为时事新闻。2020年第三次修正的著作权法把时事新闻改为单纯事实消息,表述更为准确严谨,电视节目预告作为将要发生的事实的简单表述,显然属于单纯事实消息,不应享有著作权。

二、试运用利益衡量理论分析电视节目预告是否应该受到著作权法保护

法学者与法官在进行法律解释时,不可能不进行利益衡量。因为法律是为解决社会现实中发生的纷争而作出的基准。对于电视节目预告性质的认定,既是对当事人双方利益作利益衡量,也是法律对公众利益和媒体私益二者之间的利益平衡和评价。利益衡量的目的是追求当事人之间及利益衡量的平衡,实现社会正义和公平。但何为平衡?这取决于有一个什么样的基准。若法律更多考虑的是观众(公众)的利益,为观众预先知道节目安排以便供其届时选择收看,那么法律就会认定电视节目预告为"时事新闻";若法律更多考虑的是新闻机构的利益,为激励新闻事业的发展,则不会认定其为"时事新闻"。

本案涉及的电视节目预告表并未明确规定于著作权法之中。即既未明确规定其属于著作权法保护的客体,也未明确规定其属于著作权法不保护的客体,因而只能由司法者自己判断。司法实践中司法机关的一般认识是短期性的电视节目预告为"时事新闻",长期性的电视节目预告不为"时事新闻"。考虑到"使创造利益者享受该利益"这一民法基本精神及现代法治之基本精神,即使存在两种解释可能,即既可解释为新闻亦可解释为非新闻,亦应判定将一周电视节目预告表解释为非新闻,为较为合理和较为妥当的解释。

原审法院经审理认为:电视节目预告属预告性新闻范围,本身应视为时事新闻。对于时事新闻,无论新闻单位或个人都不享有著作权,任何人都可以自由使用不受限制。原告诉被告侵权无法律依据,不予支持。同时,原告在本报和广西电视台登载和播出广西版权局尚未发生法律效力的裁定,使被告名誉受到损害,被告反诉要求赔礼道歉的理由成立,予以支持。判决驳回原告的诉讼请求,并责令原告公开向被告赔礼道歉。二审法院审理后认为:电视节目预告表是通过复杂的专业技术性劳动制作完成的,电视台对其劳动成果,应享有一定的民事权利。根据我国目前的实际情况,对这一权利应当予以保护,但电视节目预告表不具有著作权意义上的独创性,因而不宜使用著作权法保护。保护

的是原告以有偿方式取得的电视节目预告,以报纸方式向公众传播的使用权。被告的行为侵犯了原告的权利,应承担相应的民事责任。法院对本案进行了利益衡量,通过判决力求使当事人之间的利益平衡,此案件被喻为"中国的 Feist 案",在中国知识产权司法裁判历史上具有里程碑意义。

案例8　叶×玲诉广州艺×文化传播有限公司侵犯著作财产权案[①]

【案情简介】

上诉人(原审被告):叶×玲,女,汉族,1968年××月×日出生,住广东省佛山市顺德区大良××路28号××苑悦景阁302号,公民身份证号码4406231968×××0821,系佛山市顺德区大良金×影音经营部业主。

被上诉人(原审原告):广州艺×文化传播有限公司(以下简称艺×公司)。住所地:广东省广州市白云区××路××号××大厦B座405、406室,组织机构代码:7181×××。

委托代理人:戴文,广东龙浩律师事务所律师。

委托代理人:黄咏恺,广东龙浩律师事务所律师。

原审法院查明,艺×公司于1999年12月3日登记成立,经营范围主要是音像制品省内连锁经营;制作、复制、发行:广播剧、电视剧、动画片等。常州××文化创意有限公司是动画系列剧《恐龙宝贝之龙神勇士》第一部(52集)的著作权人。2009年8月31日,常州××文化创意有限公司出具了《授权书》,将《恐龙宝贝之龙神勇士》第一部的音像版权独家授权给艺×公司,授权期限从2009年8月31日至2012年8月30日。同日,常州××文化创意有限公司出具了《版权证明》,证明常州××文化创意有限公司对动画系列剧《恐龙宝贝之龙神勇士》第一部(52集)享有著作权的全部权利。常州××文化创意有限公司是动画系列剧《恐龙宝贝之龙神勇士》第二部(52集)的著作权人。2011年8月1日,常州××文化创意有限公司出具了《授权书》,将《恐龙宝贝之龙神勇士》第

[①] 案例来源:广东省佛山市顺德区人民法院(2013)佛顺法知民初字第19号民事判决,佛山市中级人民法院(2013)佛中法知民终150号判决。

二部的音像版权独家授权给艺×公司,授权期限从2011年7月7日至2016年7月6日。同日,常州××文化创意有限公司出具了《版权证明》,证明常州××文化创意有限公司对动画系列剧《恐龙宝贝之龙神勇士》第二部(52集)享有著作权的全部权利。艺×公司与广东××出版社签订了《音像制品出版合同》,约定由艺×公司委托广东××出版社出版国产动画片《恐龙宝贝之龙神勇士》第一部(52集)、第二部(52集)的音像制品(VCD及DVD)。2011年11月7日,广东××出版社出具两份《证明》,证明与其合作出版发行的动画片《恐龙宝贝之龙神勇士》第一部(52集)、第二部(52集)音像制品的出版、复制、发行权属艺×公司所有,该公司有权就侵犯上述作品出版、复制、发行权的行为单独采取法律救济措施。

2012年5月9日,广东省广州市荔湾公证处(以下简称荔湾公证处)根据艺×公司的申请,由该公证处的公证员何灵兴与公证员助理杨杰随同艺×公司的委托代理人阮战明来到佛山市顺德区大良××路15号1商铺"金×影音"店。阮战明在该店购买了以下音像制品光碟:《喜羊羊与灰太狼》一套(三张光碟)、《吉豆世运会》一套(两张光碟)、《恐龙宝贝之龙神勇士》一套(两张光碟)(以下简称被诉侵权光盘)、《巴布工程师》一套(两张光碟)、《狮子王》一套(两张光碟)、《快乐心心》一套(两张光碟)、《汤马仕小火车之海陆空大拯救》一套(一张光碟),并取得编号为051920的收据一张。阮战明的上述购物过程由公证员何灵兴及公证员助理杨杰在现场见证,公证员助理杨杰并对该商店的周围环境进行了拍照。公证员何灵兴、公证员助理杨杰与阮战明共同将上述物品带回公证处进行封存,公证员助理杨杰对上述物品在封存前后的状态分别进行了拍照。其后,公证处将上述购物过程所得的物品经封存后交阮战明保管。2012年5月30日,荔湾公证处依法出具了公证书,并将拍照所得的照片粘附在该公证书上。为此,艺×公司支付了公证费1000元,分摊到本案为142.9元。

庭审中,拆封公证封存物品,内有被诉侵权光盘一套(两张光碟)、收据一张。当庭对艺×公司提供的动画片《恐龙宝贝之龙神勇士》及被诉侵权光盘进行现场播放,经比对,叶×玲确认被诉侵权光盘中收录的动画片《恐龙宝贝之龙神勇士》与艺×公司提供的动画片《恐龙宝贝之龙神勇士》内容一致。庭审中,艺×公司确认请求赔偿的数额是按照相关法律规定及本案支出的公证费用、律师费用来酌情计算的。

另查,佛山市顺德区大良金×影音经营部为叶×玲开办的个体工商户,经营场所位于佛山市顺德区大良××路1号铺,经营范围为音像制品出租,成立日期为2004年7月13日。

原审法院依照《中华人民共和国著作权法》(2010)第四十八条第(一)项、第四十九条、《最高人民法院关于审理著作权民事纠纷案件适用法律若干问题的解释》(2002)第二十五条、第二十六条的规定,判决如下:一、叶×玲立即停止销售被诉侵权复制品《恐龙宝贝之龙神勇士》;二、叶×玲应于判决发生法律效力之日起三日内,向艺×公司支付经济损失及制止侵权所支出的合理费用共计6000元;三、驳回艺×公司的其他诉讼请求。如叶×玲未按判决指定的期间履行给付金钱义务,应当依照《中华人民共和国民事诉讼法》(2012)第二百五十三条之规定,加倍支付迟延履行期间的债务利息给艺×公司。案件受理费50元(艺×公司已预交),由叶×玲负担。

上诉人叶×玲不服原审判决,提起上诉,广东省佛山市中级人民法院最后作出了"驳回上诉,维持原判"的终审判决。

【基本问题】

1. 叶×玲销售被诉侵权光盘的行为,是否侵犯了艺×公司对涉案作品依法享有的著作权?

2. 叶×玲应承担的民事责任。

【讨论与分析】

一、叶×玲销售被诉侵权光盘的行为,是否侵犯了艺×公司对涉案作品依法享有的著作权

著作财产权是作者对其作品的自行使用和被他人使用而享有的以物质利益为内容的权利。著作财产权的内容具体包括复制权、发行权、出租权、展览权、表演权、放映权、广播权、信息网络传播权、摄制权、改编权、翻译权、汇编权、追续权以及应当由著作权人享有的其他权利。符合著作权法(2010)第十一条第三款规定情形,法人或者其他组织视为作者。如无相反证明,在作品上署名的公民、法人或者其他组织为作者。著作权的权利人包括:(1)作者;(2)其他依照本法享有著作权的公民、法人或者其他组织。本案中,艺×公司对涉案作品依法享有著作权。

《最高人民法院关于审理著作权民事纠纷案件适用法律若干问题的解释》

(2002)第七条规定:"当事人提供的涉及著作权的底稿、原件、合法出版物、著作权登记证书、认证机构出具的证明、取得权利的合同等,可以作为证据。在作品或者制品上署名的自然人、法人或者其他组织视为著作权、与著作权有关权益的权利人,但有相反证据证明的除外。"本案中,艺×公司提供了常州××文化创意有限公司出具的《授权书》,证明艺×公司对动画系列剧《恐龙宝贝之龙神勇士》第一部(52集)、第二部(52集)(以下简称涉案作品)独家享有专有的音像版权。同时,艺×公司还提供了其与广东××出版社签订的《音像制品出版合同》以及由广东××出版社出具的《证明》,证明与其合作出版的动画系列剧《恐龙宝贝之龙神勇士》第一部(52集)、第二部(52集)音像制品的出版、复制、发行权属艺×公司所有,艺×公司有权就侵犯上述作品出版、复制、发行权的行为单独采取法律救济措施。因此,艺×公司在上述授权范围内,对涉案作品独家享有著作权中的出版权、复制权和发行权。

经庭审比对,被诉侵权光盘中收录的动画片《恐龙宝贝之龙神勇士》与艺×公司享有著作权的涉案作品的内容一致,可确认为相同。被诉侵权光盘的封面、封底均未标示版权信息,碟芯上没有光盘生产源识别码,故可认定被诉侵权光盘为非法复制的盗版制品。综上,叶×玲未经艺×公司许可,擅自销售侵犯艺×公司著作权的被诉侵权光盘,且未能提供证据证明该被诉侵权光盘有合法来源,已侵犯了艺×公司对涉案作品依法享有的著作权。

二、叶×玲应承担的民事责任

依据《中华人民共和国著作权法》(2010)第四十八条第(一)项的规定,未经著作权人许可,复制、发行其作品的,应承担停止侵害、消除影响、赔礼道歉、赔偿损失等民事责任。据此,艺×公司要求叶×玲停止侵权、赔偿损失的诉讼请求,符合法律规定,原审法院予以支持。

关于艺×公司主张的侵权赔偿数额问题。《中华人民共和国著作权法》(2010)第四十九条规定:"侵犯著作权或者与著作权有关的权利的,侵权人应当按照权利人的实际损失给予赔偿;实际损失难以计算的,可以按照侵权人的违法所得给予赔偿。赔偿数额还应当包括权利人为制止侵权行为所支付的合理开支。权利人的实际损失或者侵权人的违法所得不能确定的,由人民法院根据侵权行为的情节,判决给予五十万元以下的赔偿。"本案中,由于双方当事人未对艺×公司被侵权期间的损失及叶×玲获利数额进行举证,艺×

公司的损失难以确定,原审法院综合考虑叶×玲的经营规模、主观过错程度、结合艺×公司为制止侵权行为所支出的公证费、合理范围内的律师代理费等各项支出,酌定叶×玲赔偿艺×公司经济损失6000元,对超出上述数额的部分,原审法院不予支持。

案例9 中国音乐著作权协会诉新兴大富豪酒店有限公司侵犯著作权权属、侵权纠纷案[①]

【案情简介】

原告:中国音乐著作权协会。

委托代理人:杨向东。

被告:新兴大富豪酒店有限公司(以下简称大富豪公司)。

委托代理人:李新林。

2005年6月,蓝天出版社出版了《卡拉OK金曲——回忆中的歌声》一书第一版,书中印制、收录了中国音乐著作权协会诉称的《当兵的人》《珠穆朗玛》《父老乡亲》3首音乐作品的词曲,并注明了《当兵的人》的词作者为王晓岭,曲作者为臧云飞和刘斌,《珠穆朗玛》的词曲作者分别为李幼容和臧云飞,《父老乡亲》词曲作者分别为石顺义和王锡仁。

中国音乐著作权协会系经中华人民共和国民政部核准登记成立的社会团体法人,其业务范围包括专业交流、业务培训、国际合作咨询服务。

1993—2002年,作者王晓岭、臧云飞、刘斌、李幼容、石顺义和王锡仁分别与中国音乐著作权协会签订了《音乐著作权转让合同》、《音乐著作权合同》。《音乐著作权转让合同》约定,上述作者将其现有和今后将有的享有著作权的音乐作品的公开表演权、广播权和录制发行权转让给中国音乐著作权协会,合同的有效期为上述作者所享有著作权的受保护期,上述作者有权终止本合同,但应在中国音乐著作权协会收到上述作者书面要求一年后生效。《音乐著作权合同》约定上述作者将其现有和今后将有的享有著作权的音乐作品的公开表演

---

① 案例来源:广东省云浮市中级人民法院(2012)云中法民三初字第60号民事判决。

权、广播权和录制发行权授权中国音乐著作权协会以信托方式管理。该管理活动以中国音乐著作权协会名义进行，中国音乐著作权协会有权以自己的名义向侵权者提起诉讼，合同有效期为3年，至期满前60天上述作者未提出书面异议，合同自动续展3年，之后亦照此办理。

2010年9月25日，中国音乐著作权协会委托代理人李明杰与北京市东方公证处的公证员关世捷、工作人员赵晓宁一起，来到位于广东省云浮市新兴县新城镇环城东路店面名称为"新兴大富豪酒店卡拉OK夜总会"的场所，以普通消费者的身份进入该场所三楼名称为"309"的包房内进行消费。李明杰在包房内安置的歌曲点播机上进行操作，点播了包括《当兵的人》《珠穆朗玛》《父老乡亲》等在内的21首歌曲。李明杰在公证员关世捷和工作人员赵晓宁的监督下对上述21首歌曲播放画面的过程进行了录像。消费结束后，李明杰向该场所索取了票面印章为"新兴大富豪酒店有限公司发票专用章"、发票号码为21243422、21243423、06095889、36075264、36075265的广东省地方税收通用定额发票五张，公证处工作人员赵晓宁对上述过程制作了《工作记录》。此后，李明杰在公证人员的监督下将上述录像内容刻录成光盘一式三份，由公证人员密封于证物袋内，两份交中国音乐著作权协会保存，一份留存在公证处。北京市东方公证处的公证人员对上述保全证据的全过程进行了公证。

原告中国音乐著作权协会诉称：中国音乐著作权协会是经中华人民共和国版权局批准成立的音乐著作权集体管理组织，是依法代表音乐著作权人行使权利的组织，依据《中华人民共和国著作权法》(2010)第八条第一款和《著作权集体管理条例》第二条的规定，以及根据著作权人的授权，原告可以自己的名义从事著作权的管理及参与诉讼。原告发现被告在其经营的卡拉OK营业场所内，公开使用卡拉OK点歌播放系统营业性播放原告管理的3首音乐作品《当兵的人》《珠穆朗玛》《父老乡亲》，被告未经作者或原告许可擅自公开表演上述音乐作品的行为违反了著作权法的有关规定，严重侵犯了权利人的著作权益，为维护著作权人的合法权益，原告现提起诉讼，请求法院判令：一、被告立即停止侵权行为，从其曲目库中删除《当兵的人》《珠穆朗玛》《父老乡亲》3首侵权作品；二、被告赔偿原告经济损失人民币9000元；三、被告承担本案全部诉讼费用。

被告大富豪公司答辩称：第一，大富豪公司没有以营利为目的故意使用涉案的音乐作品，不存在侵权的事实。无证据证明中国音乐著作权协会派人到大富豪公司处消费过。大富豪公司向MTV歌库制作人购买了点播系统，也是一名普通消费者。假若要追究侵权者的责任，也只能追究将该音乐作品复制入歌库的原制作人，而不是大富豪公司。因此，大富豪公司并没有以营利为目的故意放映涉案的音乐作品，不存在侵权的事实。第二，中国音乐著作权协会享有涉案音乐电视作品的著作权的证据不足，无权直接向大富豪公司主张权利，应当驳回起诉。根据《音乐著作权合同》的内容，中国音乐著作权协会只享有著作权许可使用的代理权以及转委托的权利，中国音乐著作权协会不是著作权人，不具备著作权人享有的人身权和财产权。著作权的被许可使用人（即代理人，原告的权利即是代理人身份）则必须依赖于原著作权人的存在才能对抗。因此，中国音乐著作权协会无权直接起诉。依据我国民事诉讼法（2007）第一百零八条的规定，中国音乐著作权协会是与本案没有直接利害关系的法人，不享有著作权，因此，请法庭驳回其起诉。第三，涉案的 MTV 作品的性质及著作权归属问题。1. 涉案音乐电视作品的著作权人权属不清。中国音乐著作权协会提供的相关证据不能证明其是合法著作权人的主体身份，亦无国家版权局相关版权认证的相关证明，因此，大富豪公司不确认涉案音乐电视作品的著作权归属于中国音乐著作权协会享有。2. 涉案的 MTV 并不是一种受到著作权法保护的作品，而仅仅是一种录制品。MTV 只是传播歌曲的一个载体，而不是作品。目前并无相关法规和公约以及规范性文件加以明确 MTV 是独立创作作品而受到著作权法的保护，录制品并不享有著作权。第四，关于大富豪公司是否侵权及承担责任的问题。1. 无相关证据证明大富豪公司使用过涉案的音乐电视作品。如果大富豪公司没有故意使用涉案的音乐电视作品进行营利活动，依法是不用支付任何费用的。2. 就我国目前的国情而言，都是由唱片公司给 KTV（卡拉 OK 经营者）建立歌曲后台（歌库），按照点播次数收费的。《卡拉 OK 版权使用收费标准（草案）》还在审议阶段，尚未出台。因此，国家对此并没有具体明确且权威的收费标准，只能参考国家版权局负责人的意见：预计低于卡拉 OK 营业额（包括酒水在内）总量 0.5%，约每首歌平均 0.17 元的标准收费。根据损益相一致的原则，假若构成侵权，也与中国音乐著作权协会主张的赔偿数额相差太远，由此可见，中国音乐著作权协会是狮子开大口，请求无度。3. 中国音乐著作权协会主张答辩人侵权的证据不足。根据《司法部、国家版权局关于在查处著作权侵权案件中发挥公证作用的联合通知》第二条的规定："著作权证据保全公证由事实发生地公证处管辖。……"中国音乐著作权协会提供的《公证书》来源不合法，不予采信。主要证据《公证书》因没有按照《公证程序规则》规定的程序操作,超出地域管辖的相关规定,应认定该《公证书》无效,不能以此作为认定事实的根据,中国音乐著作权协会欲证明大富豪公司有侵权行为,需要另行举证。退一步来说,假设大富豪公司构成侵权,中国音乐著作权协会主张的费用既不合理,也不合法。中国音乐著作权协会按每首歌3000元计算侵权的经济损失没有法定的标准且依据不足。综上所述,大富豪公司没有以营利为目的故意使用涉案的音乐作品,不存在侵权的事实。中国音乐著作权协会不享有涉案音乐电视作品的著作权,无权直接向大富豪公司主张权利。涉案音乐电视作品的著作权人权属不清。据此,请求法院驳回起诉或其诉讼请求。

庭审中对上述封存光盘进行播放,光盘中点播的涉案3首歌曲的词曲内容与中国音乐著作权协会主张其享有著作权的音乐作品词曲内容一致,相关播放画面显示:《当兵的人》《珠穆朗玛》《父老乡亲》均是相关歌手现场演唱录像画面,并根据卡拉OK点唱的需要配上歌词字幕;画面与音乐作品本身的风格协调一致。

【基本问题】

1. 涉案作品的著作权归属是否清楚?
2. 涉案公证书能否作为认定事实的证据使用?
3. 中国音乐著作权协会是否具有诉讼主体资格?
4. 大富豪公司是否构成侵权?
5. 如大富豪公司构成侵权,赔偿的数额如何计算?

【讨论与分析】

一、涉案作品的著作权归属是否清楚

涉案的3首歌曲均由乐曲和歌词共同构成,属于我国著作权法保护的音乐作品。中国音乐著作权协会提供的蓝天出版社于2005年出版的合法出版物——《卡拉OK金曲——回忆中的歌声》一书中登载了涉案3首音乐作品的词曲作者,在大富豪公司没有提供相反证明的情况下,依据我国著作权法(2010)第十一条第四款以及《最高人民法院关于审理著作权民事纠纷案件适用法律若干问题的解释》(2002)第七条的规定,应依法认定王晓岭、臧云飞、刘斌、李幼容、石顺义和王锡仁为涉案3首音乐作品相应的著作权人身份,均享有的著作权包括我国著作权法(2010)第十条第一款第(九)项规定的"表演权"等权利。大富豪公司认为涉案音乐作品著作权归属不清的抗辩主张不成立。

二、涉案公证书能否作为认定事实的证据使用

我国公证法(2005)第二十五条第一款规定:"自然人、法人或者其他组织申请办理公证,可以向住所地、经常居住地、行为地或者事实发生地的公证机构提出。"第三十六条规定:"经公证的民事法律行为、有法律意义的事实和文书,应当作为认定事实的根据,但有相反证据足以推翻该项公证的除外。"中国音乐著作权协会的住所地为北京市东城区东单三条33号京纺大厦5层,其申请北京市东方公证处进行涉案公证符合上述法律规定,北京市东方公证处依据中国音乐著作权协会的申请进行保全书证和证据保全并出具相应的公证书,其公证行为程序合法,内容客观真实,涉案公证书应当作为认定案件事实的证据使用。大富豪公司提出上述公证书来源不合法、公证书无效的抗辩主张,没有法律依据,也没有提供相反证据支持,法院不予采信。

三、中国音乐著作权协会是否具有诉讼主体资格

我国著作权法(2010)第八条第一款规定,"著作权人和与著作权有关的权利人可以授权著作权集体管理组织行使著作权或者与著作权有关的权利。著作权集体管理组织被授权后,可以以自己的名义为著作权人和与著作权有关的权利人主张权利,并可以作为当事人进行涉及著作权或者与著作权有关的权利的诉讼、仲裁活动。"本案中,中国音乐著作权协会是经批准依法成立的音乐著作权集体管理组织,并取得了涉案音乐作品词曲作者的授权,其授权范围为公开表演权、广播权及录制发行权,该授权在无相关证据证明其已经失效的情形下应视为有效。因此,中国音乐著作权协会以自己的名义在词曲作者授权的范围内提起本案诉讼符合法律规定,是本案的适格原告。大富豪公司抗辩认为中国音乐著作权协会无权起诉的理由不成立。

四、大富豪公司是否构成侵权

中国音乐著作权协会主张的权利为词曲作者对涉案3首音乐作品的"表演权"。我国著作权法(2010)第十条第一款第(九)项规定,"表演权,即公开表演作品,以及用各种手段公开播送作品的表演的权利"。大富豪公司作为卡拉OK经营者,以营利为目的,在其营业场所内通过卡拉OK伴奏系统及放

映设备,通过"录像制品"这一载体向不特定的消费者公开播送《当兵的人》《珠穆朗玛》《父老乡亲》3首音乐作品,行使了著作权人所享有的公开表演权。由于大富豪公司的行为未经词曲作者或其授权的集体管理组织的授权,也未支付报酬,侵害了上述3首音乐作品的词曲作者的公开表演权,应承担相应的民事责任。

五、如大富豪公司构成侵权,赔偿的数额如何计算

关于赔偿数额,我国著作权法(2010)对侵权赔偿确定的原则是,以权利人的实际损失或者侵权人的违法所得为赔偿依据。权利人的实际损失或者侵权人的违法所得不能确定的,由人民法院根据侵权行为的情节,判决给予50万元以下的赔偿。赔偿数额还应当包括权利人为制止侵权行为所支付的合理开支。中国音乐著作权协会未举证证明因大富豪公司侵权行为所受的实际损失或者侵权人的违法所得,大富豪公司也没有提供有关经营数据,法院应该结合本案的具体情况依法确定赔偿数额。考虑到大富豪公司的经营规模、侵权行为的方式、侵权行为的持续时间、主观过错程度、云浮市经济发展状况、涉案音乐作品的流行时间及相关音乐作品使用的付酬标准等因素,对中国音乐著作权协会提出的9000元经济损失的诉讼请求予以部分支持。根据上述因素,法院综合确定大富豪公司赔偿中国音乐著作权协会损失的数额。

案例10 郝岩、大连锦绣年华影视有限公司与大连电视台、中央电视台,齐鲁电子音像出版社侵犯著作人身权纠纷案[①]

【案情简介】

上诉人(原审原告):郝岩,男,1966年6月9日出生,汉族,大连晚报记者。
委托代理人:吴京堂,北京华泰律师事务所大连分所律师。
上诉人(原审被告):大连锦绣年华影视有限公司(以下简称锦绣年华公司)。住址:大连市西岗区绕山路22-1-2号。

[①] 案例来源:辽宁省高级人民法院(2010)辽民三终字第26号判决。

委托代理人:王元波,辽宁明元律师事务所律师。

被上诉人(原审被告):大连电视台。住所地:大连市沙河口区民权街162号。

委托代理人:衣庆云,辽宁法大律师事务所律师。

委托代理人:李庆雪,辽宁法大律师事务所律师。

被上诉人(原审被告):中央电视台。住所地:北京市海淀区复兴路11号。

委托代理人:黄伟,中央电视台法规处法律顾问。

原审被告:齐鲁电子音像出版社(以下简称齐鲁出版社)。住所地:山东省济南市青年东路3号。

原审法院审理查明,23集电视连续剧《爱情二十年》,导演为余淳。该剧剧本改编自小说《谁能摩挲爱情》,作者为孙春平。2003年2月11日,郝岩和余淳与孙春平签订合同,委托孙春平将小说改编、创作为电视连续剧剧本。2005年2月24日,孙春平签署委托书,声明将改编、创作的电视剧剧本第一稿独占性地转让给郝岩,由郝岩负责进行相应修改并最终完成剧本等。郝岩向孙春平支付稿酬若干。

2007年3月23日,余淳(乙方)以该剧剧组代表兼导演的身份,与原告郝岩(甲方)签订协议书一份,余淳个人在协议上签名。其中约定:一、关于署名问题:3月23日,据乙方陈述,《爱情二十年》播出带此前已经入库封存待播,4月4日前后播出前无法取出进行更改。经甲乙双方协商,甲方同意在CCTV—8黄金档首轮播出后(约计在4月21日),由乙方负责着手修改片头演职人员表,将编剧栏里的甲方第三编剧调至第二编剧位置;第一策划署名甲方位置不变,今后该剧以音像制品进入市场渠道和该剧在中央电视台任何频道、其他省市电视台播出及相关宣传资料,均须以更改后的播出字幕为准;二、关于片酬版权转让酬金:2007年3月26日零时前,乙方一次性付清甲方应得编剧、策划和该剧的版权转让费用共计26万元人民币(税后),逾期一日付5%违约金;三、乙方将剧本前期筹备时甲方所付第一编剧孙春平来大连商讨剧本事宜的往来交通费、食宿费及乙方赴北京机票共约2000元一次性与甲方结清,与片酬一起汇至甲方指定账号(甲方账号用短信另发);四、自本协议签订之日起,甲方放弃《爱情二十年》电视剧剧本版权的部分拥有权,剧本的全部版权归乙方所有,该剧版权向(项)下的利益与甲方无关;五、自本协议签订之日起,甲方与原小说作者孙春平有关版权转让的协议自动废止。郝岩自称,上述协议书的第二、三条均已履行,其已向余淳出具了收条。

2007年3月20日,锦绣年华公司(甲方)与广东金鑫城文化传播有限公司(乙方)签订合同一份,将《爱情二十年》在中国大陆的音像版权转让给乙方独家所有,并约定,版权期限为交付节目母带起3年,甲方承诺在2007年3月28日前将母带空运给乙方,乙方有该剧音像制品独家使用权和转委托权。

2007年3月26日,锦绣年华公司(乙方)与中央电视台文艺节目中心(甲方)签订《电视剧版权转让协议书》一份,将《爱情二十年》除音像版权外的所有版权转让给甲方所有,并约定,首播3年后甲方拥有该剧全部版权;乙方应交付导演阐述、剧情简介、剧照等相关材料;乙方交付的片头及片尾字幕(包括片名、演职员、赞助、协拍及录制单位)时间总长度不超过1分30秒;乙方保证对本节目享有完整版权,并已妥善处理与本节目创作有关的版权关系,如存在争议致使甲方行使本剧权利遭遇障碍,甲方有权解除本协议;乙方承诺按照甲方要求在本剧播出期间展开宣传活动;等等。

该剧于2007年4月4日19:30在CCTV—8首播,片头和片尾字幕中编剧的署名均为"孙春平、郭方宏",片尾字幕中署名郝岩为编剧组成员。在大连电视台播出时,该剧片头和片尾字幕中署名均为"孙春平、郝岩、郭方宏"。齐鲁出版社出版的该剧DVD、VCD光碟,片头字幕中编剧的署名为"孙春平、郝岩、郭方宏";而片尾字幕中编剧的署名为"孙春平、郭方宏",署名郝岩为编剧组成员。该剧以上版本均在片头字幕中署名郝岩为第一策划,在片尾字幕中署名由锦绣年华公司、大连电视台、中央电视台影视部联合录制。大连电视台、中央电视台对锦绣年华公司享有《爱情二十年》初始版权不持异议。

【基本问题】

1. 郝岩是否享有涉案电视剧的编剧署名权?
2. 锦绣年华公司、大连电视台、中央电视台是否侵犯郝岩的编剧署名权?
3. 侵权者的民事责任如何承担?

【讨论与分析】

一、郝岩是否享有涉案电视剧的编剧署名权

依据我国著作权法(2001)第十一条第四款规定,"如无相反证明,在作品上署名的公民、法人或者其他组织为作者。"同时,《最高人民法院关于审理著作权民事纠纷案件适用法律若干问题的解释》(2002)第七条第一款规定,"当事人提供的涉及著作权的底稿、原件、合法出版物、著作权登记证书、认证机构出具的证明、取得权利的合同等,可以作为证据。"我国著作权法(2001)第十五条第一款规定,电影作品和以类似电影的方法创作的作品的著作权由制片者享有,但编剧等作者享有署名权。涉案电视剧在大连电视台播出时片头和片尾字幕中,以及齐鲁出版社出版的该剧DVD、VCD光碟的片头字幕中,编剧的署名均为"孙春平、郝岩、郭方宏";郝岩亦提交孙春平于2005年2月24日签署的委托书及其于2007年3月23日与余淳签订的协议书佐证。据此,应当判定郝岩享有涉案电视剧的编剧署名权。

二、锦绣年华公司、大连电视台、中央电视台是否侵犯郝岩的编剧署名权

根据我国著作权法(2001)第十五条第一款的规定,电影作品和以类似摄制电影的方法创作的作品的著作权由制片者享有,但编剧、导演、摄影、作词、作曲等作者享有署名权。

在一审中某法院认为:从大连电视台、中央电视台认同锦绣年华公司享有《爱情二十年》初始版权的意思表示,以及锦绣年华公司与中央电视台文艺节目中心签订《电视剧版权转让协议书》的事实来分析,将涉案电视剧《爱情二十年》署名的"联合录制"单位,解释为法律意义上的"制片者",既无法律依据亦缺乏事实根据。依照法律规定及本案查明的事实,锦绣年华公司系涉案电视作品的制片者。按照权利与责任对等原则,涉案电视剧著作权人锦绣年华公司将该剧在CCTV—8首播时,没有为郝岩署名编剧,侵犯了郝岩享有的编剧署名权。涉案电视剧在大连电视台播出时,在片头和片尾字幕中郝岩均署名为第二编剧,大连电视台未侵犯郝岩的编剧署名权。对于涉案电视剧在CCTV—8首播时没有为郝岩署名编剧,中央电视台已尽到了必要的审查义务,并不存在过错,未侵犯郝岩的编剧署名权。

二审法院认为:关于大连电视台、中央电视台作为电视剧联合录制单位是否为本案侵权主体,是否应当承担侵犯郝岩编剧署名权的赔偿责任问题。虽然案涉电视剧发行许可证的申请方和制作单位均为大连电视台。但大连电视台由此取得的是涉案电视剧的拍摄资格,是案涉电视剧拍摄的依托。根据《中华人民共和国著作权法》(2001)第十五条规定,电影作品和以类似摄制电影的方法创作的作品的著作权由制片者享有。本案中,大连电视台、中央电视台均认同锦绣年华公司享有涉案电视剧的初始版权,故锦绣年华公司为案涉电视作品的制片者。对于取得电视剧拍摄资格并被列为联合录制单位的大连电视台,并不享有制片者的法律地位即以谁的名义申请许可证以及是否列为联合录制单位都不是反映作品版权状态的依据。大连电视台播出涉案电视剧时,已经在片头、片尾处将郝岩署名为第二编剧,故原审判决大连电视台未侵犯郝岩编剧署名权,不应承担侵权责任并无不当。同理,中央电视台亦为"联合录制单位",其播放涉案电视剧没有过错,对因电视剧制作而产生的侵权后果亦无须承担法律责任。虽然郝岩对涉案电视剧在中央电视台第八套节目播出时,对编剧署名提出异议,但是,2007年3月23日,在郝岩与该剧剧组代表兼导演余淳签订的协议书中,对涉案电视剧编剧署名问题已经约定解决。据此,原审判决认定中央电视台播放涉案电视剧时已经尽到必要审查义务,未侵犯郝岩编剧署名权并无不妥。

《最高人民法院关于审理著作权民事纠纷案件适用法律若干问题的解释》(2002)第二十条第二款规定:"出版者对其出版行为的授权、稿件来源和署名、所编辑出版物的内容等未尽到合理注意义务的,依据著作权法第四十八条的规定,承担赔偿责任。"齐鲁出版社出版的该剧DVD、VCD光碟,片头字幕中编剧的署名为"孙春平、郝岩、郭方宏";而片尾字幕中编剧的署名为"孙春平、郭方宏",署名郝岩为编剧组成员,因为片头字幕与片尾字幕中该项署名的不一致,应判定齐鲁出版社未尽到必要的审查义务,侵犯了郝岩的编剧署名权。

三、侵权者的民事责任如何承担

作品署名权属于著作权中的人身权利,承担民事责任的方式首先是停止侵害、消除影响、赔礼道歉,造成权利人实际损失的,侵权人还应赔偿损失。本案中,锦绣年华公司、齐鲁出版社应立即停止对郝岩编剧署名权的侵害,消除影响,并就其侵权行为公开向原告郝岩赔礼道歉。本案不涉及郝岩的著作财产权,但鉴于作为制片者的锦绣年华公司侵犯郝岩编剧署名权的行为,主观上存在故意,并且导致涉案电视剧在中央电视台首播时以及音像制品中没有为郝岩署名编剧或署名不一致,客观上阻碍了其作为编剧的知名度的提高,造成一定数额的预期稿酬损失。鉴于郝岩未举证证明其实际损失,亦无证据证明锦绣年华公司因侵犯原告编剧署名权而获取的违法所得,原审法院酌定其赔偿郝岩损失。

《最高人民法院关于审理著作权民事纠纷案件适用法律若干问题的解释》

(2002)第二十条第一款规定,"出版物侵犯他人著作权的,出版者应当根据其过错、侵权程度及损害后果等承担民事赔偿责任。"齐鲁出版社举其出版的该剧DVD、VCD光碟的片头字幕中已为郝岩署名编剧,对于片尾字幕中编剧的署名与之不一致的侵权行为,主观过错和侵权程度较小,损害后果轻微,可以不承担赔偿损失的民事责任。对于为制止侵权行为所支付的合理开支诉请,原审法院予以支持。精神损害抚慰金的赔偿以损害后果的严重性为要件。本案中,锦绣年华公司、齐鲁出版社侵犯了郝岩的署名权,因郝岩未对其精神损害后果的严重性进行举证,应视为通过停止侵害、消除影响、赔礼道歉等方式足以抚慰郝岩所受精神损害。因此,对于郝岩请求赔偿精神抚慰金的主张,法院不予支持。

案例11 科艺百代股份有限公司诉北京阿里巴巴信息技术有限公司侵犯著作邻接权案[1]

【案情简介】

原告:科艺百代股份有限公司[EMI(Twaiwan)Ltd]。
委托代理人:谯荣德,北京市路盛律师事务所律师。
委托代理人:蒋南顿,北京市路盛律师事务所律师助理。
被告:北京阿里巴巴信息技术有限公司(以下简称阿里巴巴公司)。住所地:中华人民共和国北京市朝阳区西大望路1号温特莱中心写字楼A座9-15层。
委托代理人:李珺,北京市环球律师事务所律师。
委托代理人:黄琳紫,北京市环球律师事务所律师助理。

许茹芸演唱的专辑《芸开了》于2002年出版,该专辑其中包括歌曲《爱是》和《永恒的转眼》;同年,B.A.D演唱的专辑《皇后之歌》出版,该专辑标注:"制作:科艺百代股份有限公司,其中包括歌曲《皇后之歌》;戴佩妮演唱的专辑《no penn, no gain》于2003年出版,该专辑其中包括歌曲《什么都舍得》;同年,B.A.D演唱的专辑《梦的起点》出版,该专辑其中包括歌曲《我的错》和《我们的爱啊》;戴佩妮演唱的专辑《so penny》于2004年出版,该专辑其中包括歌曲《防空洞》、《辛德瑞拉》、《黑眼圈》和《透明玫瑰》;同年,B.A.D演唱的专辑

---

[1] 案例来源:北京市第二中级人民法院(2007)二中民初字第02623号判决。

《B.A.D第五张同名专辑》出版,其中包括歌曲《最后一个拥抱》、《爱上了坏》和《因为有你》;戴佩妮演唱的专辑《爱疯了》于2005年出版,其中包括歌曲《游乐园》、《爱疯了》、《往前飞》和《好好的过》。科艺百代股份有限公司系国际唱片业协会会员。2006年8月2日,国际唱片业协会亚洲区办事处总裁梁美丝签发版权认证报告,证明涉案《游乐园》等17首歌曲的录音制作者权人为科艺百代股份有限公司。

2006年4月27日、28日和5月26日,国际唱片业协会北京代表处的代理人北京市路盛律师事务所职员张旭和蒋南顿分别作为申请人,分别使用张旭、杜云提供的计算机和公证处的计算机设备,对雅虎中文网站涉案17首歌曲提供音乐搜索、歌曲试听、下载服务等过程进行公证证据保全。经比对,该次公证下载的涉案歌曲《皇后之歌》与科艺百代股份有限公司主张权利的涉案歌曲不相同;公证下载的其余16首涉案歌曲均与科艺百代股份有限公司主张权利的涉案歌曲相同。

点击涉案歌曲进行试听时,试听页面最上方地址栏分别显示"http://61.182.161.124—音乐试听—Microsoft internet explorer;http://61.182.160.205—音乐试听—Microsoft internet explorer 和 http://61.182.160.206—音乐试听—Microsoft internet explorer"。其下显示:"歌曲试听:歌曲名 歌手名 下载歌曲"、播放器及歌词。下载页面中显示歌曲来源,如"200508253.wma 来自 192.192.232.98"。试听页面地址栏中出现的上述3个地址均属于中国网通集团河北省网络。阿里巴巴公司主张,其租用上述服务器,用于设置试听页面上的广告栏、歌词等相关信息;设置试听页面的目的在于明确试听歌曲的来源网址,便于相关权利人主张权利,与歌曲的链接无关;歌曲的链接仍然直接发生在客户端与第三方网页之间,设置试听页面没有对歌曲的链接实施控制;试听页面广告栏中确有部分内容是广告信息,但系河北省网络所设置,雅虎中文网站仅在广告栏部分采取了"重新定向"技术。科艺百代股份有限公司对此不予认可,认为通常的搜索引擎服务方式是:用户在搜索网站输入关键词后,在搜索网站的页面会把搜索结果逐条排列显示;当用户点击特定搜索结果后,将自动弹出独立的第三方网站的页面,提供搜索引擎服务的网站不介入用户从第三方网站获取信息的过程;而阿里巴巴公司提供的搜索引擎服务通过设置试听页面,对相关歌曲的试听和下载实施控制,使网络用户无须离开其网络环境,即可实现相关歌曲的试听和下载,从而谋取经济利益。

2006年4月29日,国际唱片业协会北京代表处的代理人北京市路盛律师事务所职员张旭作为申请人,使用张旭提供的计算机,对雅虎中文网站对涉案歌曲《游乐园》《最后一个拥抱》提供音乐盒服务的相关情况进行了公证证据保全。经比对,该次公证下载的2首涉案歌曲与科艺百代股份有限公司主张权利的涉案歌曲相同,阿里巴巴公司对此予以认可。

2006年4月30日,国际唱片业协会北京代表处的代理人北京市路盛律师事务所职员蒋南顿作为申请人,使用蒋南顿提供的计算机,对雅虎中文网站对歌曲音乐信息进行收集、整理、分类,按歌曲风格、流行程度、歌手性别等标准制作了不同的分类信息的情况进行了公证证据保全,其中包括涉案歌曲《游乐园》。经比对,该次公证下载的涉案歌曲与科艺百代股份有限公司主张权利的涉案歌曲相同,阿里巴巴公司对此予以认可。

2006年7月4日,科艺百代股份有限公司再次以律师函的形式向雅虎中文网站经营者发出通知,要求其于收到该函之日起7日内,删除与上述演唱者和专辑有关的所有侵权链接。2006年7月13日,北京三七二一科技有限公司(以下简称"三七二一"公司)致函科艺百代股份有限公司的代理律师索要授权委托书。翌日,科艺百代股份有限公司的代理律师提供了授权委托手续。7月18日,三七二一公司收到授权委托书复印件,并分别于7月20日、28日致电、致函科艺百代股份有限公司的代理律师希望提供相关URL地址的电子版,同时开始手工删除。

"北京三七二一科技有限公司"为雅虎中文网站的所有者;2006年8月,三七二一公司更名为阿里巴巴公司。

2006年7月26日,国际唱片业协会北京代表处的代理人北京市路盛律师事务所职员杜云作为申请人,使用杜云提供的计算机,对雅虎中文网站并未删除与涉案《游乐园》等17首歌曲有关的所有侵权链接的相关情况进行了公证证据保全,其中与前述2006年7月4日函中URL地址相同的包括《游乐园》等4首歌曲,并公证下载了《好好的过》和《我的错》2首歌曲。经比对,该次公证下载的涉案歌曲与原告主张权利的涉案歌曲相同,阿里巴巴公司对此予以认可。

另查,科艺百代股份有限公司仅授权爱国者数码音乐网、九天音乐网等7家网站许可中华人民共和国国内的第三方通过信息网络上下载、同步或下载并播放涉案歌曲。科艺百代股份有限公司主张经授权的网站提供歌曲的在线试听和下载服务均需注册或者付费。阿里巴巴公司主张如果上述合法授权网站在线试听和下载确需注册或者付费，则雅虎音乐搜索系统中的蜘蛛程序无法抓取来自上述合法授权网站的音乐信息，也无法设置相关链接，科艺百代股份有限公司对此予以认可。

原告科艺百代股份有限公司起诉称：该公司对戴佩妮演唱的专辑《爱疯了》《so penny》《no penn, no gain》，B. A. D演唱的专辑《B. A. D第五张同名专辑》《梦的起点》《皇后之歌》，许茹芸演唱的专辑《芸开了》享有录音制作者权，并未授权被告或相关第三方通过被告经营的雅虎中文网站等相关网站传播，或者通过链接方式传播上述录音制品，对其进行在线播放和下载。原告认为被告将第三方网站的资源变成自己的资源加以控制和利用，属于直接复制并通过网络传播原告享有录音制作者权的涉案歌曲的侵权行为；即使不构成上述侵权行为，被告亦未尽到合理注意义务，构成诱使、参与、帮助他人实施侵权的行为，侵犯了其对涉案歌曲所享有的录音制作者权中的复制权、信息网络传播权以及相应的获得报酬权。国际唱片业协会曾经代表原告与被告就涉案事宜进行过协商，原告也曾于2006年7月4日向被告发出了7日内断开相关链接的通知，但是被告直到7月底仍未删除相关链接。故诉至法院，请求判令被告停止侵权；在雅虎网站、《人民日报》《北京晚报》《中国日报》《中国青年报》上向原告公开赔礼道歉；赔偿原告经济损失及为诉讼支出的律师费、公证费、差旅费等合理费用共计50万元，并承担本案诉讼费用。

【基本问题】

1. 科艺百代股份有限公司是否对涉案歌曲享有录音制作者权？

2. 被告阿里巴巴公司的涉案行为是否构成对原告所享有的录音制作者权的侵犯，是否应当承担相应法律责任？

【讨论与分析】

一、科艺百代股份有限公司是否对涉案歌曲享有录音制作者权

根据原告科艺百代股份有限公司提供的正版录音制品中关于涉案歌曲录音制作者权人的署名及国际唱片业协会相关版权认证，可以认定原告对涉案歌曲享有录音制作者权。依据我国著作权法的相关规定，原告所享有的上述录音制作者权应受保护。被告未提供相反证据予以证明，缺乏依据，不予采纳。

二、被告阿里巴巴公司的涉案行为是否构成对原告所享有的录音制作者权的侵犯，是否应当承担相应法律责任

网络传播是以数字化形式复制作品并在互联网上向不特定公众提供作品的行为。在雅虎中文网站音乐搜索网页上，无论是通过在搜索框中输入关键字的方式，或者是通过该网页提供的分类信息的方式对涉案歌曲进行搜索，得到的搜索结果均仅为涉案歌曲不同 URL 地址的链接，且音乐盒服务中所存储的亦为涉案歌曲的链接，而非涉案歌曲本身。用户点击相关链接进行试听和下载，是通过将客户端链接到第三方网站，在第三方网站实现的。涉案歌曲能够实现试听和下载的基础是被链接的第三方网站上载了涉案歌曲，通过试听和下载向互联网用户提供歌曲本身的是第三方网站，而非被告网站。

被告网站通过其音乐搜索服务，只是提供了试听和下载过程的便利，相关音乐盒服务，亦仅为存储相关网络链接地址提供了便利，并不能推导出其提供了涉案歌曲的内容本身；而且涉案歌曲的下载页面中显示了涉案歌曲的来源，不会使网络用户产生涉案歌曲来源于雅虎中文网站的误认。因此，被告的涉案行为不构成复制或者通过网络传播涉案歌曲的行为。原告主张被告经营的雅虎中文网站对涉案歌曲的试听和下载实施了控制，把其他网站的资源作为自己的资源控制和使用，属于复制或者网络传播原告享有录音制作者权的涉案歌曲，证据不足，不予支持。

依据相关法律规定，网络服务提供者为服务对象提供搜索或者链接服务，在接到权利人的通知书后，断开与侵权的作品、表演、录音录像制品的链接的，不承担赔偿责任；但是，明知或者应知所链接的作品、表演、录音录像制品侵权的，应当承担共同侵权责任。

经比对，经公证下载的被告网站链接的《游乐园》等 16 首涉案歌曲与原告主张权利的涉案歌曲相同。涉案相关第三方网站上载并传播上述 16 首涉案歌曲并未经原告许可，亦未支付相关报酬，其行为构成了对原告对涉案 16 首歌曲所享有的信息网络传播权和相应的获得报酬权的侵犯。

本案中，被告阿里巴巴公司作为搜索引擎服务提供商，设置专门的音乐网页提供"雅虎音乐搜索"服务，通过在搜索框输入关键字等方式提供涉案歌曲的搜索链接，并根据歌手性别、歌曲流行程度等，制作了不同种类的分类信息，被告还提供"音乐盒"服务，为网络用户提供存储相关链接地址的网络空间。原告曾于 2006

年4月10日和7月4日分别向被告发函,告知其侵权事实的存在,提供了有关权利人录音制品信息的网址、含有涉案17首歌曲的音乐专辑及演唱者的名称,同时提供了《游乐园》等7首涉案歌曲的具体URL地址各一个作为示例,要求被告删除与涉案专辑有关的所有侵权链接。被告收到上述函件后,即可以获取原告享有录音制作者权的相关信息及被控侵权的相关歌曲的信息,应知其网站音乐搜索服务产生的搜索链接结果含有侵犯原告录音制作者权的内容。但被告仅删除了原告提供的具体URL地址的7个侵权搜索链接,怠于行使删除与涉案歌曲有关的其他侵权搜索链接的义务,放任涉案侵权结果的发生,其主观上具有过错,属于通过网络帮助他人实施侵权的行为,应当承担相应的侵权责任。

经比对,经公证下载的被告网站链接的歌曲《皇后之歌》与原告主张权利的涉案歌曲不相同,故原告关于被告涉案行为侵犯了其对该首歌曲所享有的录音制作者权的主张缺乏依据,法院不予支持。

综上,被告阿里巴巴公司的涉案行为属于通过网络帮助他人实施侵权的行为,侵犯了原告科艺百代股份有限公司对《游乐园》等涉案16首歌曲所享有的录音制作者权中的信息网络传播权和获得报酬权,应当承担共同侵权的法律责任。因此,本案原告要求被告停止侵权、赔偿损失,理由正当,予以支持。在停止侵权的具体方式方面,法院将根据本案的具体情况予以确定;在具体的赔偿数额方面,法院将根据被告涉案侵权行为的性质、持续时间、被告主观恶意程度、权利人因此遭受的损失等因素酌情判定。鉴于原告主张的录音制作者权属于财产性质的权利,不适用赔礼道歉的侵权责任形式,故原告关于被告公开赔礼道歉的诉讼请求缺乏法律依据,法院不予支持。

案例12 孙士琦诉天津人民出版社等侵犯出版者权纠纷案[①]

【案情简介】

原告:孙士琦,北京浪漫经典发展文化有限公司经理。
委托代理人:赵俊刚,北京市恒德律师事务所律师。

---

① 案件来源:北京市东城区人民法院(2009)东民初字第01972号判决。

被告:天津人民出版社。

委托代理人:吴海寅,上海市华诚律师事务所律师。

被告:北京科文书业信息技术有限公司(以下简称科文书业公司)。

委托代理人:归净,北京科文书业信息技术有限公司职员。

原告孙士琦诉称:原告与王洋(笔名沧月)于2005年6月25日签订《图书代理出版协议》,该协议现仍在生效。根据该协议,原告取得《镜》系列包括《龙战》等在内图书的专有出版权与独家发行权。世界知识出版社于2006年1月、2月分别出版了《镜·龙战》(上)和《镜·龙战》(下)。被告天津人民出版社未经原告同意,于2007年11月擅自出版图书《镜·龙战》(以下简称涉案图书),侵犯了原告对该书享有的专有出版权和发行权。被告科文书业公司销售侵权图书,亦应承担相应的侵权责任。原告为维护其合法权益,诉至法院,请求判令二被告:1. 停止侵权,并在《中国青年报》上澄清事实、消除影响、赔礼道歉。2. 共同赔偿原告经济损失及合理支出50万元。3. 共同承担本案诉讼费。

被告天津人民出版社辩称:第一,天津人民出版社出版涉案图书取得了相关授权,尽到了合理的审查注意义务。第二,由于原告在与作者王洋履行协议过程中存在违约行为,根据双方的《图书代理出版协议》,作者王洋有权将著作权授予他人。第三,原告存在根本违约,作者王洋已于2007年4月在与原告的诉讼中提出解除协议,并于同年6月发出了解约通知。第四,被告要求的赔偿数额无事实和法律依据。综上,被告天津人民出版社不同意原告的诉讼请求。

被告科文书业公司辩称:科文书业公司作为销售者有合法的进货来源,已尽到合理的审查注意义务。科文书业公司在收到诉状后已经停止销售涉案图书。原告要求科文书业公司承担赔礼道歉、赔偿损失的责任,无事实和法律依据。

原告为支持其诉讼请求,提供以下证据:

1. 科文书业公司发票和当当网的发货清单。

2. 2005年6月25日原告与作者王洋的《图书代理出版协议》。

3. 原告与世界知识出版社签订的《镜·龙战》(上、下)的《图书出版合同》。

4. 天津人民出版社出版的涉案图书。

5. 世界知识出版社出版的《镜·龙战》(上、下)。

6. 律师费发票。

7. 今古传奇杂志社开具的付款人为北京浪漫经典文化发展有限公司的发票及交通银行存款单及杂志《奇幻》。

被告天津人民出版社对原告的上述证据,发表如下质证意见:对证据1不予质证;对证据2的真实性、合法性认可,关联性不予认可。对证据4—6的真实性认可。对证据7的真实性认可,关联性不予认可。

被告科文书业公司对原告的上述证据,发表如下质证意见:对证据1的真实性认可;对其他证据的质证意见同于被告天津人民出版社。

被告天津人民出版社为支持其答辩意见,提供如下证据:

8. 2007年8月30日,作者王洋与杭州榕树下文化信息咨询有限公司签订的《委托出版合同》,及2007年11月2日杭州榕树下文化信息咨询有限公司与天津人民出版社签订的《图书出版合同》。

9. 作者王洋与原告的电子邮件及Msn聊天记录。

10. 作者王洋发出的解除《图书代理出版协议》通知书及公证处发票和发出通知书的快递单。

11. 北京市海淀区人民法院作出的(2007)海民初字第11788号判决书及原告的上诉状。

12. 证人王洋的证言。

针对被告天津人民出版社的上述证据,原告发表如下质证意见:对证据8的真实性认可;对证据9的真实性不认可;对证据10、11的真实性认可;对证据12的真实性认可,但认为双方之间的协议并未解除。被告科文书业公司对被告天津人民出版社的证据均予认可。

被告科文书业公司为支持其答辩意见,提供如下证据:

13. 科文书业公司与杭州榕树下文化信息咨询有限公司签署的《委托代销协议书》。

14. 杭州榕树下文化信息咨询有限公司变更登记情况。

15. 杭州贝榕图书有限公司营业执照、出版物经营许可证及税务登记证。

16. 杭州贝榕图书有限公司批销单。

原告及被告天津人民出版社对被告科文书业公司的上述证据均予认可。

根据双方当事人的举证、质证,法院作出如下认证:鉴于双方当事人对证据1—8、10—16的真实性认可,本院对证据1—8、10—16的真实性予以确认。对证据9,鉴于原告对此不予认可,且被告无其他证据佐证,法院对其真实性不予确认。

经审核当事人的上述证据,并结合当事人质证意见和当庭陈述,本院认定如下事实:

2005年6月25日,原告孙士琦与作者王洋(笔名沧月)签订《图书代理出版协议》。协议约定作者王洋将《镜》系列包括正传第二卷《镜·破军》、第三卷《镜·龙战》和第四卷(未定名)及外传《织梦者》和该系列其他相关作品的中文简体本图书在中国大陆出版发行的权利授予原告。作品出版物一经出版,原告在无违反本协议的情况下,作者王洋不得将其作品中文简体本的著作权再授予其他个人或组织。合同有效期为4年。该协议签订后,原告分别于2005年11月10日和2005年12月10日与世界知识出版社就《镜·龙战》(上)和《镜·龙战》(下)签订《图书出版合同》。2006年1月和2006年2月,世界知识出版社分别出版了《镜·龙战》(上)和《镜·龙战》(下)。2008年4月23日,原告自科文书业公司经营网站当当网上购得被告天津人民出版社出版的涉案图书。

另查,2007年4月,原告因与作者王洋就履行双方之间的图书代理协议发生纠纷,向北京市海淀区人民法院提起诉讼,要求作者王洋继续履行双方之间的代理协议并赔偿经济损失。作者王洋提起反诉,要求解除双方之间的代理协议,并要求原告支付拖欠稿酬。诉讼过程中,作者王洋于2007年6月29日向原告以特快专递的方式发出《解除〈图书代理出版协议〉通知书》,通知原告解除双方签订的3份《图书代理出版协议》,其中包括2005年6月25日的《图书代理出版协议》。2008年4月7日,北京市海淀区人民法院作出(2007)海民初字第11788号民事判决书,判令自该判决生效之日起解除2005年6月25日原告与作者王洋之间的《图书代理出版协议》。判决后,原告不服,向北京市第一中级人民法院提起上诉。

再查,2007年8月30日,作者王洋与杭州榕树下文化信息咨询有限公司签订《委托出版合同》,其中包括《镜·龙战》一书。根据该合同,杭州榕树下文化信息咨询有限公司获得联合一家中国大陆出版社以图书形式出版、发行、销售《镜·龙战》中文简体本的专有使用权,合同有效期为3年,杭州榕树下文化信息咨询有限公司的首印数为3万套。2007年10月12日,杭州榕树下文化信息咨询有限公司更名为杭州贝榕图书有限公司。2007年11月2日,杭州贝榕图书有限公司与天津人民出版社就《镜·龙战》签订《图书出版合同》,杭州贝榕图书有限公司将该书的专有出版权授予天津人民出版社,天津人民出版社获得合同有效期内中国地区独家出版、印制、发行的权利。2007年11月,天津人民出版社出版发行了涉案图书《镜·龙战》，该书版权页标明印数 1~20000 册。

又查，2006 年 7 月 1 日，杭州榕树下文化信息咨询有限公司与科文书业公司签订《委托代销协议书》，杭州榕树下文化信息咨询有限公司委托科文书业公司在当当网上销售涉案图书，该公司提供了变更后的营业执照副本、税务登记证及出版物经营许可证。2008 年 1 月 7 日，科文书业公司自杭州贝榕图书有限公司以单价 16.8 元的价格购进涉案图书 100 册。

审理中，原告于 2008 年 7 月 3 日撤回对于（2007）海民初字第 11788 号民事判决书的上诉，北京市第一中级人民法院于 2008 年 7 月 3 日作出（2008）一中民终字第 8305 号民事裁定书，准许原告撤回对作者王洋的起诉。

法院依据《中华人民共和国著作权法》（2001）第四十七条第（二）项、第四十八条第二款，《最高人民法院关于审理著作权民事纠纷案件适用法律若干问题的解释》（2002）第二十五条第一款、第二款、第二十六条之规定，判决如下：

一、被告天津人民出版社于本判决生效之日起停止出版涉案图书《镜·龙战》。

二、被告北京科文书业信息技术有限公司于本判决生效之日起停止销售涉案图书《镜·龙战》。

三、被告天津人民出版社于本判决生效之日起十五日内赔偿原告孙士琦经济损失及合理支出 5 万元。

四、驳回原告孙士琦的其他诉讼请求。

如被告天津人民出版社未按本判决所指定的期间履行给付金钱义务，则应依据《中华人民共和国民事诉讼法》（2007）第二百三十二条之规定，加倍支付延迟履行期间的债务利息。

案件受理费 8800 元，由原告孙士琦负担 6750 元（已交纳），由被告天津人民出版社负担 2050 元（于本判决生效后七日内交纳）。

如不服本判决，可在判决书送达之日起十五日内，向本院递交上诉状，并按对方当事人的人数提出副本，交纳上诉案件受理费，上诉于北京市第二中级人民法院。如在上诉期满后七日内不交纳上诉案件受理费的，按自动撤回上诉处理。

【基本问题】

1. 作者王洋是否有权将《镜·龙战》一书的专有出版权授予第三方？
2. 天津人民出版社是否尽到了合理审查注意义务？
3. 科文书业公司是否应当承担连带责任？

【讨论与分析】

一、作者王洋是否有权将《镜·龙战》一书的专有出版权授予第三方

依据著作权法的相关规定，如无相反证明，在作品上署名的公民为作者。除法定情形外，作者对作品享有著作权。著作权人可自己行使也可授权他人行使著作权。

作者王洋将《镜·龙战》的专有出版权授权给原告，根据双方约定，在原告无违约的情况下，作者王洋不得将《镜·龙战》中文简体本的著作权再授权他人。根据北京市海淀区人民法院生效判决认定的事实，原告和作者王洋在履行2005年6月25日的《图书出版代理协议》中均存在违约行为，但原告违约行为的存在并不当然导致作者王洋可将授予原告的专有出版权另授他人。作者王洋对其权利的收回，只有在与被授权方达成一致经法院确认之后，另行授权行为方能合法有效。基于此，被告关于作者王洋有权将《镜·龙战》一书的专有出版权授权他人的辩称意见，法院不予采信。根据北京市海淀区人民法院（2007）海民初字第11788号民事判决书及北京市第一中级人民法院（2008）一中民终字第8305号民事裁定书，原告和作者王洋之间2005年6月25日签订的《图书出版代理协议书》于2008年7月3日起解除，在此之前，原告基于该代理协议享有《镜·龙战》的专有出版权。

二、天津人民出版社是否尽到了合理审查注意义务

天津人民出版社与杭州榕树下文化信息咨询有限公司签订出版合同时，杭州榕树下文化信息咨询有限公司提供了作者王洋与其签订的《委托出版合同》。但天津人民出版社出版涉案图书时，作者王洋与原告之间存在诉讼，双方《图书出版代理协议书》并未解除，《镜·龙战》的专有出版权仍为原告享有。依据《出版市场管理规定》，任何出版单位不得出版侵犯他人专有出版权的出版物。同时，天津人民出版社作为专业出版单位，未对涉案图书的出版情况尽到合理审查义务，因此被告天津人民出版社出版涉案图书的行为侵犯了原告享有的专有出版权，应承担停止侵权，赔偿损失的责任。

三、科文书业公司是否应当承担连带责任

科文书业公司作为涉案图书的销售者，提供了合法的进货渠道，并出具了供货方的资质证明,因此,科文书业公司尽到了合理审查义务,仅应承担停止销售的责任。原告要求科文书业公司承担连带赔偿责任的诉讼请求,无法律依据,法院不予支持。

关于澄清事实、赔礼道歉,鉴于原告并未取得《镜·龙战》的著作人身权,故对原告的该项诉请,法院不予支持。关于赔偿数额,鉴于原告要求赔偿数额过高且无充分证据支持,原、被告双方均未提供充分证据证明其损失或获利情况,法院将考虑被告出版涉案图书的册数、主观过错程度及涉案图书知名度等因素酌情确定。对于合理支出,法院亦酌情确定。

案例 13 东莞市金朗酒店与叶佳修著作权权属、侵权纠纷案①

【案情简介】

上诉人(原审被告):东莞市金朗酒店。住所地:广东省东莞市常平镇常泰新村2号。投资人:李焕棠。

委托代理人:舒荣,广东莞融律师事务所律师。

被上诉人(原审原告):叶佳修,男。

委托代理人:吴锡坚,男。

委托代理人:唐淑萍,广东协远律师事务所律师。

原审法院经审理查明:经公证转递的我国台湾地区板桥地方法院所属民间公证人新北联合事务所出具的第000022号、第000031号公证书显示,在台湾地区公开市场所购买的公开出版的唱片资料上载明《流浪者的独白》等歌曲的词曲作者是叶佳修;经公证转递的台湾板桥地方法院所属民间公证人新北联合事务所出具的第000040号公证书显示,叶佳修声明自己是《爱情莎哟哪啦》等歌曲的词曲作者,并提供了作品手稿。上述3份我国台湾地区板桥地方法院所属民间公证人新北联合事务所出具的第000031号、第000022号、第000040号《公证书》均经与台湾海峡交流基金会邮寄至湖北省公证协会的对应编号公证书副

---

① 案件来源:广东省东莞市中级人民法院(2014)东中法知民终字第85号判决。

本核对相符,并由湖北省公证协会分别出具了(2011)鄂公协核字第133号、(2012)鄂公协核字第171号、(2012)鄂公协核字第226号证明书。叶佳修于2011年6月28日在湖北省黄冈市公证处签订《授权委托书》,委托吴锡坚就叶佳修之音乐著作权遭受不法侵害事宜,在中国大陆执行维权行动,吴锡坚的代理权限为包括代为调查取证、代为签字立案起诉、代为参加庭审答辩、代为申请执行等特别授权。此外,吴锡坚有权再授权中国大陆各地维权公司、律师事务所或个人执行相关维权事宜,该委托有效期为3年。叶佳修将其享有音乐版权的歌曲清单附在该《授权委托书》后。叶佳修在本案中就《授权委托书》所附歌曲清单中的28首歌曲主张词曲作者权利(详见表一)。

金朗酒店于2011年4月19日登记成立,是一家个人独资企业,投资人为李焕棠,经营范围包括旅游业、西餐制售、冷热饮品制售、卡拉OK(凭有效许可证经营)。2013年7月1日,湖北省黄冈市公证处公证员孔晓婓、工作人员丁白丽与叶佳修的代理人吴锡坚来到广东省东莞市常平镇常泰新村2号金朗酒店二楼金沙夜总会,以普通消费者的身份进入该场所的"C25"包房内进行消费,并点播了《流浪者的独白》等31首歌曲,在公证员检查确认摄像机和存储卡为空白后,吴锡坚使用摄像机对上述歌曲的播放画面进行了同步录像。录像完毕后,公证员当场将摄像机和存储卡收存保管。消费后该场所出具的发票显示收款人为"东莞市金朗酒店",并加盖"东莞市金朗酒店发票专用章"。之后,在公证员孔晓婓和工作人员丁白丽的监督下,由祁雪君将摄像机内容刻录成光盘。湖北省黄冈市公证处对整个证据保全过程进行了公证,出具了〔(2013)鄂黄冈证字第1897号〕公证书,并附封存的光盘。经播放,公证书所附光盘内包含了上述《流浪者的独白》等28首电视音乐作品。

其中,《七夕雨》《踏着夕阳归去》《酒是舞伴你是生命》《梦中也好》《又见春天》《梦里新娘》共6首歌曲没有词曲作者署名,《流浪者的独白》《赤足走在田埂上》《年轻人的心声》《思念总在分手后》《从不拒绝归来》《外婆的澎湖湾》《疼惜我的吻》《生为女人》《再爱我一次》《乡间的小路》《爸爸的草鞋》《走味的咖啡》《酒窟仔相对看》《爱情莎哟哪啦》《月娘岛有我在等你》《无怨的青春》《我是你爱过》《早安太阳》《稻草人的心情》《酒量酒胆》《自由！自由》《SAY YES MY BOY》共22首歌曲的词曲作者均为叶佳修。经比对,光盘内的案涉音乐作品的词曲部分与叶佳修主张权利的同名音乐作品词曲部分相同或实质近似。

叶佳修为本案支出公证费人民币700元,取证消费人民币419元。

以上事实,有叶佳修提交的证据及原审法院庭审笔录等附卷为证。

原审法院依据《中华人民共和国著作权法》(2010)第十条第一款第(二)项、第(五)项、第(九)项、第四十九条、《最高人民法院关于审理著作权民事纠纷案件适用法律若干问题的解释》(2002)第二十五条、第二十六条、《中华人民共和国民事诉讼法》(2012)第六十四条第一款、第六十九条、第一百四十四条之规定,判决如下:一、东莞市金朗酒店立即停止侵犯叶佳修《流浪者的独白》《赤足走在田埂上》《七夕雨》《年轻人的心声》《思念总在分手后》《踏着夕阳归去》《从不拒绝归来》《外婆的澎湖湾》《疼惜我的吻》《生为女人》《再爱我一次》《乡间的小路》《爸爸的草鞋》《走味的咖啡》《酒窟仔相对看》《爱情莎哟哪啦》《月娘岛有我在等你》《酒是舞伴你是生命》《梦中也好》《无怨的青春》《我是你爱过》《早安太阳》《又见春天》《稻草人的心情》《酒量酒胆》《梦里新娘》《自由!自由》《SAY YES MY BOY》著作权的行为;二、东莞市金朗酒店于判决发生法律效力之日起七日内,赔偿叶佳修包含合理维权费用在内的经济损失人民币23000元;三、驳回叶佳修的其他诉讼请求。如果未按本判决指定的期间履行给付金钱义务,应当依照《中华人民共和国民事诉讼法》第二百五十三条之规定,加倍支付迟延履行期间的债务利息。本案受理费1378元,由东莞市金朗酒店负担。

上诉人东莞市金朗酒店(以下简称金朗酒店)因著作权权属、侵权纠纷一案,不服东莞市第三人民法院(2013)东三法知民初字第00537号民事判决,向广东省东莞市中级人民法院提起上诉。

广东省东莞市中级人民法院经审理,认定原审判决认定事实清楚,适用法律正确,最后处理结果正确,予以维持。依据《中华人民共和国民事诉讼法》第一百七十条第一款第(一)项的规定,判决如下:驳回上诉,维持原判。本案二审受理费375元,由上诉人东莞市金朗酒店负担。

表一 叶佳修主张权利及举证一览

序号	歌曲名称、内容		主张权利类型	权利证书编号
1	流浪者的独白	词曲	复制权、表演权	133号
2	赤足走在田埂上	词曲	复制权、表演权	133号
3	七夕雨	词曲	署名权、复制权、表演权	133号
4	年轻人的心声	词曲	复制权、表演权	133号
5	思念总在分手后	词曲	复制权、表演权	133号

续表

序号	歌曲名称、内容		主张权利类型	权利证书编号
6	踏着夕阳归去	词曲	复制权、表演权	133号
7	从不拒绝归来	词曲	署名权、复制权、表演权	171号/226号
8	外婆的澎湖湾	词曲	复制权、表演权	133号
9	疼惜我的吻	词曲	复制权、表演权	133号
10	生为女人	词曲	复制权、表演权	171号
11	再爱我一次	词曲	复制权、表演权	133号
12	乡间的小路	词曲	复制权、表演权	133号
13	爸爸的草鞋	词曲	复制权、表演权	177号
14	走味的咖啡	词曲	复制权、表演权	133号
15	酒窟仔相对看	词曲	复制权、表演权	133号
16	爱情莎哟哪啦	词曲	复制权、表演权	226号
17	月娘岛有我在等你	词曲	复制权、表演权	133号
18	酒是舞伴你是生命	词曲	署名权、复制权、表演权	133号
19	梦中也好	词曲	署名权、复制权、表演权	133号
20	无怨的青春	词曲	复制权、表演权	226号
21	我是你爱过	词曲	复制权、表演权	133号
22	早安太阳	词曲	复制权、表演权	133号
23	又见春天	词曲	署名权、复制权、表演权	133号/226号
24	稻草人的心情	词曲	复制权、表演权	226号
25	酒量酒胆	词曲	复制权、表演权	226号
26	梦里新娘	词曲	署名权、复制权、表演权	226号
27	自由！自由	词曲	复制权、表演权	133号/226号
28	SAY YES MY BOY	词曲	复制权、表演权	133号/226号

表二　金朗酒店侵犯叶佳修著作权明细

序号	叶佳修享有著作权 （名称、内容）		侵权歌曲 （名称、侵权内容）	
1	流浪者的独白	词曲	流浪者的独白	复制权、表演权
2	赤足走在田埂上	词曲	赤足走在田埂上	复制权、表演权
3	七夕雨	词曲	七夕雨	署名权、复制权、表演权
4	年轻人的心声	词曲	年轻人的心声	复制权、表演权
5	思念总在分手后	词曲	思念总在分手后	复制权、表演权

续表

序号	叶佳修享有著作权 （名称、内容）		侵权歌曲 （名称、侵权内容）	
6	踏着夕阳归去	词曲	踏着夕阳归去	复制权、表演权
7	从不拒绝归来	词曲	从不拒绝归来	署名权、复制权、表演权
8	外婆的澎湖湾	词曲	外婆的澎湖湾	复制权、表演权
9	疼惜我的吻	词曲	疼惜我的吻	复制权、表演权
10	生为女人	词曲	生为女人	复制权、表演权
11	再爱我一次	词曲	再爱我一次	复制权、表演权
12	乡间的小路	词曲	乡间的小路	复制权、表演权
13	爸爸的草鞋	词曲	爸爸的草鞋	复制权、表演权
14	走味的咖啡	词曲	走味的咖啡	复制权、表演权
15	酒窟仔相对看	词曲	酒窟仔相对看	复制权、表演权
16	爱情莎哟哪啦	词曲	爱情莎哟哪啦	复制权、表演权
17	月娘岛有我在等你	词曲	月娘岛有我在等你	复制权、表演权
18	酒是舞伴你是生命	词曲	酒是舞伴你是生命	署名权、复制权、表演权
19	梦中也好	词曲	梦中也好	署名权、复制权、表演权
20	无怨的青春	词曲	无怨的青春	复制权、表演权
21	我是你爱过	词曲	我是你爱过	复制权、表演权
22	早安太阳	词曲	早安太阳	复制权、表演权
23	又见春天	词曲	又见春天	署名权、复制权、表演权
24	稻草人的心情	词曲	稻草人的心情	复制权、表演权
25	酒量酒胆	词曲	酒量酒胆	复制权、表演权
26	梦里新娘	词曲	梦里新娘	署名权、复制权、表演权
27	自由！自由	词曲	自由！自由	复制权、表演权
28	SAY YES MY BOY	词曲	SAY YES MY BOY	复制权、表演权

【基本问题】

1.《流浪者的独白》等音乐作品的词曲著作权归属。
2. 金朗酒店的行为侵犯了叶佳修的什么权利？
3. 叶佳修的诉讼主体是否适格？
4. 案涉公证书是否有效？

【讨论与分析】

一、《流浪者的独白》等音乐作品的词曲著作权归属

《最高人民法院关于审理著作权民事纠纷案件适用法律若干问题的解释》(2002)第七条规定:"当事人提供的涉及著作权的底稿、原件、合法出版物、著作权登记证书、认证机构出具的证明、取得权利的合同等,可以作为证据。在作品或者制品上署名的自然人、法人或者其他组织视为著作权、与著作权有关权益的权利人,但有相反证明的除外。"叶佳修提交了经公证转递的公开出版物、底稿,在金朗酒店没有提供相反证据的情况下,原审法院依法确认《流浪者的独白》等音乐作品的词曲作者是叶佳修。

此外,根据〔(2013)鄂黄冈证字第1897号〕公证书所载事实以及所附发票、光盘的内容,可以认定金朗酒店以营利为目的,在其营业场所内通过卡拉OK伴奏系统及放映设备,向不特定的消费者公开播放《流浪者的独白》等涉案歌曲。从署名情况、独创性、拍摄目的等方面对金朗酒店经营场所播放的《流浪者的独白》等电视音乐作品进行判断,上述电视音乐作品都没有制片方、导演等的署名,没有情节或情节十分简单,拍摄也主要是为了服务于歌曲演唱,因此均不属于以类似摄制电影的方法创作的作品,其词曲的著作权应当由词曲作者享有。因此,《流浪者的独白》等音乐作品的词曲著作权归属于叶佳修。

二、金朗酒店的行为侵犯了叶佳修的什么权利

金朗酒店未经授权经营性使用涉案歌曲,且未能提供合法来源,侵犯了案涉音乐作品词曲作者的复制权和表演权,而金朗酒店在播放《七夕雨》等歌曲时没有署上叶佳修的名字,同时侵犯了叶佳修对相应歌曲享有的署名权。

三、叶佳修的诉讼主体是否适格

首先,叶佳修已经提交了经公证转递的公开出版物、底稿,证明其是涉案歌曲的词曲作者,金朗酒店并无提交证据证明叶佳修已将相关著作权转让给了中国音乐著作协会,其亦未向中国音乐著作协会交纳版权使用费,叶佳修有权就侵犯自己著作权的行为提起诉讼。

其次,案涉的音乐电视(MTV)内容,均为简单的现有风景人物拍摄,没有故事情节或仅仅有简单故事情节,部分MTV还是演唱会的简单录制,没有任何后期技术制作的成分,独创性均较低,不应认定为以类似摄制电影的方法创作的作品,而应当认定为音像制品,案涉歌曲的词曲作者有权主张相关的著作权权利。

综上,叶佳修是本案适格的诉讼主体。

四、案涉公证书是否有效

《最高人民法院关于审理著作权民事纠纷案件适用法律若干问题的解释》(2002)第七条第一款规定:"当事人提供的涉及著作权的底稿、原件、合法出版物、著作权登记证书、认证机构出具的证明、取得权利的合同等,可以作为证据。"根据〔2013〕鄂黄冈证字第1897号〕公证书所载内容,叶佳修的代理人是在公证员的监督下完成取证的,此操作程序并无明显不当之处。依据《中华人民共和国民事诉讼法》(2012)第六十九条"经过法定程序公证证明的法律事实和文书,人民法院应当作为认定事实的根据,但有相反证据足以推翻公证证明的除外"的规定,原审法院依法对公证书载明的事实予以采信。

案例14　中国音像著作权集体管理协会诉麦肇著作权侵权纠纷案[①]

【案情简介】

原告:中国音像著作权集体管理协会。

委托代理人:杨向东。

委托代理人:苏寒。

被告:麦肇。

中国音像著作权集体管理协会系经中华人民共和国民政部核准登记成立的社会团体法人,成立于2008年6月24日,其业务范围包括开展音像著作权集体管理工作、咨询服务、法律诉讼、国际版权交流、举办研讨、交流及与该会宗旨一致的相关业务活动。

---

① 案例来源:广东省云浮市中级人民法院(2012)云中法民三初字第117号民事判决。

2008年8月13日，中国音像著作权集体管理协会与正大国际音乐制作中心签订了《音像著作权授权合同》。合同约定，正大国际音乐制作中心将其依法拥有的音像节目的广播权、出租权、放映权、复制权、网络信息传播权信托给中国音像著作权集体管理协会，以便上述权利在其存续期间及合同有效期内完全由中国音像著作权集体管理协会行使，上述权利包括正大国际音乐制作中心过去、现在和将来自己制作、购买或者以其他方式取得的权利。合同自签订之日起有效期为3年，至期满前60日正大国际音乐制作中心未书面提出异议，合同自动续展3年，之后亦照此办理。九洲音像出版社出版的《爱的奉献》DVD，收录了涉案的3首歌曲，该合法出版物载明：《别让我猜》的作词、作曲、演唱均为斯琴格日乐；《心情不错》的作词为甲丁，作曲为卞留念，演唱为孙悦；《烟花》的作词作曲为张莹，演唱为阿朵。上述3首歌曲的著作权人均为正大国际音乐制作中心。

原告认为自己经合法授权取得音乐电视作品《别让我猜》《心情不错》《烟花》在全国的排他性专属音乐著作权，是上述音乐电视作品的合法权利人，被告未经授权或许可在其经营的KTV内，以营利为目的使用原告享有著作权的上述音乐电视作品，其行为严重侵犯了原告的合法权益。

2012年3月1日，中国音像著作权集体管理协会的委托代理人黄亚与北京市东方公证处的公证员关世捷、工作人员吕晨晨一起，来到位于广东省云浮市新兴县新城镇新洲大道中店面名称为"铭泉夜总会"的场所，黄亚以普通消费者的身份办理相关手续后，进入该场所一楼名称为"A2"的房内进行消费，公证人员随同黄亚一起进入房间。进入房间后，公证人员首先对黄亚携带的用于保全证据的硬盘式摄像机进行了清洁性检查，随后，黄亚在房间内安置的歌曲点播机上进行操作，点播了包括《别让我猜》《心情不错》《烟花》等在内的45首歌曲。黄亚操作摄像机对上述45首歌曲播放画面的过程进行了录像。公证员关世捷与公证处工作人员吕晨晨监督了上述点播与录像的全过程。消费结束后，黄亚当场向该场所索取了票面印章为"新兴县铭泉酒店发票专用章"、发票号码为08801923的《广东省地方税收通用发票（电子）发票联》一张。在公证人员的监督下，黄亚将摄像机中的录像内容下载到其随身携带的笔记本电脑中，并运用该电脑中的记录程序将上述录像内容刻录成光盘一式三张，上述光盘由公证人员带回公证处后密封于证物袋内，两张交中国音像著作权集体管理协会保存，一张留存在公证处。北京市东方公证处的公证人员对上述保全证据的全过程进行了公证。

原告中国音像著作权集体管理协会向广东省云浮市中级人民法院提起诉讼，请求依法判决：1. 被告立即停止侵权行为，从其曲目库中删除音乐电视作品《别让我猜》《心情不错》《烟花》；2. 被告赔偿原告经济损失人民币7000元，并赔偿原告为制止侵权行为所产生的合理费用人民币2000元，上述两项费用合计人民币9000元；3. 被告承担本案全部诉讼费用。

法院于2012年8月27日受理后，依法组成合议庭，于2012年10月25日公开开庭进行了审理。原告中国音像著作权集体管理协会对其陈述事实在举证期限内提供的证据有：证据1. 个体户机读档案资料，证据来源从工商局取得，证明被告合法身份。证据2. 权利来源公证书〔(2012)京东方内民证字第458号〕，由公证处提供，证明涉案歌曲的权利人已经将涉案音乐著作权授予了原告。证据3. 正版出版物封面及实物，证实权利人已将涉案音乐授予原告。证据4. 侵权公证书〔(2012)京东方外民证字第1141号〕，证明被告存在侵犯原告音乐著作权之事实。证据5. 侵权光盘封存袋封面，证明被告存在侵犯原告音乐著作权之事实。补充证据1. 在被告处取证的消费发票(或收据)，为证明被告侵犯原告著作权，原告及委托的公证人员在取证过程中在被告处消费而发生的费用390元。补充证据2. 公证费发票，证明原告委托公证处对被告侵权事实进行公证发生的公证费用1000元。补充证据3. 委托代理合同、律师费发票，证明原告委托律师事务所代理此案及发生的律师费用4000元。补充证据4. 维权取证过程中发生的费用票据清单(该证据是原告维权取证过程中发生的费用票据明细，平均每个被告分摊的费用6885.4元)：(1)由2家店分摊到每家的工商查询费票据10.6元；(2)由27家店分摊到每家的光盘及复印费用154.8元；(3)由11家店分摊到每家的邮递特快费用56元；(4)由11家店分摊到每家的市内交通费用152.5元；(5)由27家店分摊到每家的市外交通费用400.5元；(6)市外餐宿费用、市内餐宿费用(餐饮费239.5元，由2家店分摊到每家的住宿费481.5元)，证据为证明被告侵犯原告著作权，原告及委托的公证人员在取证过程中发生的工商查询费、光盘及复印费用、邮递特快费用、住宿费、餐饮费、交通费。

被告麦肇没有答辩也没有提供任何证据。

庭审中对上述封存光盘进行播放，光盘中点播的涉案3首歌曲的播放画面、声音与中国音像著作权集体管理协会提供的九洲音像出版社出版的《爱的奉献》中的同名音乐电视作品的画面、声音基本一致。

【基本问题】

1. 涉案音乐电视的著作权归属。
2. 中国音像著作权集体管理协会能否以自己的名义起诉？
3. 被告是否构成侵权？
4. 侵权赔偿的数额如何计算？

【讨论与分析】

一、涉案音乐电视的著作权归属

涉案的音乐电视均由音乐歌曲与画面共同构成，有一定的故事情节，画面起到了重要作用，属于我国著作权法保护的以类似摄制电影的方法创作的作品。

中国音像著作权集体管理协会提供的合法出版物《爱的奉献》中收录了涉案 3 首音乐电视作品，注明著作权人为正大国际音乐制作中心，在麦肇放弃参加诉讼、没有提供相反证据的情况下，依据我国著作权法（2001）第十一条："著作权属于作者，本法另有规定的除外。创作作品的公民是作者。由法人或者其他组织主持，代表法人或者其他组织意志创作，并由法人或者其他组织承担责任的作品，法人或者其他组织视为作者。如无相反证明，在作品上署名的公民、法人或者其他组织为作者。"以及《最高人民法院关于审理著作权民事纠纷案件适用法律若干问题的解释》（2002）第七条："当事人提供的涉及著作权的底稿、原件、合法出版物、著作权登记证书、认证机构出具的证明、取得权利的合同等，可以作为证据。在作品或者制品上署名的自然人、法人或者其他组织视为著作权、与著作权有关权益的权利人，但有相反证明的除外。"应依法认定正大国际音乐制作中心为涉案三首音乐电视作品相应的著作权人身份，享有的著作权包括我国著作权法（2001）第十条第一款第（十）项规定的"放映权"等权利。

二、中国音像著作权集体管理协会能否以自己的名义起诉

我国著作权法（2001）第八条规定："著作权人和与著作权有关的权利人可以授权著作权集体管理组织行使著作权或者与著作权有关的权利。著作权集体管理组织被授权后，可以以自己的名义为著作权人和与著作权有关的权利人主张权利，并可以作为当事人进行涉及著作权或者与著作权有关的权利的诉

讼、仲裁活动。著作权集体管理组织是非营利性组织,其设立方式、权利义务、著作权许可使用费的收取和分配,以及对其监督和管理等由国务院另行规定。"依据我国著作权法(2001)第八条第一款规定,著作权人和与著作权有关的权利人可以授权著作权集体管理组织行使著作权或者与著作权有关的权利。著作权集体管理组织被授权后,可以以自己的名义为著作权人和与著作权有关的权利人主张权利,并可以作为当事人进行涉及著作权或者与著作权有关的权利的诉讼、仲裁活动。本案中,中国音像著作权集体管理协会是经批准依法成立的著作权集体管理组织,并取得了涉案音乐电视作品著作权人的授权,其授权范围包括了音像节目的放映权、复制权,该授权在无相关证据证明其已经失效的情形下应视为有效。因此,中国音像著作权集体管理协会以自己的名义在著作权人授权的范围内提起本案诉讼符合法律规定。

三、被告是否构成侵权

我国著作权法(2001)第十条第一款第(十)项规定,"放映权,即通过放映机、幻灯机等技术设备公开再现美术、摄影、电影和以类似摄制电影的方法创作的作品等的权利"。麦肇作为卡拉OK经营者,以营利为目的,在其营业场所内通过卡拉OK伴奏系统及放映设备,向不特定的消费者公开播放《别让我猜》《心情不错》《烟花》等音乐电视作品,行使了著作权人所享有的放映权。由于麦肇的行为未经著作权人或其授权的著作集体管理组织的授权、也未支付报酬,侵害了上述3首音乐电视作品著作权人的放映权,应承担相应的民事责任。

四、侵权赔偿的数额如何计算

我国著作权法(2010)第四十九条规定:侵犯著作权或者与著作权有关的权利的,侵权人应当按照权利人的实际损失给予赔偿;实际损失难以计算的,可以按照侵权人的违法所得给予赔偿。赔偿数额还应当包括权利人为制止侵权行为所支付的合理开支。权利人的实际损失或者侵权人的违法所得不能确定的,由人民法院根据侵权行为的情节,判决给予50万元以下的赔偿。可以看出,关于赔偿数额,我国著作权法对侵权赔偿确定的原则是,以权利人的实际损失或者侵权人的违法所得为赔偿依据。权利人的实际损失或者侵权人的违法所得不能确定的,由人民法院根据侵权行为的情节,判决给予50万元以下的赔偿。中国音像著作权集体管理协会未举证证明因麦肇侵权行为所受的实际损失或者侵权人的违法所得,法院将结合本案的具体情况依法确定赔偿数额。考虑到麦肇的经营规模、侵权行为的方式、侵权行为的持续时间、主观过错程度、云浮市经济发展状况、涉案音乐电视作品的流行时间及相关音乐电视作品使用的付酬标准等因素,对中国音像著作权集体管理协会提出的7000元经济损失的诉讼请求予以部分支持。另外,赔偿数额还应当包括权利人为制止侵权行为所支付的合理开支。原告提供的维权取证等费用是按每个店家分摊所得,由于原告对每个店家分4个案起诉,故维权费用亦应作相应变更,对中国音像著作权集体管理协会主张的2000元维权费用,予以部分支持。综上所述,法院应该综合确定麦肇赔偿中国音像著作权集体管理协会各项经济损失,确定最终赔偿数额。

案例15　姚天、冯丹诉天津顶津公司、中央电视台、林志颖侵权纠纷案①

【案情简介】

原告:姚天。
原告:冯丹。
上述两原告之共同委托代理人:张杰,北京市君泰律师事务所律师。
上述两原告之共同委托代理人:于琦,北京市君泰律师事务所律师。
被告:天津顶津食品有限公司(以下简称天津顶津公司)。
委托代理人:刘彬,北京市理格丰律师事务所律师。
委托代理人:吴建丽,北京市理格丰律师事务所律师。
被告:林志颖。
被告:中央电视台。
委托代理人:达红。
第三人:吉米工作室。
第三人:斗室(北京)文化发展有限公司(以下简称斗室公司)。

---

① 案例来源:北京市第一中级人民法院(2009)一中民初字第5127号民事判决。

第三人：崔书田。

上述第三人之共同委托代理人：崔青，北京市国联律师事务所律师。

第三人：杨雄。

第三人崔书田、杨雄分别以词曲著作权人的身份，于2008年1月1日与斗室（北京）文化发展有限公司就音乐作品《胜利滋味》的使用问题签订了授权协议。2008年1月15日，斗室公司与吉米工作室就《胜利滋味》的词曲使用问题签订了授权协议。该协议签订后，吉米工作室与杭州顶津公司就将音乐作品《胜利滋味》作为"康师傅冰绿茶系列产品"的广告歌曲一事达成协议，合同期限自2008年4月1日至2009年4月1日。协议签订后，有关当事人按照协议内容拍摄了由林志颖代言的"康师傅冰绿茶"产品广告，该广告自2008年7月1日起在中央电视台第一套、第三套、第六套等节目中进行了播出，广告总时长约30秒，广告中，林志颖作为代言人共演唱了音乐作品《胜利滋味》中8个小节的内容，其中的歌词部分内容为："爱是一种吸引力/像冰绿茶一样清新/捧在手心让我不敢粗心大意/爱是一种超能力/带领我争取胜利/有你分享/简单的经历都很刺激。"与此相比，原告主张其享有著作权的音乐作品《诱惑力》相应部分的歌词内容为："你是一种诱惑力/像糖果一样甜蜜/噘嘴撒娇让我爱得五体投地/你是一种破坏力/长得实在太诡异/回眸一笑就轻易让我死心塌地。"将"康师傅冰绿茶"产品广告中被控侵权的八小节音乐旋律和原告主张享有权利的《诱惑力》相应部分的音乐旋律相比，二者无差异。

原告姚天、冯丹共同诉称：2004年10月，由冯丹作词、姚天作曲的音乐作品《诱惑力》创作完成，并就该歌曲在中国音乐著作权协会和中国版权保护中心作了版权注册与版权登记。在该歌曲创作完成之后，姚天等人多次在公开场合进行了表演。2006年4月5日，姚天将《诱惑力》上传至原创中国网，并参加了"《原创中国》2006年度歌坛十大新人评选"活动。2007年5月17日，姚天将《诱惑力》通过互联网传递到校园新鲜人广告（北京）有限公司，参加了"伊利优酸乳2007大学生音乐节"活动。上述事实均充分说明，姚天和冯丹分别是《诱惑力》的曲和词的著作权人。2008年7月，原告发现被告天津顶津公司的产品"康师傅冰绿茶"在中央电视台做广告时所用的广告歌曲《胜利滋味》，系未经许可对《诱惑力》的乐曲和歌词的使用或改编。同时，作为"康师傅冰绿茶"形象代言人的林志颖对《胜利滋味》的演唱行为亦未得到原告的许可。《胜利滋味》在中央电视台多个频道及众多地方电视台、知名网站和户内（外）视频广告中进行了连续的播出。由此可见,三被告的上述行为已经违反了《中华人民共和国著作权法》及相关法律法规的规定,严重侵害了《诱惑力》词曲著作权人的著作财产权和署名权、修改权、保护作品完整权等著作人身权,侵权行为的影响范围大、后果严重。综上,原告请求人民法院依法判令三被告:一、停止侵权行为,消除影响,在中央电视台、北京电视台、湖南电视台、新浪网、搜狐网、土豆网上公开赔礼道歉;二、判令三被告赔偿原告经济损失人民币50万元,并相互承担连带责任;三、判令三被告赔偿原告为制止侵权行为所支出的合理开支人民币11194元,并相互承担连带责任;四、判令三被告承担本案全部诉讼费用。

被告天津顶津公司未向本院提交书面答辩意见,其于庭审时口头辩称:康师傅冰绿茶广告的代言合同是由杭州顶津食品有限公司(以下简称杭州顶津公司)与斗室公司签订的,被告天津顶津公司不是广告的制作主体,也不是本案适格的诉讼主体,故请求人民法院驳回原告对天津顶津公司的起诉。

被告中央电视台未向本院提交书面答辩意见,其于庭审时口头辩称:作为广告的播放者,中央电视台已经尽到合理审查义务,没有侵权的故意和过失,不应当承担相应的侵权责任,故请求人民法院驳回原告对中央电视台的诉讼请求。

被告林志颖未向本院陈述答辩意见。

第三人斗室公司与崔书田共同陈述意见称:首先,《诱惑力》与《胜利滋味》的歌词完全不同,故本案不涉及对词作者权利的侵犯问题;其次,现有证据不足以证明姚天系《诱惑力》这一音乐作品乐曲的著作权人;再次,三被告与广告歌曲《胜利滋味》的使用有关的行为均不构成对原告著作权的侵犯;最后,原告所提赔偿数额缺乏事实依据。综上,请求人民法院驳回原告的诉讼请求。

第三人吉米工作室、杨雄未向本院陈述意见。

两个原告为证明其分别是音乐作品《诱惑力》词曲作品的著作权人,经法院审查予以采信的证据有:

证据3:由北京世纪金典国际文化传播有限公司(原创中国网:www.58com.com)于2008年6月26日出具的《证明》,与本案有关的内容为:兹证明姚天于2006年4月5日将音乐作品《诱惑力》(冯丹作词、姚天作曲)等共4首歌曲上传至本网站(原创中国网),参加"原创中国2006年度歌坛十大新人评选活动";

证据4:由北京市长安公证处于2008年7月2日出具的〔(2008)京长安内民证字第5536号〕公证书及录像光盘,为证明姚天于2006年4月5日将《诱惑力》上传至"原创中国网",当时该音乐作品的署名即为冯丹作词、姚天作曲。经审查,在公证书第 17 页"原创中国网音乐广场"栏目下,可在线播放歌曲《诱惑力》,其上显示:演唱 AT 乐队,作词冯丹,作曲姚天,上传时间 2006-4-5,上传者姚天;

证据 6:中国音乐著作权协会出具的《数字音乐版权注册证书》及原告提交给中国音乐著作权协会的音频文件,为证明原告享有音乐作品《诱惑力》词曲作品的著作权。根据《数字版权注册证书》的记载,作品名称为《诱惑力》,歌词作者冯丹,曲谱作者姚天,演唱者杨雄,录制时间为 2004-12-23,注册时间 2008-06-23;

证据 7:《著作权登记证书》及原告提交中国版权保护中心的歌词和曲谱文件。该登记证书上显示:音乐作品《诱惑力》由姚天、冯丹于 2004 年 10 月创作完成,并于 2006 年 4 月在北京首次发表,发证时间为 2008 年 11 月 12 日。

【基本问题】

1. 音乐作品《诱惑力》著作权人如何确定?
2. 各被告的行为是否构成侵权?
3. 各被告应承担什么法律责任?

【讨论与分析】

一、音乐作品《诱惑力》著作权人如何确定

著作权法(2001)第十一条第一款、第四款规定:"著作权属于作者,法律另有规定的除外。""如无相反证明,在作品上署名的公民、法人或者其他组织为作者"。《最高人民法院关于审理著作权民事纠纷案件适用法律若干问题的解释》(2002)第七条第一款规定:"当事人提供的涉及著作权的底稿、原件、合法出版物、著作权登记证书、认证机构出具的证明、取得权利的合同等,可以作为证据。"

本案中,原告为证明其为音乐作品《诱惑力》的词曲著作权人,向法院提交了 10 份证据,其中证据 3、证据 4、证据 5、证据 7,可以证明其著作权人身份。法院认为,证据 6 为《数字版权注册证书》,证据 7 为《著作权登记证书》及其附件,依照我国相关法律法规的规定,上述两份证据的内容可以作为证明著作权权利归属的初步证据。此外,原告提交的证据 4 显示,在原创中国网中,确有音乐作品《诱惑力》存在并可以进行在线播放,其上所署的上传时间为 2006 年 4 月 5 日,作词冯丹,作曲姚天。对此,原告提交的证据 3 即原创中国网于 2008 年 6 月 26 日出具证明对上传时间和词曲作者的署名情况进行了进一步的说明。而且,证据3、证据4中显示的发表时间与《著作权登记证书》上所载明的首次发表时间和署名情况相符。据此,根据原告提交的现有证据可以证明其主张权利的音乐作品《诱惑力》至迟于2006年4月5日已经公开发表,且署名的词曲作者即为冯丹、姚天。各被告虽对两原告的著作权人身份未予认可,但均未能提交相反证据予以证明,故原告所提冯丹、姚天分别为《诱惑力》的词曲作者并享有相应的词曲著作权的主张成立,法院对此予以支持。

二、各被告的行为是否构成侵权

依据我国著作权法(2001)第十条的规定,著作权人依法享有的署名权、修改权、保护作品完整权等人身权利及复制权、发行权、表演权等财产权利受到法律保护。任何人未经著作权人的许可,都不得以复制、发行、表演等方式对作品进行使用,从而对著作权人的精神权利和财产权利构成侵犯。

具体到本案而言,根据已经查明的事实可知,原告主张享有权利的音乐作品《诱惑力》于2006年4月5日已经公开发表,词曲著作权人分别为冯丹、姚天。在未经著作权人冯丹、姚天许可的情况下,任何人均不得以复制、发行、表演等方式对该音乐作品进行使用。在自2008年7月起陆续播放的康师傅冰绿茶广告中使用的、由林志颖演唱的共计8小节《胜利滋味》虽然使用的歌词与《诱惑力》完全不同,但经法庭组织各方当事人进行的勘验可知,曲调部分无差异。在音乐作品《诱惑力》已经在先公开发表的情况下,应推知各被告对该音乐作品的旋律部分具有接触的可能性。由此可见,康师傅冰绿茶广告在未经著作权人许可的情况下,使用共计8小节《胜利滋味》曲调部分的行为,使三被告分别侵犯了《诱惑力》的曲作者姚天的署名权、复制权、表演权、广播权。

由于在康师傅冰绿茶广告中使用的《胜利滋味》8小节的内容是以复制的方式(即曲调部分完全一致)对音乐作品《诱惑力》旋律部分的相关内容进行了使用,故不构成对原告姚天就曲调部分所享有的著作权中的修改权的侵犯,也没有构成对《诱惑力》曲调的歪曲和篡改。对于冯丹所提康师傅冰绿茶广告对《胜利滋味》的使用构成对其歌词部分著作权的侵犯的问题,法院认为,由于原告主张权利的音乐作品《诱惑力》的词、曲部分分别独立构成作品,而经对比并由各方当事人确认,康师傅冰绿茶广告中使用的共计8小节音乐作品《胜利滋味》的歌词部分与冯丹享有著作权的《诱惑力》相应部分的歌词完全不同,在作品之间的实质性近似是构成侵犯著作权的必要条件的情况下,冯丹在本案中所提侵权主张缺乏基本的事实依据,法院对此不予支持。对于原告冯丹所提被控侵权作品中相应部分的歌词是对原告冯丹享有著作权的歌词部分的改编的主张,法院认为,改编权是著作权人享有的以其作品为基础的,重新表现其作品内容的权利。本案中,被控侵权广告中使用的8小节歌词的内容,相对于原告主张权利的《诱惑力》相应部分的歌词具有完全不同的表达形式,亦无证据证明该种表达形式是以《诱惑力》的歌词为基础或是其相关表达形式的延续,故二者已经构成了完全不同的两部作品,原告所提被控侵权作品歌词部分的内容是对冯丹所作歌词部分的改编的主张,缺乏基本的事实与法律依据。

三、各被告应承担的法律责任问题

依据著作权法(2001)第四十七条的规定,在未经著作权人许可的情况下,以复制、发行、表演、放映、广播等形式向公众传播其作品构成侵权的,应当根据情况承担停止侵害、消除影响、赔礼道歉、赔偿损失等民事责任。

天津顶津公司虽然未直接与第三人吉米工作室等就康师傅冰绿茶广告签订合同,但其为康师傅系列广告的客户方,且作为康师傅冰绿茶产品的生产商,天津顶津公司也是涉案广告的直接受益人,原告在无途径了解到天津顶津公司内部及其关联企业的商业运作方式的情况下,通过公开销售的康师傅冰绿茶产品确定生产商并将其视为广告主、要求其承担相应侵权责任的做法并无不当。由此可见,天津顶津公司作为康师傅冰绿茶广告的实际受益人,林志颖作为康师傅冰绿茶广告中被控侵权音乐作品的表演者,中央电视台作为含有被控侵权音乐作品的康师傅冰绿茶广告的播放者,在法院已经认定该广告中所含音乐作品,构成对原告享有权利的音乐作品《诱惑力》的曲调部分著作权的侵犯的情况下,应当据此承担相应的侵权责任。

根据原告在本案中所提诉讼请求,即要求三被告承担停止侵权、消除影响、公开赔礼道歉和赔偿经济损失的主张,法院认为:停止侵权是当事人应当承担的首要的侵权责任,在各被告的行为已经构成对原告姚天对《诱惑力》曲调部分所享有的著作权的侵犯的情况下,应当承担停止侵权的法律责任。公开赔礼道歉是对精神权利损害的救济,本案中,原告所诉被控侵权行为的载体是康师傅冰绿茶广告,在法院已经认定天津顶津公司对被控侵权作品的使用构成对原告署名权侵犯的情况下,其应当就其过错承担相应的侵权责任。然而,虽然天津顶津公司在该广告中确未给曲作者姚天进行署名,但根据商业广告运作的市场惯例,在广告中为曲作者进行署名的情况极为罕见。考虑到本案中被控侵权作品使用环境的实际情况,天津顶津公司作为广告主未为曲作者进行署名的做法并无明显的主观恶意,故通过书面致歉的方式已经足以达到对原告姚天精神权利所受损害的救济,故对原告所提公开致歉的诉讼请求,不应予以支持。此外,由于在广告中一般不为主题音乐或背景音乐的作者进行署名的情况为商业惯例,原告也未提交证据证明上述行为产生了何种不良影响,故对原告要求被告天津顶津公司消除影响的诉讼主张不予支持。对于被告林志颖和中央电视台而言,由于其二者对是否以及通过何种方式为原告姚天进行署名的问题并无任何决定的权力,也不负有在被控侵权作品使用的过程中为原告姚天进行署名的义务,故林志颖和中央电视台的行为未构成对原告姚天署名权的侵犯,对原告所提要求二者赔礼道歉、消除影响的诉讼请求,法院不予支持。

对于原告所提要求三被告共同赔偿其相应经济损失的问题,法院认为,承担连带赔偿责任的前提是三被告的行为构成共同侵权,即具有主观上的共同过错。本案中,中央电视台作为广告的发布者,其仅是为广告主提供了一个发布广告的空间,其对广告的内容特别是形成广告的基本素材无从控制,其所负有的也仅是形式上的审查义务,即只有在明知广告中存在侵犯他人著作权内容的情况下,才与广告主构成共同侵权,并连带承担赔偿责任。由此可见,中央电视台已经尽到了合理的审查义务,不应当承担相应的赔偿责任。同理,作为表演者的林志颖,其仅是根据吉米工作室的安排完成相应的表演合约,虽然其表演的音乐作品《胜利滋味》的曲作者另有其人,但在第三人已经就与代言合同有关的证据提交法院的情况下,要求作为表演者的林志颖进一步核实权利人的真实情况无疑是对其施加了不应有的审查义务,故其亦不应承担相应的赔偿责任。但是,对于天津顶津公司而言,作为康师傅冰绿茶广告的实际受益人即广告主,其对广告内容所负有的是实质性的审查义务,即对于广告中所使用的作品是否构成对他人权利的侵犯进行审查,故天津顶津公司需要为此承担一定的经济赔偿责任。对于天津顶津公司应承担的具体赔偿数额,将在综合考虑被控侵权作品的知名度、在广告中的作用、侵权行为的方式、范围以及被告的主观恶意程度等因素酌情予以确定,对于原告为本案诉讼所支付的相关费用,法院将在合理的范围内予以考虑。

案例16 杨林诉孙建国、湖北省孝商股份有限公司、武汉市江汉区绿叶超市有限公司侵犯著作权案[①]

【案情简介】

原告：杨林，河南省南阳市人，系武汉市工艺美术研究所退休职员。

委托代理人：秦前坤，湖北首义律师事务所律师。

委托代理人：吴胜武，湖北首义律师事务所律师。

被告：孙建国，男，汉族，湖北省孝感市人，1950年3月29日出生，系孝感市国光麻糖米酒厂个体工商户业主。

被告：湖北省孝商股份有限公司（以下简称孝商集团）。

委托代理人：邬建强，湖北名流律师事务所律师。

被告：武汉市江汉区绿叶超市有限公司（以下简称绿叶超市）。

委托代理人：胡欣予，男，汉族，系武汉市桥口区司法局工作人员。

1984年，原告杨林受湖北省孝感市有关部门的委托，创作完成了名称为"董永与七仙女"的雕塑作品。该雕塑作品放置于湖北省孝感市董永公园孝子祠内。1988年8月，"董永与七仙女"雕塑出现风化和龟裂等现象，湖北省孝感市城市建设委员会委托河北省曲阳县芦进桥建筑艺术雕塑公司采用汉白玉基材，对该作品进行复制，复制后的"董永与七仙女"雕塑仍安放在原处。1989年，原告杨林将该雕塑作品署名发表于《武汉群众文化》杂志1989年第2期。2001年12月30日，湖北省孝感市中级人民法院审理（2001）孝民再终字第38号案件，即原告杨林诉被告河北省曲阳县芦进桥建筑艺术雕塑公司侵犯"董永与七仙女"雕塑作品著作权纠纷一案中，其生效判决书确认放置于孝感市董永公园孝子祠内的"董永与七仙女"雕塑作品的著作权人为原告杨林。

被告孙建国系孝感市国光麻糖米酒厂个体经营业主。从2001年开始，被告孙建国生产、销售"国光麻糖"食品。包装规格为400克金色包装，其包装盒及外包装的背面印有"董永与七仙女"的雕塑作品图片。"国光麻糖"食品的包装盒正面下方和背面均有"孝感市国光麻糖米酒厂出品"和"制造商：孝感市国

[①] 案例来源：湖北省武汉市中级人民法院（2006）武知初字第120号判决。

光麻糖米酒厂"字样。该麻糖食品的包装盒正面印有"董永与七仙女"雕塑作品图片，该图片内容与涉案"董永与七仙女"雕塑作品内容相同。

原告杨林于2002年3月发现湖北省内的武汉、孝感等市场有上述麻糖食品销售后，自行购买被告孝商集团和被告绿叶超市销售的"国光麻糖"产品，并取得上述两被告出具的销售收据和发票。销售收据和发票显示，被告孝商集团于2002年3月11日销售了"国光麻糖"食品；被告绿叶超市于同年11月16日销售了"国光麻糖"食品。原告杨林取得三被告生产、销售的涉案麻糖产品的证据后，用挂号信方式向三被告发送了内容为"要求停止侵权及赔偿"的律师函。其中，向被告孙建国开办的孝感市国光麻糖米酒厂发函两次，时间分别是2004年6月22日和10月27日；向被告绿叶超市发函两次，时间分别是2004年6月22日和8月28日；向被告孝商集团发函一次，时间是2004年6月22日。原告杨林发送律师函后，取得了由武汉市航空路邮局出具的挂号信发票及对应的查询复单。

原告杨林诉称，1984年，原告受孝感市政府城市建设委员会的委托，创作"董永与七仙女"雕塑作品。作品完成后，被安放于湖北省孝感市董永公园孝子祠内。1986年，该作品作为湖北省优秀城市雕塑作品入选《新中国城市建设成就展》。1989年，该雕塑作品的照片署名刊登在《武汉群众文化》杂志上，作品名称《天地姻缘》。2001年至2002年，被告孙建国经营的孝感市国光麻糖米酒厂未经原告许可，将"董永与七仙女"雕塑作品的图片印刷在其生产、销售的"国光麻糖"食品的外包装盒上。被告孝商集团和被告绿叶超市对外公开销售"国光麻糖"食品，原告杨林认为三被告的行为侵犯了原告的署名权、保护作品完整权、复制权、获得报酬的权利。

【基本问题】

被控"国光麻糖"食品外包装盒上使用"董永与七仙女"雕塑图片的行为是否属于合理使用？是否侵犯了原告的著作权？

【讨论与分析】

关于被控"国光麻糖"包装上使用了"董永与七仙女"雕塑作品图片的行为是否构成侵权的问题，是本案争议的主要焦点。原告杨林认为构成侵权，应当赔偿损失。被告孙建国、孝商集团、绿叶超市认为包装盒上使用原告作品图片属合理使用，不构成侵权。

我国著作权法(2001)第二章第四节"权利的限制"中对著作权合理使用的各种情形作了明确具体的规定。著作权法(2001)第二十二条规定："在下列情况下使用作品,可以不经著作权人许可,不向其支付报酬,但应当指明作者姓名、作品名称,并且不得侵犯著作权人依照本法享有的其他权利：……"。该条款共罗列了十二项情况,其中,第(十)项规定："对设置或者陈列在室外公共场所的艺术作品进行临摹、绘画、摄影、录像"。原告杨林的雕塑作品是设置在室外公共场所的艺术作品,属于此种权利限制的情况。著作权应当是作者的一项私权,但是当权利人的权利与社会公众利益相冲突的时候,就需要法律平衡两者的利益关系,就会对私权有一定的限制。孝感市董永公园是对外开放供人们游玩休息的地方,属于室外公共场所。原告杨林雕塑作品设置在董永公园内,融入周围的环境之中,成为公园景观的一部分,同样可以供游人随意观赏,拍照留影,其艺术作品本身就具有长期的公益性质。既然设置在公共场所,难免有人进行临摹、绘画或拍摄、录像,如果让使用人都征得著作权人许可,并支付报酬是不可能的。著作权法的这一规定,界定了对设置在公共场所的艺术作品合理使用的方式。

原告杨林起诉三被告在经营活动中使用了雕塑作品的图片构成侵权,这一诉讼请求涉及著作权合理使用制度中"以营利为目的使用作品"是否能界定在合理使用范围内的问题。《最高人民法院关于审理著作权民事纠纷案件适用法律若干问题的解释》(2002)第十八条规定："著作权法第二十二条第(十)项规定的室外公共场所的艺术作品,是指设置或者陈列在室外社会公共活动处所的雕塑、绘画、书法等艺术作品。对前款规定艺术作品的临摹、绘画、摄影、录像人,可以对其成果以合理的方式和范围再行使用,不构成侵权。"最高人民法院的司法解释对上述著作权法(2001)第二十二条的合理使用范围作了进一步的明确。但如何理解司法解释中所指"合理的方式和范围",是否包括经营性目的的使用。《最高人民法院(2004)民三他字第5号〈请示答复函〉》对制定上述司法解释的本意作了肯定的答复,"'合理的方式和范围',应包括以营利为目的的'再行使用'"。

结合著作权法实施条例(2002)第二十一条："依照著作权法有关规定,使用可以不经著作权人许可的已经发表的作品的,不得影响该作品的正常使用,也不得不合理地损害著作权人的合法利益"的规定,法院认为,只要使用人在著作权法(2001)第二十二条规定的情况下使用作品时,不存在著作权法实施条例(2002)第二十一条规定的情形,就是"合理的方式和范围"使用,不管是否以营利为目的。原告杨林的"董永与七仙女"雕塑作品,以雕塑美术作品的艺术表现手法形象地再现"董永与七仙女"民间爱情神话故事。该故事通过各种艺术形式传播久远,家喻户晓,妇孺皆知。传说中的董永家住湖北孝感,与七仙女的爱情故事也发生在湖北孝感,人们提及"董永与七仙女"的天地姻缘,自然会联想到湖北孝感。孝感市政府、企业在经济活动中利用"董永与七仙女"神话故事的知名度来宣传孝感,推荐孝感产品。食品麻糖是孝感地方特产,历史悠久。麻糖生产者在产品的包装上使用了反映"董永与七仙女"神话故事图片,其目的是向消费者传递该麻糖生产于孝感这样的信息,也起到了美化包装的作用。但是,麻糖的生产者和销售者生产、销售的产品内容是麻糖食品,消费者购买的也是麻糖食品并非包装,更不是印刷在包装上的图片。因此,经营利益只能产生于产品本身。本案"国光麻糖"产品包装上使用原告杨林的雕塑作品图片,并不影响原告杨林对该作品的正常使用,也不存在不合理地损害原告杨林著作权项下的合法利益的问题,其生产和销售行为属于对原告杨林设置在公共场所雕塑作品的拍摄成果以合理的方式和范围再行使用,不构成侵犯原告杨林"董永与七仙女"雕塑作品著作权。

至于在合理使用作品中指明作者姓名和作品名称的问题,根据法律规定应当注明作品出处。但是,因原告杨林雕塑作品本身没有注明作品出处,拍摄出来的图片也不可能有反映。而麻糖包装上受包装设计条件和包装内容的限制,无法注明雕塑作品的作者姓名和作品名称。著作权法实施条例(2002)第十九条规定:"使用他人作品的,应当指明作者姓名、作品名称;但是,当事人另有约定或者由于作品使用方式的特性无法指明的除外。"本案被告对作品的使用方式应当属于法律规定的除外情形,符合著作权法中关于合理使用的规定。

案例17　胡某波诉教育部考试中心侵犯著作权纠纷案[①]

【案情简介】

原告:胡某波,男,汉族,中央电视台记者。
委托代理人:吴姝,北京市诚辉律师事务所律师。

---

① 案例来源:北京市海淀区人民法院(2007)海民初字第16761号。

被告:教育部考试中心。住所地:北京市海淀区中关村东路1号院清华科技园4号楼立业大厦。

委托代理人:田燕刚,北京市律理律师事务所律师。

2003年普通高等学校招生全国统一考试语文(全国卷)第二大题是现代文阅读,使用了一篇主题为"全球变暖"的文章,并以此为基础设计考题。在该考卷的试题解析中提道:"阅读材料选自《希望月报》杂志1997年第8期(原刊于《中国科技画报》),原文的题目:《全球变暖——目前的和未来的灾难》,作者胡某波。命题时对原文作了增删和调整,改定后全文约840字。"用百度在互联网上搜索"2003年高考试题语文全国卷解析",可找到相应的试题和试题解析,其内容与原告胡某波提交的高考试题和试题解析的内容完全相同。

另查,1987年经国务院审核,同意设立国家教育考试管理中心,作为国家教委的直属事业单位。1991年,经人事部批准,原国家教委考试管理中心改称国家教委考试中心,是国家教委实施、管理、指导国家教育考试的直属事业单位。其主要职责包括实施、管理、指导国家教委决定实行的教育考试等,主要任务包括实施、管理全国普通高校招生统一考试的考试大纲或说明的编制、命题、考试实施、评卷、成绩统计分析及报告、评价等。1994年,全国高等教育自学考试指导委员会办公室与国家教委考试中心合并,合并后的机构定名为国家教育委员会考试中心,是国家教委指定承担高校入学考试和高教自学考试等专项任务并有部分行政管理职能的直属事业单位。其职能任务包括:受国家教委委托,负责全国普通高校、成人高校的本、专科招生中全国统考的命题、试卷、成绩统计分析与评价工作等。现该中心在国家事业单位登记管理局登记的名称为教育部考试中心,宗旨和业务范围包括高等学校招生全国统一考试命题组织及考务监督检查等,经费来源:事业、经营、附属单位上缴、捐赠收入。

原告胡某波诉称,2007年5月原告在互联网上发现2003年高考全国卷语文考卷的第二大题现代文阅读选用了原告于1996年应《中国科技画报》创刊号约稿的文章,即《全球变暖——目前和未来的灾难》一文。被告在2003年的试卷考题中对该文作了增删和调整后加以使用。原告认为被告该行为侵犯了原告的著作财产权,故诉至人民法院,请求判令被告赔偿原告经济损失人民币2000元。庭审中,原告当庭提出增加诉讼请求的申请,要求法院判令被告在媒体上公开向原告赔礼道歉,注明《全球变暖——目前和未来的灾难》一文作者为胡某波。因被告考试中心对原告胡某波在举证期届满之后当庭增加诉讼请求提出异议，认为法院给双方的举证通知书和最高人民法院的司法解释均有"增加诉讼请求应在举证期限届满之前提出"的规定，合议庭经合议未准许原告当庭增加诉讼请求。

【基本问题】

1. 被告行为是否属于国家机关为执行公务在合理范围内使用已发表的作品？

2. 结合本案，考虑执行公务状态下如何考量著作权人的权利？

【讨论与分析】

一、被告行为是否属于国家机关为执行公务在合理范围内使用已发表的作品

我国著作权法（2001）第二十二条第（七）项规定，国家机关为执行公务在合理范围内使用已经发表的作品，可以不经著作权人许可，不向其支付报酬。对此，原告胡某波主张，参与高考的考生均要交纳报名费，而纯粹的行政行为应是行政全额拨款而不收取费用的，因此高考出题行为并非单纯的政府公务行为，具有商业行为的性质。法院认为，高考不收取报名费固然是相关国家机关执行公务、组织高考活动的一种理想状况，但执行公务活动并不必然会不收取任何费用。因财政拨款的不足等原因使得高考中需要交纳报名费以应对高考需要的各项开支，与以营利为目的的商业行为有本质的区别，故不能因为高考收取报名费就将高考以及高考出题行为等同于一般的商业行为。在我国，国家机关执行公务存在两种形式：一种是国家机关自行执行公务；另一种是国家机关授权或委托其他单位执行公务。考试中心不属于国家机关，其组织高考出题的行为属于后一种情形。《中华人民共和国教育法》（1995）第二十条规定："国家实行国家教育考试制度。国家教育考试由国务院教育行政部门确定种类，并由国家批准的实施教育考试的机构承办。"依据该条规定，考试中心接受国家教委指定承担高校入学考试和高教自学考试等专项任务，执行高考试卷命题等相应公务。同时，高考是政府为了国家的未来发展，以在全国范围内选拔优秀人才为目的而进行的。

我国政府历来将高考作为一项全国瞩目的大事,人民群众亦将高考命题、组织及保密工作等视为由政府严密组织的、关乎社会公平、民众命运和国家兴衰的大事。考试中心在组织高考试卷出题过程中使用原告作品的行为,无论从考试中心高考出题的行为性质来讲,还是从高考出题使用作品的目的以及范围考虑,都应属于国家机关为执行公务在合理范围内使用已经发表的作品的范畴,应适用我国著作权法第二十二条第(七)项有关的规定,可以不经许可,不支付报酬。

二、结合本案考虑执行公务状态下如何考量著作权人的权利

依据我国著作权法(2001)第二十二条第(七)项的规定,国家机关在执行公务时,如在合理范围内使用著作权人的作品,可不经许可、不支付报酬,但仍负有指明作者姓名、作品名称,并不得侵犯著作权人其他权利的义务,否则不符合合理使用的构成要件。当事人双方对这一条的理解有分歧,原告胡某波当庭要求增加赔礼道歉、注明作者姓名的诉讼请求,被告考试中心则对其增加诉讼请求表示反对。法院认为,我国著作权法是一部旨在保护著作权人利益的法律,但同时亦有其他立法目的存在。我国著作权法(2001)第一条规定,著作权法的立法宗旨是"保护文学、艺术和科学作品作者的著作权,以及与著作权有关的权益,鼓励有益于社会主义精神文明、物质文明建设的作品的创作和传播,促进社会主义文化和科学事业的发展与繁荣",第四条第二款规定,"著作权人行使著作权,不得违反宪法和法律,不得损害公共利益"。可见,我国著作权法虽以保护作者利益为立法目的之一,但亦将公共利益作为非常重要的考量因素,从而在公共利益较著作权人利益明显重要时,有条件地限制著作权人的相关权利,以取得公共利益与私人利益之间的平衡。

合理使用制度即是在著作权人利益原则上受保护的基础上,对作者的一种例外限制,其目的在于平衡著作权人、作品传播者以及社会公众利益之间的关系。另外,考虑特定情况,司法实践中对于著作权人修改权、署名权的保护亦受制于以上原则。如就著作权人的修改权而言,虽然修改作品的权利理所当然地属于作者,但在某些情况下,出于社会利益的实际需要,修改权有时也可由他人行使。

本案中,因高考保密的严格要求,事先征询相关作者的修改意见变得不具有可行性,为确保通过高考可以选拔出高素质人才的公共利益的需要,高考出题者考虑高考试题的难度要求、篇幅要求和背景要求等特点,可对文章进行一定的修改增删,以适应出题角度和技巧的要求。故法院认为,考试中心的行为并不构成对原告修改权的侵害。就著作权人的署名权而言,虽然著作权法(2001)第二十二条规定应指明作者姓名和作品名称,但为作者署名仅作为一般的原则性规定,实践中在某些情况下,基于条件限制、现实需要或者行业惯例,亦容许特殊情况下的例外存在。如《中华人民共和国著作权法实施条例》(2002)第十九条规定:"使用他人作品的,应当指明作者姓名、作品名称;但是,当事人另有约定或者由于作品使用方式的特性无法指明的除外。"法院认为,考试中心在本案中未给胡某波署名即属于特殊的例外情况。《中华人民共和国教育法》(1995)第四条第一款、第二款规定:"教育是社会主义现代化建设的基础,国家保障教育事业优先发展。""全社会应当关心和支持教育事业的发展。"高考命题者在考虑高考所涉文章是否署名时,必然要充分考虑考生的利益。

考试中心在选择署名的问题上目前习惯的做法是:对于文学鉴赏类文章署名,而对于语用性文章则不署名。涉案文章因属于语用性文章,在考题中没有署名。法院认为,考试中心的以上区别对待有其合理性,理由如下:其一,高考过程中,考试时间对考生而言是非常紧张和宝贵的,考生的注意力亦极为有限,如对试题的来源均进行署名会增加考生对信息量的阅读,浪费考生的宝贵时间。其二,文学鉴赏类文章署名或注明出处会给考生提供一些有用信息,这些信息有助于考生在综合分析的基础上作出对诸如文章作者的思想感情、历史背景等试题的正确判断,作者的署名属于有用信息,而语用性文章署名给考生提供的多是无用信息,出题者出于避免考生浪费不必要的时间注意无用信息等考虑,采取不署名的方式亦是适当的。其三,在国内及国外的相关语言考试中,亦有语用性文章不署名的惯例。可见,考试中心在高考试题中对文学鉴赏类文章署名,对语用性文章如科技文、说明文等不署名的做法,是考虑了高考的特性、署名对考生的价值及考试中语用性文章署名的惯例后选择的一种操作方式,有其合理性,考试中心未在高考试题中为原告署名,不构成侵权。当然,出于对著作权人的尊重和感谢,考试中心今后可考虑能否在高考结束后,以发函或致电形式对作者进行相应的告知和感谢。

案例18 佛山市南海区××××家具厂诉佛山市南海××××家具有限公司侵害其著作财产权纠纷案[①]

【案情简介】

原告:佛山市南海区××××家具厂。

委托代理人:邱××,广东××律师事务所律师。

委托代理人:邝××,广东××律师事务所律师。

被告:佛山市南海××××家具有限公司。

委托代理人:李×升,广东××律师事务所律师。

委托代理人:陈××,广东××律师事务所律师。

原告诉称:原告是一家从事生产和销售家具的企业,在当地享有良好的声誉。为了提高企业的知名度及家具的销售量,原告自2003年开始主持拍摄了一系列有关藤家具的摄影作品用于宣传销售。上述摄影作品完成时,原告已取得作品的著作权。考虑到上述摄影作品的使用时效及各种使用成本等因素,原告未到版权部门进行备案登记,但一直将上述摄影作品刊登在自身设立的网站,并将其印制成画册供他人参阅。上述摄影作品中,涉案作品是2003年拍摄,作品编号为:A40。

自2008年起,原告发现同是生产藤家具的被告,未经许可擅自将原告享有著作权的涉案摄影作品刊登在其官网及天猫商城的网站上,用于宣传被告的产品,并以此扩大被告产品的销售量和销售范围,获得巨大利润,致使原告产品销售量下降,声誉受影响。为维护自身权益,特提起诉讼,请求判令被告:

1. 停止使用原告享有著作权的摄影作品,并删除其在所有网站上使用原告享有著作权的摄影作品。

2. 赔偿原告经济损失6000元及合理的证据保全费用25.25元,合计6025.25元。

3. 在报纸和网站向原告赔礼道歉、消除影响、恢复名誉。

4. 承担本案包括财产保全费在内的所有诉讼费用。

[①] 案例来源:广东省佛山市南海区人民法院(2013)佛南法民四初字第388号民事判决。

被告辩称:(1)涉案图片不具备著作权属性。图片中的产品属于通用产品,并非原告独创,原告也不享有外观设计专利,且涉案图片系采用同一背景、同一道具,简单、原始地反映通用产品及其组成结构,不具备著作权属性,仅为通用的产品宣传图。(2)即使图片具备著作权属性,原告也不享有涉案图片的著作权。原告未提供摄影胶片底片或数码相机的原始拍摄记录,无法证明原告是著作权人。且原告成立于2004年,不可能于2003年拍摄涉案图片,即便是原告委托他人拍摄,亦应提供委托合同证实著作权的归属。(3)即使原告为涉案图片的著作权人,被告亦不构成侵权。原告是从事生产销售藤家具的企业,被告是一家专门从事网上销售藤制、布艺家具的公司。在被告成立之前,被告的法定代表人何×中与原告就存在合作关系,在被告成立后,原、被告的合作仍持续直至原告起诉前。双方合作方式为:原告的合伙人之一吴×杰通过QQ在线或QQ邮箱将涉案的藤家具图片发送给何×中,由何×中对上述图片使用软件处理后再发给吴×杰,由吴×杰在图片上载明产品型号,并确定产品的销售价格后,再次发送至何×中,并让其在被告的官网、天猫商城、淘宝网网页上使用上述图片进行宣传销售。被告接到客户网上订单后,向原告订货,由原告按出厂价供货给被告,再由被告按销售价发货给客户,被告赚取销售价与出厂价的差价。后因原告擅自大幅提价,导致订单减少,其意图通过恶意诉讼来弥补经济损失。(4)被告没有造成原告的经济损失及声誉下降。综上,请求法院驳回原告的全部诉讼请求。

诉讼中,原告举证如下:

1. 原告的个人独资企业营业执照及组织机构代码证(各1份,复印件),载明原告为个人独资企业,于2004年12月28日成立,经营范围及方式包括藤制品家具加工、产销等,用以证明原告的诉讼主体资格。

2. 被告的企业机读档案登记资料及组织机构代码证(各1份,复印件),载明被告为有限责任公司,成立于2011年4月20日,注册资本50万元,法定代表人何×中,经营范围包括销售藤制家具制品等,用以证明被告的诉讼主体资格。

3. 编号为A40的底片(1张,原件),用以证明原告持有涉案图片的底片,为涉案图片的著作权人。

4. 原告宣传图册(1本,原件,提供封面封底及涉案图片复印件附案),用以证明原告享有涉案图片的著作权。

5. 著作权转让合同(1份,原件)、吴×杰台胞证(1份,复印件),载明吴×杰的身份情况及吴×杰(甲方)与原告(乙方)于2013年8月26日签订《著作权转让合同》的内容。用以证明涉案图片的原著作权人为吴×杰,其将涉案图片著作权中的一切财产权及人身权转让原告,原告有权以自己的名义提起诉讼。

6.〔(2013)浙甬天证民字第1836、1837号〕公证书(各1份,原件,含公证封存光碟,附公证书封面封底及涉案图片复印件),载明原告委托代理人在公证人员的监督下,在电脑上打开 Internet Explorer 8 浏览器并删除浏览的历史记录后,分别进入被告的网址,对相关页面及相关产品图片截屏保存的过程。用以证明被告未经原告许可,擅自在网络上使用原告享有著作权的图片。

7. 发票号码 No.00828579 的公证费发票(1份,复印件),用以证明原告支付包括本案在内的公证费共8200元。

8. 收据号码 No.0050575 的公证书所附图片打印费用收据(1份,复印件),用以证明原告支付包括本案在内的公证书所附图片的打印费共4075.8元。

诉讼中,被告举证如下:

1. 被告的企业法人营业执照(1份,复印件),载明被告为有限责任公司,成立于2011年4月20日,注册资本50万元,经营范围包括销售藤制家具制品等,用以证明被告的诉讼主体资格及被告成立于2011年4月,无法在2008年开始侵权。

2. 涉案图片的简略图(打印件)及光盘(1张,实物),用以证明被告持有与涉案图片相同的图片,其拍摄时间比原告所称的时间还早,可印证原告的图片是在他人图片的基础上修改而来的,原告不是涉案图片的著作权人。

3. 采购合同(2份,原件),载明原告(乙方)于2008年4月27日、2009年分别与华润置地(武汉)有限公司(甲方)签订《大堂家具及配饰供应工程合同》、与海南幸福城投资有限公司(甲方)签订《南丽湖1号会所大堂家具采购合同》,两合同均对采购家具名称及要求、交货时间、质量、验收、价款及付款方式等作出了约定,原告(乙方)签章处均有原告公司的印章,委托代理人处均有被告法定代表人何×中的签名。用以证明在被告成立前,被告的法定代表人何×中曾多次作为原告的代理人,以原告的名义对外销售货物,双方多年来一直存在合作销售关系,被告基于合作关系才使用涉案图片。

4. 被告网站身份信息(1张,打印件)及截图(2张,打印机)、被告公司邮箱的两份邮件(2张,打印件)、产品报价图片及资料(28张,打印件),用以证明秦小姐是原告职员,53×××088@qq.com系其使用的电子邮箱,其代表原告多次主动发送产品宣传图册、报价单及其他产品资料给被告,并要求被告将图片上传到被告的网页上进行宣传、销售,双方存在网上销售合作关系,产品报价图片及资料中的型号能够与涉案图片对应。

5. 送货单、生产单(各1份,原件),用以证明洪××是原告的员工。

6. NO.0000670、NO.0003779、NO.0001064、NO.0001063送货单(各1张,原件)、何×斯、陈××的银行转账清单(13张,原件)、何×斯、陈××的证人证言(各1份,原件)、何×斯、陈××的身份证(各1份,复印件)。

7. (1)原告旧职员张××的证人证言(1份,原件)、社会保险参保缴费证明(1份,原件)、身份证(1份,复印件);(2)原告旧职员何×华的证人证言(1份,原件)、离职证明(1份,复印件)、身份证(1份,复印件);(3)原告旧职员何×霞的证人证言(1份,原件)、社会保险参保缴费证明(1份,原件)、身份证(1份,复印件);(4)原告旧职员李×章的证人证言(1份,原件)、社会保险参保缴费证明(1份,原件)、身份证(1份,复印件)。

证据5—7共同证明:(1)送货单上载明洪××的银行账号,证明洪××是原告的职员,代表原告收款。(2)在被告成立前,原告就与被告的法定代表人何×中有合作关系,合作方式是由何×中在网上销售原告的家具产品,接到订单后就委托原告进行生产。其间何×中通过其员工何×斯、陈××的账号向原告指定的洪××账户支付货款,这种合作关系延续到被告成立后,至今没有终止,持续6年之久。

8. 图片(打印件,24张),用以证明原、被告合作初期,吴×杰向被告的法定代表人何×中发送了未加工状态下的原始素材,经何×中加工形成包括涉案图片在内的图片。

9. 原告职员吴×英使用号码为50×××858的QQ聊天工具与何×中号码为62×××175的QQ聊天工具之间的对话记录(打印件,共67页),显示2008年11月至2010年3月间,双方多次通过腾讯即时聊天工具就原告藤家具的价格、订货、发货、支付款项等事宜进行协商,证明原告与何×中之间存在频繁交易往来及产品图片的发送情况,双方一直进行网上合作销售,被告没有侵权的客观需要。

10. 相片(22张,原件),用以证明在原告参加展览会期间,被告的员工陈××曾以原告工作人员的名义协助参展。在陈××的结婚宴会上,吴×杰、洪××

与陈××的关系非常亲密。结合原告不断发送产品图片和报价资料给被告的行为，可以印证原、被告之间的合作关系非常紧密，吴×杰和原告对被告以陈××、何×斯名义开设网店之事一直知情，并明确授权许可被告在开设的网店上使用其图片进行宣传和销售。

11. 中国国家顶级域名证明(1份，打印件)，用以证明被告官网的开通时间为2011年4月4日，域名注册人为何×中。

12. 店名为"×××旗舰店""××××家具""××居"的淘宝网店成立时间(各1张，打印件)，用以证明上述网店的成立时间，其中"×××旗舰店"的设立时间为2011年7月12日，注册人为被告；"××××家具"的设立时间为2007年8月11日，注册人为何×斯，被告成立前的实际所有人为何×中，被告成立后的实际所有人为被告；"××居"的设立时间为2008年2月18日，注册人为陈××，被告成立前的实际所有人为何×中，被告成立后的实际所有人为被告。

13. "××××"商标注册申请受理通知书(1份，打印件)，用以证明"××××"商标的持有人为被告，"××居"网店内使用上述商标，印证"××居"网店由被告实际经营。

14. 银行转账记录(2份，打印件)，用以证明2011年9月，何×斯转货款到吴×英指定原告于东莞营销中心职员孔××的账户。

15. 原告订货单及确认单(共115张，打印件，附光盘一张)，用以证明何×中、被告与原告一直通过网上发送订单进行交易的情况。

16. 图片打印件(32张、附光碟一张)，用以证明2007年底，吴×杰将本系列案件涉案图片中32张最原始拍摄的图片发送给何×中，印证双方一直存在网上销售的合作模式，何×中系通过正当方式取得图片。

庭审中，被告的证人陈××出庭陈述称：

何×中是被告的法定代表人，早在被告成立之前，何×中就与吴×杰认识，后双方协商一致并以如下模式进行合作——由原告提供产品的图片、报价表、材质、布版等资料给被告在其官网、淘宝网上宣传、销售原告的藤家具，被告将网上接到的订单通过QQ方式发给原告国内业务员吴×英下单生产，由原告工厂将生产好的家具直接用物流发给下单客户。原、被告双方每单一结，付款方式有三种，第一种是由客户直接付款给被告，再由被告通过陈××或何×斯的网银付款给原告的老板娘洪××，这是最主要的付款方式。第二种是先由客户直接付款给被告,货量少的货款由陈××直接拿现金到原告公司给其财务人员。第三种是因一些采购大量家具的客户需要对公账户和发票,故由被告指定客户将货款直接转账到原告的对公账户,被告的应得利润在之后原告供给被告的其他货物的货款中抵扣。

法院依法调取了腾讯科技(深圳)有限公司安全管理部关于佛山市南海区人民法院介绍信的情况说明(1份,原件)及封存光盘(1张,实物)。当庭拆封封存的光盘,播放显示光盘中的内容如下:

1.一个名称为"注册信息 xls"的表格,内有 QQ 号码为 53×××088、50×××858 的用户资料,包括称谓、国籍、省份、邮编、EMAIL 等信息;2.一个名称为"53×××088"的文件夹,内有 5 份邮件,分别显示 2012 年 6 月 11 日 21:33、2012 年 6 月 11 日 18:09、2012 年 6 月 11 日 14:38、2012 年 6 月 11 日 18:23、2012 年 5 月 29 日 11:15 的邮件内容;3.一个名称为"50×××858"的文件夹,内无任何文档。

法院经审理查明:

原告为个人独资企业,于 2004 年 12 月 28 日成立,登记投资人为王×生,实际经营者系吴×杰,经营范围包括藤制品家具加工、产销等。

涉案图片系吴×杰于 2003 年开始拍摄完成,并通过同年出版的原告宣传画册(黑色版)首次对外使用,并于 2007 年开始在网上对外展示,用于原告藤家具产品的宣传、销售。

在本案诉讼过程中的 2013 年 8 月 26 日,吴×杰与原告签订《著作权转让合同》,主要内容为:原告实际系中国台湾人吴×杰在大陆投资的企业,双方确认,以原告的名义在佛山市南海区人民法院提起诉讼的(2013)佛南法民四初字第 358—451 号、第 289—338 号、第 340—357 号共 162 件案件中,原告提供底片所记载的图片均为吴×杰拍摄并享有著作权,吴×杰无偿将上述图片一切财产权、人身权及主张损害赔偿的权利转让予原告,允许原告以自己的名义提起损害赔偿之诉,合同自双方签章之日起生效。

洪××系吴×杰的妻子,亦为原告管理人员,并负责收取原告的货款。

吴×英系原告员工,2011 年 10 月辞职,其 QQ 号码为 50×××858。

原告网站域名为"www.××××××.com",网站首页中链接"联系我们"显示原告的联系人为秦小姐,QQ 号码为 53×××088,该秦小姐系原告的员工。

被告为有限责任公司，于2011年4月登记成立，法定代表人为何×中，主营业务包括销售藤制、布艺、真皮、钢管家具制品。

原告的实际经营者吴×杰与被告的法定代表人何×中相识于2007年。同年8月11日，何×中以其姐姐何×斯的名义在淘宝网上注册了名为"××××家具"的网店。2008年2月18日，何×中又以其姐夫陈××的名义在淘宝网上注册了名为"××居"的网店。2011年4月，何×中成立被告公司，于同月4日注册了公司官网，域名注册人为何×中。同年7月12日，被告又在淘宝网上注册设立店名为"×××旗舰店"的网店。上述网店、网站均用于展示、宣传、销售藤制家具产品。何×斯、陈××从2007起一直为何×中工作，何×中成立被告公司后为被告的员工。

2008年1月至2010年3月，原告的实际经营者吴×杰通过包括原告员工吴×英QQ号码为50×××858的腾讯聊天工具等方式，多次向何×中QQ号码为62×××175的腾讯聊天工具或QQ邮箱发送原告藤家具产品图片或画册，包括本案图片在内的所有涉案图片。何×中将包括所有涉案图片在内的上述藤家具图片陆续上传到"×××家具""××居""×××旗舰店"等淘宝网店，作为展示、宣传、销售藤制家具产品之用。

其间，吴×英特别嘱咐何×中最新的某几款产品暂时不要放在网上卖，如有旧客人只可以给其介绍，但图片先不要放到网上。如2009年4月20日，吴×英在网上向何×中留言："这是最新的几款产品报价""你暂时不要放在网上卖""比如有旧客人，你可以介绍给他，但图片就先不要放。"

通常情况下，何×中在网上接到客户订单后，通过其号码为62×××175的QQ聊天工具，将订货单发送至原告员工吴×英号码为50×××858的QQ聊天工具，由原告下单生产，何×中从客户支付的货款中提取差价后，再通过何×斯号码为431501××××4864的账户及陈××号码为955998××××××2915的账户，转出货款至原告员工洪××号码为955981×××××××3616的账户内。仅从2008年1月2日起至2010年3月26日间，通过上述账户支付的款项达99笔，金额共为828938.8元。

此外，根据个别客户的要求，何×中曾作为原告的代理人，以原告名义与客户签订书面销售合同。如2008年4月27日，原告与华润置地（武汉）有限公司签订《大堂家具及配饰供应工程合同》，2009年，原告与海南幸福城投资有限公司签订《南丽湖1号会所大堂家具采购合同》，两合同均对采购家具名称及要求、交货时间、质量、验收、价款及付款方式等作出约定，签章处有原告公司印章，委托代理人处有何×中的签名，并附藤家具图片。

被告佛山市南海×××家具有限公司成立后，何×中将其上述62×××175的QQ邮箱名称改为佛山市南海×××家具有限公司〈62×××175@qq.com〉。

2012年6月11日，原告员工秦小姐通过其名为HOME〈53×××088@qq.com〉邮箱向上述名为佛山市南海×××家具有限公司〈62×××175@qq.com〉邮箱发送邮件，内容为："何总，附件为产品资料，请查收，里面报价为我们的出厂价，具体价格方面您与吴总沟通"，落款处为"×××家具 秦小姐"，并附有名称为"原告家具2012图册""布板""2012材质版""2012—2013图册报价单"四个超大附件。附件后面均标示"已过期"，不能打开。经本院向QQ邮箱服务提供商腾讯科技（深圳）有限公司调查，该司答复鉴于用户发送的附件较大，技术上无法对上述邮件中相关附件的内容进行恢复。在法庭上，原告表示因时间久远客户较多，无法确认上述附件中的图片是否与涉案图片相关，且因日常发送图片太多，不清楚是否还保存该附件中的图片，无法向法院提供相关图片。

6月13日，秦小姐再次通过上述腾讯邮箱向佛山市南海×××家具有限公司〈62×××175@qq.com〉邮箱发送邮件，内容为："何总，这是吴总让发给您的两件库存产品，给到特价，您看在网上卖卖看"，落款处为"×××家具 秦小姐"，并附有名称为"特价产品"的附件。点击该附件，内容包括两款藤制家具产品的外观图片、产品材质图片以及产品的型号、尺寸、报价等。

2013年4月1日，原告向浙江省宁波市天一公证处申请公证。当日，公证员、工作人员在该公证处403室，现场监督原告的委托代理人使用公证处的计算机进行了如下操作：

1. 开启计算机桌面的无线网络，然后开启"屏幕录像专家V2012"，在桌面新建名称为"×××.docx"的Word文档；2. 打开Internet Explorer 8浏览器，点击"工具"菜单下"删除浏览的历史记录"按钮，弹出"删除浏览的历史记录"对话框，选中"Internet临时文件（T）""Cookie（0）""历史记录（H）""表单数据（F）""密码（P）""Inprivate筛选数据（I）"六个标签，点击该对话框内"删除"按钮；3. 在Internet Explorer8浏览器地址栏中输入网址为被告的网址，页面显示后，截屏，粘贴至"该文档"；4. 点击页面的"点击跳过"超链接，页面显示后，截屏,粘贴至"该文档";5. 点击页面上方的"产品中心"超链接,页面显示后,截屏,粘贴至"该文档";6. 点击页面上方的"关于品牌"超链接,页面显示后,截屏,粘贴至"该文档";7. 点击页面上方的"联系我们"超链接,页面显示后,截屏,粘贴至"该文档";8. 保存"该文档"内容,关闭 Internet Explorer 8 浏览器,停止"屏幕录像专家 V2012",形成录像文件"录像 3.avi"。将上述文档打印,并将上述录像文件刻录成光盘予以封存。公证机关对此制作了公证书。

次日,公证员、工作人员在上述公证处的 403 室,现场监督原告的委托代理人使用公证处的计算机进行了如下操作:

1. 开启计算机桌面的无线网络,然后开启"屏幕录像专家 V2012",在桌面新建名称为"×××旗舰店.docx"的 Word 文档;2. 打开 Internet Explorer 8 浏览器,点击"工具"菜单下"删除浏览的历史记录"按钮,弹出"删除浏览的历史记录"对话框,选中"Internet 临时文件(T)""Cookie(O)""历史记录(H)""表单数据(F)""密码(P)""Inprivate 筛选数据(I)"六个标签,点击该对话框内"删除"按钮;3. 在 Internet Explorer8 浏览器地址栏中输入网址"www.taobao.com",页面显示后,选择"店铺"标签,然后在"搜索栏"内输入"×××",截第一屏,粘贴至"该文档";4. 点击"搜索"按钮,页面显示后,截第一屏,粘贴至"该文档";5. 点击"×××旗舰店 天猫 TMALL.COM"超链接,页面显示后,对相关网页和相关产品截屏,粘贴至"该文档";6. 保存"该文档"内容,关闭 Internet Explorer 8 浏览器,停止"屏幕录像专家 V2012",形成录像文件。将上述文档打印,并将上述录像文件刻录成光盘予以封存,公证机关对此制作了公证书。

庭审中,被告确认〔(2013)浙甬天证民字第 1836、1837 号〕公证书所保存的网页分别是其设立的官方网站及天猫网的网页。原告明确〔(2013)浙甬天证民字第 1836 号〕公证书第 32 页编号为 22(93)的图片、〔(2013)浙甬天证民字第 1837 号〕公证书第 244 页的图片为侵权图片。

将两张被控侵权图片分别与原告主张权利的底片的对应部分比对,除了背景阴影不同,其他细节完全相同。

【基本问题】

1. 原告主张权利的涉案图片是否受著作权法保护?
2. 原告是否有诉权,是否有权作为适格主体提起本案诉讼?
3. 被告的行为是否构成侵权?

【讨论与分析】

一、原告主张权利的涉案图片是否受著作权法保护

根据《中华人民共和国著作权法实施条例》(2013)第二条、第四条的规定，作品是指文学、艺术和科学领域具有独创性并能以某种有形形式复制的智力成果，摄影作品是指借助器械在感光材料或其他介质上记录客观物体形象的艺术作品。

包括本案图片在内的所有涉案图片，系由拍摄者利用专业摄影器材，运用一定的专业技能，通过精心构思和对布景的编排组合，通过对拍摄角度、距离、感光度等元素的选择、调节，以家具产品及其背景为对象拍摄而成，具有独创性和可复制性，符合著作权法规定的作品构成要件，应认定为受著作权法保护的摄影作品。

二、原告是否有诉权，是否有权作为适格主体提起本案诉讼

根据《中华人民共和国著作权法》(2001)第十一条第一款、第四款规定，著作权属于作者，如无相反证明，在作品上署名的公民、法人或者其他组织为作者。根据《最高人民法院关于审理著作权民事纠纷案件适用法律若干问题的解释》(2002)第七条规定，当事人提供的涉及著作权的底稿、原件、合法出版物、著作权登记证书、认证机构出具的证明、取得权利的合同等，可以作为证据，如无相反证明，在作品或者制品上署名的自然人、法人或者其他组织视为著作权、与著作权有关权益的权利人。

本案中，原告提供了涉案图片的底片、收录涉案图片的藤大师宣传画册、与图片拍摄者吴×杰签订的《著作权转让合同》，足以证明吴×杰在明知原告以自己的名义起诉被告侵犯涉案图片著作权的情况下，仍将图片的著作权转让给原告并授权原告有权以自己名义追究他人的侵权行为，应视为吴×杰对原告起诉行为的追认，其授权有溯及既往的效力，故应认定原告通过受让取得涉案图片的相关财产权，原告享有本案诉权。

三、被告的行为是否构成侵权

法院通过比对，发现除背景阴影不同之外，两张被控侵权图片与原告主张

权利的底片的其他部分及细节完全相同。因背景阴影极易通过后期图像编辑软件进行修改,故应认定被告使用的图片是在原告享有著作权的涉案图片上编辑修改形成的,被告在网上使用了原告主张权利的涉案图片。

依据著作权法(2001)第四十七条第一款第(一)项之规定可知,未经著作权人许可,复制、发行、通过信息网络向公众传播其作品的,应当承担停止侵害、赔偿损失等民事责任。依据该法第五十二条规定可知,复制品的出版者、制作者不能证明其出版、制作有合法授权的,复制品的发行者不能证明其发行、出租的复制品有合法来源的,应当承担法律责任。

因此,被告使用涉案图片是否经过著作权人的许可,是判断被告是否构成侵权的关键。

根据优势证据原则、日常生活经验以及根据双方当事人陈述所形成的心证,认定原、被告之间存在网上销售藤家具的合作关系,原告发送涉案图片给被告的目的,系授权被告在网上作宣传、销售原告产品之用,被告在网店上使用涉案图片有原告的授权,故其行为不构成侵权。主要理由如下:

其一,原、被告之间存在网上合作销售家具的关系。据被告法定代表人何×中与原告员工吴×英的QQ聊天记录,被告员工陈××、何×斯与原告员工洪××之间的银行流水记录,陈××、何×斯、何×华、张××、李×章、何×霞等六名证人的证言,证实自2008年1月至2010年3月,何×中将其接到的客户订单频繁发送给原告员工吴×英,要求原告生产及发货,并通过何×斯、陈××的账户支付货款至洪××的账户,双方存在频繁的家具交易。而两份采购合同均显示,被告的法定代表人何×中曾作为原告的委托代理人对外销售原告的藤家具,结合原告员工秦小姐多次将原告的产品销售资料通过QQ邮箱发送至被告邮箱的事实,至少可以认定自2008年1月至2012年6月,原告将其藤家具产品委托何×中及被告在网上销售,原、被告之间存在事实上的网上合作销售家具的关系。

其二,原告曾频繁发送包括涉案图片在内的家具图片给被告用作网上宣传、销售使用:

第一,原告确认曾于2008年将包括涉案图片在内的产品图片发送给被告。

第二,被告法定代表人何×中与原告员工吴×英的QQ聊天记录显示,从2008年11月至2010年3月期间,吴×英多次通过QQ聊天工具将原告的产品图片发送给何×中。其间吴×英还特别嘱咐何×中最新的某几款产品暂时不要放在网上卖,如有旧客人只可以给其介绍,但图片先不要放在网上展示。"

第三,原告员工秦小姐于 2012 年 6 月 11 日通过 QQ 邮箱向被告发送的邮件附有名为"原告家具 2012 图册"及其材质、尺寸、报价等内容的附件。两日后的 13 日,秦小姐又通过上述方式向被告发送两款库存特价家具产品的图片及其材质、尺寸、报价等内容的附件,并明确要求被告将该两款产品放在网上进行销售。虽然原告员工秦小姐于 2012 年 6 月 11 日向被告发送的名为"原告家具 2012 图册"的附件,因文件较大,时间久远,客观上无法恢复其内容,但考虑到该附件系由原告向被告所发送,依常理原告应当持有该附件中的图册,并有条件、有能力提供该图册的内容载体,故法院责令原告提供反映该附件具体内容的打印件、光盘等载体,但原告以日常发送图片太多,不清楚是否存有该附件资料图册为由没有提供,也不能合理解释附件图册的内容,显然于理不合。故法院根据该附件的名称,结合本案经认定的其他证据,推定被告关于该"原告家具 2012 图册"附件包括涉案图片在内的本系列案件图片的主张成立。

由此可见,原告一直都明知被告是专门通过开设网店销售家具的企业,其经营特点决定了只有在网络上通过展示产品图片方可有效进行宣传、促成交易,故原告提供图片给被告的目的系授权其在网上作展示、宣传产品之用。

原告声称其员工秦小姐于 2012 年 6 月 11 日、13 日两次通过 QQ 邮箱向被告发送家具产品图片及其材质、尺寸、报价等内容附件的目的,是因为当时正与被告协商进行网上销售家具的合作,才特意让被告在网上尝试展示、销售原告产品,后原告的实际经营人吴×杰觉得被告的法定代表人何×中可能在人品上有瑕疵,就终止了双方网上合作销售家具的协商。理据不足:

首先,既然原告声称被告早在 2008 年就已将其产品图片放在网上作销售展示之用,就没有必要再次发送产品图片给被告作网上试销售之用。

其次,双方还在对网上销售合作事宜进行协商的阶段,原告就立即将产品图片发给被告在网络上进行试销售,不符合常理。

再次,此时吴×杰与何×中认识已有 5 年之久,且一直保持销售合作关系,彼此之间已有深入了解,直到磋商建立网上销售合作关系之时才发现何×中人格有瑕疵的说法,亦于理不合。

最后,原告声称早在 2008 年就授权徐××以排他许可的方式使用包括涉案图片在内的所有产品图片,既是排他许可,又岂会再与被告磋商建立同样性质的合作关系,如此说法更加不合常理。

原告又称其大批量向被告发送涉案产品图片,是为让包括被告在内的客户了解产品的材质、价格、样式等信息,并不等同于授权被告使用涉案图片,理据不足:

首先,原告有自己的官方网站,其图片亦全部放在其网站展示,又早已印制了包括涉案图片在内的众多产品宣传图册,完全可以要求客户访问其网站或通过产品宣传图册对产品进行深入了解,无必要多此一举。

其次,常理上向客户推介产品一般只发送若干款式的少量图片即可,没有特殊原因不可能一次性大批量地发送。

再次,从当事人的陈述及QQ聊天记录等证据反映的情况看,吴×杰相当注重保护其产品图片的著作权,在家具制造行为外观侵权现象普遍的情况下,若如原告所述仅因客户问询,仅出于推介产品的目的,不对客户进行筛选,就将大量产品的图片及尺寸、材质等资料一次性批量发送给客户,不仅容易导致图片被他人复制,连产品的外观设计也会被他人轻易仿制,势必对其产品的竞争力造成非常不利的影响。

此外,原告员工秦小姐于2012年6月11日、13日两次通过QQ邮箱向被告发送家具产品图片及材质、尺寸、报价等内容的附件,短短两日之内,原告二次将产品图片发送给被告,并明确要求被告将两款特价产品拿到网上销售。

最后,被告的员工陈××、何×斯,原告的旧员工张××、李×章、何×霞、何×华,均证明原告曾将其产品图片发给被告用以网上报价、宣传,被告在网上接到订单后就委托原告生产。

上述秦小姐发送的邮件、6名证人的证言,结合被告法定代表人何×中与原告员工吴×英QQ聊天记录反映的内容,足以形成完整的证据链,证明原告多次发送产品图片给何×中、被告的目的,系授权其放在网页上作宣传、销售家具产品之用,原告关于其发送产品图片目的之陈述,显然不符合常理,不予采纳。

可见,在被告成立前,原告与被告的法定代表人何×中之间就存在网上合作销售家具的合作关系,在何×中设立被告公司后,原、被告双方仍以上述方式进行合作。合作期间,原告多次将其家具产品的图片发送给被告,且明确要求被告将家具图片放在网上销售,结合被告利用网店销售的经营方式的特殊性,足以认定包括本案图片在内的所有涉案图片,均系原告授权被告在网上作展示、宣传、销售家具产品之用,故被告在网上使用涉案图片的行为应视为得到原告授权,不构成侵权。

原告称被告使用涉案图片系为被告自己生产的藤家具做宣传。但据被告的工商登记资料及相关证据显示,被告的经营范围仅为销售家具制品,并不包括生产环节,原告未能举证证明被告具有生产家具及销售原告以外第三方家具的行为,故对原告的相关陈述法院不应予以支持。

综上所述,被告在网上使用涉案图片的行为不构成侵权,原告要求判令被告承担赔偿损失、赔礼道歉、消除影响、恢复名誉等法律责任的诉讼请求,依据不足,不予支持。

虽然被告使用涉案图片因有原告的授权而免于承担上述法律责任,但鉴于原告起诉时已明确要求被告停止使用原告享有著作权的摄影作品,并删除被告在所有网站上所使用的上述作品,在双方没有明确约定涉案图片使用期间的情况之下,原告可随时终止所有涉案图片的授权使用许可,故原告此项诉讼请求应视为其不再继续授权被告使用涉案图片的意思表示,应予支持,被告应当停止使用并删除其在所有网站上使用的涉案图片。

案例19 广州艺洲人文化传播有限公司诉吴井泉著作权侵权纠纷案[①]

【案情简介】

上诉人(原审被告):吴井泉(系恩平市吴泉音像行的经营者),男,汉族,住广东省恩平市。位于广东省恩平市恩城锦城北路7号的恩平市吴泉音像行是个体工商户,成立于1998年10月9日,经营者为吴井泉,经营范围为音像制品零售。

委托代理人:胡伟宁,广东真利律师事务所律师。

被上诉人(原审原告):广州艺洲人文化传播有限公司(以下简称艺洲人公司)。住所地:广东省广州市白云区。

委托代理人:戴文、黄咏恺,系广东龙浩律师事务所律师。

HITEntertainmentLimited 对动画片《巴布工程师》享有著作权的全部权利。

HITEntertainmentLimited 授予艺洲人公司独家享有涉案动画片《巴布工程师》电视系列"系列:1,2,3,4,5,6,7,8,9,10,11,12,13,14,15 及 16"(总共 209

---

① 案例来源:广东省江门市中级人民法院(2013)江中法知民终字第64号民事判决。

集)家用音像制品在中国大陆地区独家生产、销售、发行以及宣传的权利,授权期限从2010年3月16日至2013年9月15日,进口音像制品批准号为像字(2010)113。艺洲人公司提供的由其发行的《巴布工程师》光碟外包装标示:"版权提供:HITEntertainmentLimited 广东音像出版社出版,广州艺洲人文化传播有限公司独家发行"。

2012年6月26日,广东省广州市荔湾公证处公证员何灵兴与公证员助理杨杰随同艺洲人公司的代理人阮战明去到恩平市锦城北路吴泉音像行。阮战明在该店购买了以下音像制品光碟:《喜羊羊与灰太狼之羊羊运动会》一套(两张光碟)、《喜羊羊与灰太狼之古古怪界大作战》一套(两张光碟)、《巴布工程师》一套(两张光碟)、《狮子王》一套(两张光碟)、《快乐心心》一套(两张光碟)、《傻瓜猫》一套(两张光碟)、《托马斯和朋友成长篇》一套(两张光碟),并取得编号为113312的收据一张。公证员助理杨杰对该商店的周围环境进行拍照。2012年7月30日,广东省广州市荔湾公证处作出〔(2012)粤广荔湾第6089号〕公证书,对上述证据保全的全过程进行了公证。艺洲人公司为调查吴井泉的侵权行为,购买涉案光盘支出费用10元,支付公证费142.85元,合计152.85元。

广州艺洲人文化传播有限公司向江门市新会区人民法院提起诉讼。原审法院依照《中华人民共和国著作权法》(2010)第十条、第四十九条,《最高人民法院关于审理著作权民事纠纷案件适用法律若干问题的解释》(2002)第七条、第十九条、第二十五条、第二十六条,《最高人民法院关于民事诉讼证据的若干规定》(2001)第二条"当事人对自己提出的诉讼请求所依据的事实或者反驳对方诉讼请求所依据的事实有责任提供证据加以证明。没有证据或者证据不足以证明当事人的事实主张的,由负有举证责任的当事人承担不利后果"的规定,作出如下判决:一、吴井泉应于判决发生法律效力之日起十日内赔偿广州艺洲人文化传播有限公司经济损失人民币6152元。二、驳回广州艺洲人文化传播有限公司的其他诉讼请求。案件受理费人民币50元,由广州艺洲人文化传播有限公司负担20元,吴井泉负担30元。

上诉人吴井泉不服原审判决,向广东省江门市中级人民法院提起上诉。吴井泉向法院上诉称:其一,上诉人并没有销售涉案光碟,广州市荔湾公证处证据保全过程违反法定程序,所保存的证据不应作为定案的依据。请求二审法院依法传召涉案人员阮战明、何灵兴、杨杰出庭作证,查明案件事实。上诉人自始至终并没有销售涉案光碟,艺洲人公司并没有任何证据证明上诉人销售了涉案光碟。广州市荔湾公证处证据保全过程违反法定程序,所保存的证据不应被采纳。根据广州市荔湾公证处〔2012〕粤广荔湾第6089号公证书可以看出,本案证据保存过程是由公证员何灵兴以及公证员助理杨杰负责。根据公证法律法规的有关规定,在办理公证过程中,公证员必须亲自办理公证事务,不得委托公证机构其他工作人员代理。首先,本案证据保全过程中,公证员何灵兴指派公证员助理杨杰参与,而公证员助理是公证机构的其他工作人员不属于公证员,明显违反法定程序。其次,公证员何灵兴、公证员助理杨杰以及申请人阮战明没有将音像制品光碟现场查封,而是将其带到开平市某酒店进行封存拍照。从恩平市到开平市路途遥远,存在调包嫌疑,明显违反法定程序。再次,该公证书所附的照片只是反映了某店铺店面以及路牌情况,并没有申请人阮战明购买光碟以及公证员何灵兴公证过程的照片,无法证明涉案光碟是在上诉人处购买的。最后,请求二审法院依法传唤涉案人员阮战明、何灵兴、杨杰出庭作证,查明案件事实。综上分析,上诉人并没有销售涉案光碟,广州市荔湾公证处证据保全过程违反法定程序,所保存的证据不应作为定案的依据。其二,艺洲人公司所请求上诉人赔偿经济损失以及为制止侵权所支出的合理费用共1万元没有事实及法律依据,应予驳回。艺洲人公司没有证据证明其所封存的光碟是在上诉人处购买,也没有证据证明上诉人存在违法所得,更没有证据证明艺洲人公司因此而遭受的经济损失。故艺洲人公司所请求上诉人赔偿经济损失以及为制止侵权所支出的合理费用共1万元没有事实及法律依据,应予驳回。其三,一审判决没有查清艺洲人公司的授权时间是否过期,艺洲人公司没有追索著作权侵权人行为的主体权利,艺洲人公司作为本案的原审原告主体不适格。综上,吴井泉请求法院:1.撤销一审判决,驳回艺洲人公司的诉讼请求。2.一审、二审诉讼费由艺洲人公司承担。

广东省江门市中级人民法院经审理认为原审判决认定事实清楚,适用法律正确,应予维持;吴井泉的上诉请求及理由理据不足,应予驳回。依照《中华人民共和国民事诉讼法》(2012)第一百七十条第一款第(一)项的规定,判决如下:驳回上诉,维持原判。二审案件受理费50元,由吴井泉负担。判决为终审判决。

【基本问题】

1. 广州艺洲人公司是否具备原告资格?
2. 艺洲人公司是否对涉案作品《巴布工程师》享有专有发行权?

3. 2012年6月26日吴井泉是否有销售《巴布工程师》一套(两张光碟)的行为？

4. 吴井泉的行为是否构成侵权？应承担哪些相关责任？

5. 本案赔偿数额如何确定？

【讨论与分析】

一、广州艺洲人公司是否具备原告资格

依据《中华人民共和国民事诉讼法》(2012)第一百一十九条："起诉必须符合下列条件：(一)原告是与本案有直接利害关系的公民、法人和其他组织……"的规定，艺洲人公司在本案中是否具备原审原告资格，取决于艺洲人公司是否与本案有直接利害关系。在本案一审中，艺洲人公司以其是涉案作品《巴布工程师》相关著作权(复制权、发行权)权利人的身份起诉吴井泉，要求吴井泉承担相应的民事责任，并在起诉时提交了涉案作品《巴布工程师》正版光盘的外包装(外包装上标明由艺洲人公司独家发行)，经公证的Gullane(Th0mas)Limited出具的《家用音像制品版权证明书》《合作出版发行协议书》等证据材料，艺洲人公司所提上述诉求及所提的上述证据材料足以证明其与本案有直接利害关系，故原审法院确认艺洲人公司具备原审原告资格据理充分，法院应当予以确认。

二、艺洲人公司是否对涉案作品《巴布工程师》享有专有发行权

艺洲人公司提供的涉案作品《巴布工程师》正版光盘的外包装上标明由艺洲人公司独家发行，且艺洲人公司提供了HITEntertainmentLimited出具的《家用音像制品授权书》，证明艺洲人公司专有发行权的权利来源。依据《最高人民法院关于审理著作权民事纠纷案件适用法律若干问题的解释》(2002)第七条"当事人提供的涉及著作权的底稿、原件、合法出版物、著作权登记证书、认证机构出具的证明、取得权利的合同，可以作为证据。在作品或者制品上署名的自然人、法人或者其他组织视为著作权、与著作权有关权益的权利人，但有相反证据证明的除外"以及《中华人民共和国著作权法》(2010)第十条"著作权包括下列人身权和财产权：……(六)发行权，即以出售或者赠与的方式向公众提供作品的原件或者复制件的权利；……著作权人可以许可他人行使前款(五)项至第

(十七)项规定的权利,并依照约定或者本法有关规定获得报酬……"的规定,该院认定艺洲人公司对涉案作品《巴布工程师》享有专有发行权。艺洲人公司依法享有对涉案作品的专有发行权,在授权地域范围和授权期限内,应当受到法律保护。依本案可知艺洲人公司于2012年6月26日对涉案作品《巴布工程师》"系列:1、2、3、4、5、6、7、8、9、10、11、12、13、14、15及16"(总共209集)家用音像制品享有专有发行权,在授权地域范围和授权期限内,应当受到法律保护。

三、2012年6月26日吴井泉是否有销售《巴布工程师》一套(两张光碟)的行为

广州市荔湾公证处是依照《中华人民共和国公证法》《公证程序规则》中规定的程序(包括公证人员人数要求等)实施了相应的公证行为后才依法出具的〔(2012)粤广荔湾第6089号〕公证书(以下简称6089号公证书),虽然吴井泉对6089号公证书提出异议,但其并没有提供足以反驳的相反证据,根据《最高人民法院关于民事诉讼证据的若干规定》(2001)第七十条"一方当事人提出的下列证据,对方当事人提出异议但没有足以反驳的相反证据的,人民法院应当确认其证明力:(一)书证原件或者与书证原件核对无误的复印件、照片、副本、节录本……"和《中华人民共和国民事诉讼法》(2012)第六十九条"经过法定程序公证证明的法律事实和文书,人民法院应当作为认定事实的根据,但有相反证据足以推翻公证证明的除外"的规定,法院确认6089号公证书的证明力并将其作为本案定案证据使用。

综上,法院根据6089号公证书证明的相关法律事实和《个体户机读档案登记资料》,认定2012年6月26日由吴井泉个人经营的恩平市锦城北路吴泉音像行有销售《巴布工程师》一套(两张光碟)的行为,理据充分。

四、吴井泉的行为是否构成侵权以及相关责任的承担

经过对比,吴井泉销售的《巴布工程师》光碟音像与艺洲人公司享有专有发行权的《巴布工程师》光碟的音像一致,但其外包装及发行信息均不一致,因此,可以认定吴井泉销售的《巴布工程师》是盗版光盘。吴井泉的行为侵害了艺洲人公司对《巴布工程师》光碟的专有发行权。依据《最高人民法院关于审理著作权民事纠纷案件适用法律若干问题的解释》(2002)第十九条"出版者、制作者应当对其出版、制作有合法授权承担举证责任,发行者、出租者应当对其发行或者出租的复制品有合法来源承担举证责任。举证不能的,依据著作权法第四十六条、第四十七条的相应规定承担法律责任"的规定,本案中,吴井泉没有提供任何证据证明其销售的《巴布工程师》有合法来源,故应承担停止侵权、赔偿损失的民事责任。

五、本案赔偿数额如何确定

依据《中华人民共和国著作权法》(2010)第四十九条及《最高人民法院关于审理著作权民事纠纷案件适用法律若干问题的解释》(2002)第二十五条、第二十六条的规定,侵犯著作权或者与著作权有关的权利的,侵权人应当按照权利人的实际损失给予赔偿;实际损失难以计算的,可以按照侵权人的违法所得给予赔偿;赔偿数额应当包括权利人为制止侵权行为所支付的合理开支,包括权利人或者委托代理人对侵权行为进行调查、取证的合理费用;人民法院根据当事人的诉讼请求和具体案情,可以将符合国家有关部门规定的律师费用计算在赔偿范围内;权利人的实际损失或者侵权人的违法所得不能确定的,由人民法院根据侵权行为的情节,判决给予50万元以下的赔偿;人民法院在确定赔偿数额时,应当考虑作品类型、合理使用费、侵权行为性质、后果等情节综合确定。本案中,艺洲人公司无法向该院提供其因被侵权所受到的实际损失以及吴井泉在侵权期间因侵权所获得利益的证明,因此,法院应该在综合考虑涉案作品在社会上的认知度和受欢迎度、吴井泉音像行的经营规模、吴井泉所在当地的市场消费水平及艺洲人公司为制止侵权的合理开支等因素,酌情确定赔偿艺洲人公司的经济损失的数额。

案例20　庄某诉郭敬明侵犯著作权案[①]

【案情简介】

上诉人(原审原告):庄某,自由职业者。

委托代理人:邢凤华,广东江山宏律师事务所北京分所律师。

---

① 案件来源:北京市高级人民法院(2005)高民终字第539号判决。

上诉人(原审被告):郭敬明,上海大学学生。

委托代理人:吴名有,北京市信达立律师事务所律师。

委托代理人:丁玎,北京市信达立律师事务所律师。

上诉人(原审被告):春风文艺出版社(以下简称春风出版社)。住所地:辽宁省沈阳市和平区十一纬路25号。

委托代理人:刘蕾,北京市蓝石律师事务所律师。

委托代理人:陈光,辽宁昊星律师事务所律师。

原审被告:北京图书大厦有限责任公司(以下简称图书大厦公司)。住所地:北京市西城区西长安街17号。

委托代理人:李龙,北京图书大厦有限责任公司业务部副经理。

2002年8月14日,小说《圈里圈外》(以下简称《圈》)在天涯社区网站发表。2003年2月,《圈》由中国文联出版社出版,其版权页署名作者庄某。《圈》以主人公初晓与现男朋友高源及前男朋友张小北的感情经历为主线,在描写初晓与高源之间的爱情生活及矛盾冲突的同时,描写了初晓与张小北之间的感情纠葛,同时还描写了初晓的朋友李穹与张小北的婚姻生活以及张小北与情人张萌萌的婚外情等。

2003年8月19日,郭敬明与春风出版社就出版郭敬明的《梦里花落知多少》(以下简称《梦》)一书订立图书出版合同。2003年11月,春风出版社出版了郭敬明的《梦》一书。《梦》以主人公林岚与现男朋友陆叙及前男朋友顾小北的感情经历为主线,在描写林岚与陆叙的爱情生活及矛盾冲突的同时,交替描写了林岚与顾小北的感情纠葛,顾小北与现任女友姚姗姗的感情经历,林岚、闻婧、微微及火柴之间的友情以及她们和李茉莉的冲突等。

2003年11月17日,庄某在图书大厦公司购买了两本《梦》,每本价格20元。

2004年3月22日,图书大厦公司从北京市新华书店批销中心以6折购入《梦》共1040本,实际支付12480元。

庄某以郭敬明、春风文艺出版社(简称春风出版社)侵犯其著作权为由向北京市第一中级人民法院提起诉讼。

北京市第一中级人民法院依照《中华人民共和国著作权法》(2001)第四十六条第(五)项、第四十八条第二款、《最高人民法院关于审理著作权民事纠纷案件适用法律问题的解释》第二十条第一款、第二款的规定,判决:

1. 郭敬明、春风出版社立即停止侵权,即停止《梦里花落知多少》一书的出版发行；

2. 郭敬明、春风出版社共同赔偿庄某经济损失 20 万元；

3. 郭敬明、春风出版社在《中国青年报》上公开向庄某赔礼道歉；

4. 图书大厦公司停止销售《梦里花落知多少》一书；

5. 驳回庄某的其他诉讼请求。

一审判决后，原被告均不服判决，向北京市高级人民法院提起上诉。北京市高级人民法院经审理，依照《中华人民共和国著作权法》(2001)第四十六条第一款第(五)项，《中华人民共和国民法通则》第一百三十条，《中华人民共和国民事诉讼法》(1991)第一百五十三条第一款第(二)、(三)项之规定，判决如下：

1. 维持北京市第一中级人民法院(2004)一中民初字第 47 号民事判决第一项、第二项、第三项、第四项，即郭敬明、春风文艺出版社于本判决生效之日起立即停止侵权，即停止《梦里花落知多少》一书的出版发行；郭敬明、春风文艺出版社于本判决生效之日起十五日内，共同赔偿庄某经济损失 20 万元；郭敬明、春风文艺出版社于本判决生效之日起十五日内，在《中国青年报》上公开向庄某赔礼道歉(致歉内容须经北京市第一中级人民法院审核，逾期不履行，北京市第一中级人民法院将刊登本判决的主要内容，费用由郭敬明、春风文艺出版社承担)；北京图书大厦有限责任公司于本判决生效之日起停止销售《梦里花落知多少》一书。

2. 撤销北京市第一中级人民法院(2004)一中民初字第 47 号民事判决第五项，即驳回庄某的其他诉讼请求。

3. 郭敬明、春风文艺出版社于本判决生效之日起十五日内，共同赔偿庄某精神损害抚慰金 1 万元。

4. 驳回庄某的其他上诉请求。

5. 驳回郭敬明的上诉请求。

6. 驳回春风文艺出版社的上诉请求。

一审案件受理费 10310 元，由庄某负担 300 元(已交纳)，由郭敬明、春风文艺出版社共同负担 10010 元(于本判决生效之日起 7 日内交纳)；二审案件受理费 10310 元，由庄某负担 300 元(已交纳)，由郭敬明、春风文艺出版社共同负担 10010 元(已交纳)。

本判决为终审判决。

【基本问题】

1. 郭敬明创作的小说《梦》是否抄袭了庄某的作品《圈》？
2. 郭敬明、春风出版社、图书大厦公司是否侵犯了庄某的著作权？如果侵权应当承担什么样的民事责任？

【讨论与分析】

一、郭敬明创作的小说《梦》是否抄袭了庄某的作品《圈》

对于郭敬明创作的小说《梦》是否抄袭了庄某的作品《圈》，首先要结合庄某的指控对涉案两部作品的部分内容进行对比。

关于"主要情节侵权事实"部分，庄某对两部作品的相应内容进行的概括个别内容不完全准确。例如，庄某认为《圈》中有"高源因与初晓口角，失手将初晓推倒，导致初晓骨折"的情节，《梦》中有"陆叙因为与林岚口角，失手将林岚推下楼梯，导致林岚骨折"的情节。但在《圈》中的实际描写是：高源一甩胳膊，初晓被吓了一跳，往后一退，踩在可乐瓶上，倒在地上，导致骨折。在《梦》中的实际描写是：陆叙一甩手，林岚顺势滚下楼梯，导致骨折。可见，两部作品中女主人公骨折都并非因男主人公"推"后所导致，庄某的概括不尽准确，存在一定的主观色彩。但从整体而言，郭敬明小说中的12个主要情节的概括与原作中的描写基本相符。将涉案两部作品中的相应情节进行对比后可以认定，上述12个主要情节明显雷同。

小说是典型的叙事性文学体裁，长篇小说又是小说中叙事性最强、叙事最复杂的一种类型。同时，文学创作是一种独立的智力创造过程，更离不开作者独特的生命体验。因此，即使以同一时代为背景，甚至以相同的题材、事件为创作对象，尽管两部作品中也可能出现个别情节和一些语句上的巧合，不同的作者创作的作品也不可能雷同。

本案中，涉案两部作品都是以现实生活中青年人的感情纠葛为题材的长篇小说，从以上法院认定的构成相似的主要情节和一般情节、语句的数量来看，已经远远超出了可以用"巧合"来解释的程度，结合郭敬明在创作《梦》之前已经接触过《圈》的事实，应当可以推定《梦》中的这些情节和语句并非郭敬明独立创作的结果，其来源于庄某的作品《圈》。

同时,对被控侵权的上述情节和语句是否构成抄袭,应进行整体认定和综合判断。对于一些不是明显相似或者来源于生活中的一些素材,如果分别独立进行对比很难直接得出准确结论,但将这些情节和语句作为整体进行对比就会发现,具体情节和语句的相同或近似是整体抄袭的体现,具体情节和语句的抄袭可以相互之间得到印证。

在小说创作中,人物需要通过叙事来刻画,叙事又要以人物为中心。无论是人物的特征,还是人物关系,都是通过相关联的故事情节塑造和体现的。单纯的人物特征,如人物的相貌、个性、品质等,或者单纯的人物关系,如恋人关系、母女关系等,都属于公有领域的素材,不属于著作权法保护的对象。

但是一部具有独创性的作品,以其相应的故事情节及语句,赋予了这些"人物"以独特的内涵,则这些人物与故事情节和语句一起成了著作权法保护的对象。因此,所谓的人物特征、人物关系,以及与之相应的故事情节都不能简单割裂开来,人物和叙事应为有机融合的整体,在判断抄袭时亦应综合进行考虑。

本案中,庄某在《圈》中塑造了初晓、高源、张小北等众多人物形象,围绕这些人物描写了一个个具体的故事情节,通过这些故事情节表现出了人物的特征和人物关系。例如,在《圈》中,男主人公高源出车祸受伤昏迷,住进医院,女主人公初晓来看望,高源苏醒,两人开玩笑,初晓推了高源脑袋一下,导致高源昏迷。这一情节既将人物的个性表现出来,同时也将二人的恋人关系以独特的方式表现出来。而在《梦》中,在男女主人公之间也有几乎相同的情节,只是结果稍有不同。将两本作品整体上进行对比,《梦》中主要人物及其情节与《圈》中的主要人物及情节存在众多雷同之处,这进一步证明了郭敬明创作的《梦》对庄某的作品《圈》进行了抄袭。故法院对郭敬明和春风出版社关于《梦》系郭敬明完全独立创作的作品的主张,不予支持。

因此,应该认定郭敬明创作的小说《梦》抄袭了庄某的作品《圈》。

二、郭敬明、春风出版社、图书大厦公司是否侵犯了庄某的著作权,如果侵权应当承担什么样的民事责任

郭敬明未经许可,在其作品《梦》中剽窃了庄某作品《圈》中具有独创性的人物关系的内容及部分情节和语句,造成《梦》文与《圈》文整体上构成实质性相似,侵犯了庄某的著作权,应当承担停止侵害、赔礼道歉、赔偿损失等民事责任。

春风出版社作为专业的出版机构,应当对其出版的作品是否侵犯他人著作权进行严格审查,其未尽到合理注意义务,致使侵权作品《梦》得以出版,其行为存在过错,与郭敬明共同造成了对庄某著作权侵害结果的发生,因此,春风出版社不仅应当承担停止侵害、赔礼道歉的民事责任外,还应当与郭敬明承担连带赔偿责任。

图书大厦公司销售的侵权图书是从正规的图书批发市场购进的,进货渠道合法,不存在过错,不应当承担赔偿责任,但应承担停止销售侵权图书的责任。

关于赔偿数额,由于庄某未提交其经济损失的证据,法院综合考虑郭敬明、春风出版社的过错、郭敬明所获稿酬及春风出版社因侵权可能获得的利润等因素酌情确定赔偿数额。侵犯著作人身权情节严重,适用停止侵权、消除影响、赔礼道歉仍不足以抚慰权利人所受精神损害的,还应当判令侵权人支付著作权人相应的精神损害抚慰金。抄袭是一种既侵犯著作财产权,又侵犯著作人身权的侵权行为。

本案中,郭敬明创作的《梦》在整体上对庄某创作的《圈》构成了抄袭,其侵权主观过错、侵权情节及其后果均比较严重,因此需要通过判令支付精神损害抚慰金对庄某所受精神损害予以弥补,同时,亦是对郭敬明抄袭行为的一种惩戒。故法院对庄某有关判令精神损害抚慰金的上诉请求予以支持。精神损害抚慰金的具体数额则根据侵权行为的严重程度酌定。

案例21 黄某新诉中国文采声像出版公司等侵犯著作权纠纷案[1]

【案情简介】

上诉人(原审原告):黄某新,1962年7月15日出生。

委托代理人:王放放,自由职业者。

委托代理人:曲洪波,北京市贝朗律师事务所律师。

被上诉人(原审被告):中国文采声像出版公司(以下简称文采公司)。住所地:北京市海淀区阜成路58号8层808室。

委托代理人:张家松,湖北元申律师事务所律师。

---

[1] 案例来源:北京市高级人民法院(2011)高民终字第28号判决。

委托代理人:周家奇,湖北元申律师事务所律师。
被上诉人(原审被告):胡建新,职业编剧。
委托代理人:张家松,湖北元申律师事务所律师。
委托代理人:周家奇,湖北元申律师事务所律师。
被上诉人(原审被告):丁荫楠,导演。
委托代理人:孙建红,北京市北斗鼎铭律师事务所律师。
委托代理人:王旭东,北京市北斗鼎铭律师事务所职员。

李玉琴曾经是溥仪的妻子。2001年12月中国文史出版社出版发行《中国最后一个皇妃 李玉琴自述》(以下简称《自述》)一书。该书封面标注有"李玉琴忆述 王庆祥撰写"字样。王庆祥明确表示放弃本案的实体权利。黄某新系李玉琴之子。

2006年8月,国家广播电影电视总局发布电视剧拍摄制作备案公示表,其中包括文采公司报备的电视剧《与皇帝离婚的女人》,编剧为王浙滨、王放放。2006年12月,电视剧名称变更为《历史的背后》。2007年1月,文采公司委托胡建新创作电视剧本《历史的背后》。2008年3月,该电视剧变更名称为《传奇福贵人》。2008年3月,文采公司向国家广播电影电视总局报审电视剧《传奇福贵人》。在报审表上载明,《传奇福贵人》完成时间为2008年1月,制作机构为文采公司,编剧为胡建新,导演为丁荫楠。2008年9月8日,国家广播电影电视总局向文采公司颁发《传奇福贵人》国产电视剧发行许可证。

黄某新指控电视剧本《历史的背后》对《自述》共计存在41处抄袭,其中,单纯指控情节抄袭22处,单纯指控语言抄袭8处,同时指控情节抄袭和语言抄袭11处,共涉及长短句子172句。黄某新主张:故事主线的抄袭是指以"李玉琴和末代皇帝溥仪两个人的情感发展变化"为故事主线是《自述》独有的,《历史的背后》也是以李玉琴与溥仪的感情为主线展开剧情。其他方面的抄袭体现在其提交的抄袭对照表中。黄某新并未提供电视剧《传奇福贵人》剧本,其指控该电视剧侵权的理由为《历史的背后》剧本存在抄袭,因此,根据该剧本拍摄的电视连续剧也必然构成侵权。

为证明《传奇福贵人》中所采用的事实均为史实,且均已被其他史料记载,并非《自述》独有的内容,胡建新、文采公司提供了《李玉琴采访资料》《李凤手稿》《李凤采访》《丹凤朝阳》《溥仪离开紫禁城以后》《李玉琴传奇》《我的前半生》《末代皇帝的二十年》《奇缘》《谭玉玲李玉琴传》等相关书证。

【基本问题】

1. 胡建新、文采公司创作电视剧本《历史的背后》是否构成抄袭？
2. 丁荫楠是否应当承担共同侵权责任？
3. 电视剧《传奇福贵人》是否构成侵权作品？

【讨论与分析】

一、胡建新、文采公司创作电视剧本《历史的背后》是否构成抄袭

构成抄袭的行为应当同时具备"接触""实质相似"两个要件。凡是依据社会通常情况，具有合理的机会或者合理的可能性阅读或听闻作品的，即构成"接触"。"实质相似"则是从一般读者的角度，两部作品在思想的表达上构成实质性的相同或者近似。本案中，各方对于"接触"这一要件并无异议，因此是否构成抄袭的核心问题在于两部作品的表达是否构成实质相似。

上诉人主张《历史的背后》与《自述》构成实质相似的理由为两部作品的故事主线、主要人物，文字和主要情节方面存在近似。

故事主线部分：

著作权法保护的对象并非作品的主题、思想、情感本身，而是作者对于这些主题、思想、情感等的表达。上诉人提出，"李玉琴与溥仪的感情发展"是《自述》的故事主线，应当受著作权法保护，同时也认可故事主线体现在具体的情节、场景中。可见，故事主线属于抽象的思想范畴，是通过作品中的具体情节、场景来表现的，不属于著作权法保护的范围，上诉人对此并不享有独占权利。

主要人物部分：

上诉人主张《自述》选择溥仪和李玉琴作为主要人物体现了作者的创造性劳动，《历史的背后》选择了同样的人物，属于抄袭。《自述》是一部传记作品，采用第一人称描写了李玉琴的人生经历，这其中涉及的人物及其相互关系均为历史客观存在，因此不属于著作权法的保护范围。

情节抄袭部分：

上诉人主张在《历史的背后》中存在共计33处情节抄袭，其中有6处属于情节抄袭的延续。

首先，上诉人所主张享有权利的相关情节，例如，第1处的"吉冈的妻子表

示要做李玉琴在皇宫中的教师",第10处的"李玉琴说方言被人嘲笑"等,并不构成具有独创性的表达,不属于著作权法保护的范围。

其次,《自述》和《历史的背后》在相关情节的表达上也存在明显区别,不构成情节抄袭。例如,在对比表的第1处,对于"吉冈的妻子表示要做李玉琴在皇宫中的教师"一节,在《自述》中表达为"吉冈妻子对我那般亲近,又表示愿意进宫当我的老师,很明显是要趁机混进宫里……"。在《历史的背后》中则表达为"选定李玉琴作为进宫人选后,吉冈得意地回到家中,吉冈夫妻在家密谋让吉冈妻子进宫教李玉琴日语,并商量接李玉琴到家中做客以博取李的好感"。可见《历史的背后》在表达这一信息的过程中增加了人物、时间、地点等因素,在具体的表达形式上与《自述》明显不同。

上诉人还主张存在6处属于情节抄袭的延续,例如,《历史的背后》的第3处。《历史的背后》第3处相关内容为"李玉琴因发烧晕倒后,溥仪问大李,李玉琴进宫是否由吉冈夫人陪同、路上说过什么,大李回答吉冈夫人路上说了很多,主要是想进宫当老师"。《自述》一书中并无相关记载,《历史的背后》是在其第1处情节后进一步延伸,虽然提到"吉冈夫人想进宫当老师",但表达上采取溥仪与大李的对话的形式,属于《历史的背后》独创情节。

《自述》一书系由李玉琴和王庆祥共同创作的文字作品,该书基本按照时间顺序,分上篇"宫中生活"、中篇"守节岁月"和下篇"离婚以后"3部分,描述了李玉琴的经历,属于传记作品,且该书"前言""后记"的相关内容也证明,作者在创作过程中努力还原历史。依据著作权法的规定,著作权法保护的对象是具有独创性的思想的表达,李玉琴、王庆祥对于书中所涉及的历史事实本身并不享有独占权利,仅对书中所涉及的历史事实的表达受著作权法保护,何况,现有证据已经证明"黄某新同意授权文采公司拍摄以李玉琴个人生活经历为题材的电视剧"。上诉人关于《自述》中的内容不论是否为公众所知,都应当受著作权法保护,原审判决对此认定错误的上诉主张,缺乏依据,不应予以支持。在一部文学作品中,情节是作品的灵魂和精华所在,它是作品中人物活动及相关事件的进展过程,属于作品的表达。但是上诉人关于情节抄袭的指控,其所依据的仅是《自述》中记载的某一事件信息。《历史的背后》虽然选择了《自述》中相关的信息,但相关信息的表达与《自述》不相同也不近似,不构成抄袭。因此,关于情节抄袭的指控,缺乏事实和法律依据,不应予以支持。

被上诉人胡建新、文采公司提出《历史的背后》的相关表达来源于其他文献,但是其所提交的相关证据或出版时间在《自述》之后,或相关表达与《自述》的更为近似,因此对其前述主张不予采信。

虽然两部作品在文字表达方面存在部分相同或近似之处,但是总体而言,相同近似的表达在《自述》中所占的比例极低,即使结合故事主线、主要人物与情节、文字等因素综合考虑,从读者的欣赏体验的角度,两部作品仍不应认定构成实质近似。

综上,上诉人主张在故事主线、主要人物、情节和文字部分《历史的背后》抄袭了《自述》,缺乏事实和法律依据。故不能认定胡建新、文采公司创作电视剧本《历史的背后》构成抄袭。

二、丁荫楠是否应当承担共同侵权责任

丁荫楠系电视剧《传奇福贵人》的导演。上诉人主张丁荫楠参与《历史的背后》剧本创作的证据为导演阐述。但导演阐述中主要记载电视剧的表现手法等内容,其中既包括整体风格,也包括镜头设计、服装、演员的选择等,上述内容与剧本创作无关,因此不能证明丁荫楠参与《历史的背后》剧本的创作。上诉人关于丁荫楠为该剧本的策划者、参与者,剧本是在丁荫楠的指导下完成,因此构成侵权的主张,缺乏事实和法律依据,不予支持,故丁荫楠不应当承担共同侵权责任。

三、电视剧《传奇福贵人》是否构成侵权作品

如前所述,《历史的背后》不构成对《自述》一书的抄袭,且上诉人并未明确主张电视剧《传奇福贵人》存在其他抄袭之处,亦未提供相应证据,因此即使电视剧《传奇福贵人》是依据剧本《历史的背后》拍摄而成的,也不能认定其为侵权作品。

案例22 萧玉田诉瑞蚨祥绸布店著作权纠纷案[1]

【案情简介】

上诉人(原审原告):萧玉田。
委托代理人:张华,河北承天律师事务所律师。

---

[1] 案例来源:北京市第一中级人民法院(2010)一中民终字第11657号民事判决。

委托代理人:杨常青,河北承天律师事务所律师。

上诉人(原审被告):北京瑞蚨祥绸布店有限责任公司(以下简称瑞蚨祥绸布店)。住所地:北京市宣武区大栅栏5号。

委托代理人:王泽敏。

委托代理人:王正志,北京高文律师事务所律师。

上诉人(原审被告):北京瑞蚨祥纺织有限公司(以下简称瑞蚨祥纺织公司)。住所地:北京市东城区王府井大街190号。

委托代理人:王泽敏。

委托代理人:张宝光,北京高文律师事务所律师。

2002年7月,天津杨柳青画社出版《萧玉田古诗词画意》,其中收录了涉案作品《八月十五夜玩月》和《清平调》。2008年4月19日,萧玉田代理人在瑞蚨祥纺织公司以单价358元的价格购买了印有涉案作品《清平调》的桑蚕丝长方巾两条,其中1条是以上下对称的形式使用了上述作品,另1条是整体使用该作品,同日,萧玉田代理人还购买了涉案作品《八月十五夜玩月》的长方巾一条,以上下对称方式使用该作品,上述纱巾上,均未署萧玉田姓名。涉案纱巾包装于标有"北京瑞蚨祥绸布店有限责任公司"的红色折叠纸盒内。在涉案纱巾的边缘处钉有合格证标签一枚,正面为"瑞蚨祥"的注册商标,背面为"厂名:北京瑞蚨祥绸布店,地址:……"。

2009年9月2日,萧玉田在瑞蚨祥绸布店内以单价198元购买了含有涉案作品《八月十五夜玩月》的长方巾一条和《清平调》的长方巾一条,均为以上下对称形式使用涉案作品。次日,萧玉田代理人与北京市信德公证处的工作人员到瑞蚨祥绸布店购买了与前日同款式的两条长方巾,此次购买过程由公证处公证,萧玉田为此支付了公证费2500元。

萧玉田曾于2008年以两公司侵犯萧玉田《八月十五夜玩月》和《清平调》的著作权为由,起诉至北京市东城区人民法院,东城区法院于2008年11月28日作出一审判决,判决两公司停止生产、销售侵犯萧玉田作品《八月十五夜玩月》和《清平调》著作权的纱巾,公开发表书面致歉声明,赔偿萧玉田经济损失及合理支出1万元。萧玉田不服一审判决上诉至北京市第二中级人民法院,经法院主持调解,双方达成协议:一、双方彼此尊重双方的合法权利,并愿意进一步合作;二、两公司向萧玉田支付涉案作品《八月十五夜玩月》和《清平调》的补偿费28570元(含调查取证及其他合理开支);三、双方不就涉案事宜公开宣传;

四、双方均不再就涉案事宜主张任何权利。

另查明一:2007年12月15日,瑞蚨祥绸布店与浙江华泰公司签订《进货协议书》,由浙江华泰公司为瑞蚨祥绸布店提供丝绸面料、真丝睡衣、真丝围巾等产品,其中第四条约定乙方(浙江华泰公司)不得提供假冒伪劣产品和侵害他人商标权、知识产权等利益的产品,确保甲、乙双方信誉。

另查明二:萧玉田提供的记载有购买过程的录像显示,瑞蚨祥纺织公司的销售人员在萧玉田代理人意图购买纱巾时就说明产品是杭州生产的,在萧玉田代理人强调一定要有瑞蚨祥标识才买的情况下,瑞蚨祥纺织公司的销售人员将合格证标签钉于纱巾上。

上述事实,有双方当事人提交的证据材料,相关意见陈述以及原审法院庭审笔录等证据在案佐证。包括:

萧玉田向法院提交的下列证据:

1. 2002年7月天津杨柳青画社出版的《萧玉田古诗词画意》,其中第18、19页为涉案作品《清平调》和《八月十五夜玩月》。

2. 涉案侵权产品——纱巾及其包装盒、合格证标签。

3. 购物发票5张,其中2008年4月19日瑞蚨祥纺织公司向萧玉田出具的发票2张,商品名称为人物画纱巾,单价金额为358元;2009年9月2日由瑞蚨祥绸布店出具的发票2张,单价金额为198元;次日萧玉田购买2条纱巾的发票1张,金额为396元。公证费用发票1张,金额为2500元。餐费定额发票和交通费票据17张,金额共计839元。光盘制作费发票1张,金额为80元。

4. 萧玉田与河北承天律师事务所签订的委托代理合同。

5. 萧玉田在瑞蚨祥纺织公司购买侵权产品过程的录像光盘。

6. 〔(2009)京信德内民证字第2481号〕公证书。

7. 2009年2月6日,萧玉田与两公司就《八月十五夜玩月》和《清平调》作品签订的和解协议。

8. 北京市高级人民法院(2007)高民终字第1838号民事判决书。

瑞蚨祥绸布店、瑞蚨祥纺织公司向法院提交的下列证据:

1. 北京市东城区人民法院(2008)东民初字第05491号民事判决书。

2. 北京市第二中级人民法院(2009)二中民终字第02778号民事调解书。

3. 调取自(2008)东民初字第05491号案卷中的证据材料。

4. 瑞蚨祥绸布店与浙江华泰公司签订的进货协议书、浙江华泰公司给瑞蚨祥绸布店出具的浙江增值税专用发票。

5. 浙江华泰公司于 2009 年 12 月 17 日出具的声明。

【基本问题】

1. 本案是否适用 2010 年 2 月 26 日进行了第二次修正的著作权法?
2. 萧玉田是否依法享有涉案作品《清平调》和《八月十五夜玩月》的著作权?
3. 瑞蚨祥绸布店、瑞蚨祥纺织公司是否实施了侵犯萧玉田著作权的行为?
4. 瑞蚨祥绸布店、瑞蚨祥纺织公司是否能够证明涉案产品的合法来源,是否应承担法律责任?
5. 对于瑞蚨祥绸布店分别于 2009 年 9 月 2 日、3 日销售含有《八月十五夜玩月》和《清平调》作品的纱巾的行为如何定性?

【讨论与分析】

一、本案是否适用 2010 年 2 月 26 日进行了第二次修正的著作权法

鉴于著作权法于 2010 年 2 月 26 日进行了第二次修正,故本案涉及著作权法的选择适用问题。依据 2010 年 2 月 26 日第二次修正后的著作权法第六十条第二款的规定:"本法施行前发生的侵权或者违约行为,依照侵权或者违约行为发生时的有关规定和政策处理",故本案应适用 2001 年 10 月 27 日第一次修正后的著作权法。

二、萧玉田是否依法享有涉案作品《清平调》和《八月十五夜玩月》的著作权

依据著作权法的规定,如无相反证明,在作品上署名的公民为作者。作者对作品享有著作权,除法定情形外,任何人未经著作权人许可并支付报酬的,不得使用其作品,否则应承担相应的侵权责任。《清平调》和《八月十五夜玩月》符合著作权法的要求,属于美术作品。又因美术作品《清平调》和《八月十五夜玩月》载于天津杨柳青画社出版的《萧玉田古诗词画意》,萧玉田依法对该作品享有著作权,故应当依法受到保护。

三、瑞蚨祥绸布店、瑞蚨祥纺织公司是否实施了侵犯萧玉田著作权的行为

我国原民法通则第一百一十八条规定:"公民、法人的著作权(版权)、专利

权、商标专用权、发现权、发明权和其他科技成果权受到剽窃、篡改、假冒等侵害的,有权要求停止侵害,消除影响,赔偿损失。"

本案中,未经涉案作品《清平调》和《八月十五夜玩月》著作权人的许可,瑞蚨祥绸布店、瑞蚨祥纺织公司销售以涉案作品为图案的纱巾的行为侵犯了萧玉田的著作权,应当依法承担相应法律责任。

四、瑞蚨祥绸布店、瑞蚨祥纺织公司是否能够证明涉案产品的合法来源,是否应承担法律责任

瑞蚨祥绸布店、瑞蚨祥纺织公司虽然能够证明涉案产品的合法来源,但应承担相应法律责任。理由如下:

瑞蚨祥绸布店、瑞蚨祥纺织公司提供的证据4、5以及出库单等证据已形成完整的证据链,可以证明两公司从浙江华泰公司购进了仕女图案的纱巾。在萧玉田提供的光盘证据中,瑞蚨祥纺织公司的销售人员也明确告知了两公司不生产纱巾,店内的纱巾都是杭州手工生产的,进一步印证了瑞蚨祥绸布店、瑞蚨祥纺织公司所主张的产品来源合法的事实。

鉴于瑞蚨祥绸布店、瑞蚨祥纺织公司并未实际生产侵权产品,不应承担侵权产品生产商应承担的损害赔偿责任。但鉴于两公司销售的侵权产品客观上对著作权人的合法权益造成了损害,应承担停止销售侵权产品、返还侵权所得利润的责任,并应对著作权人因此支出的合理诉讼费用予以适当补偿。

五、对于瑞蚨祥绸布店分别于2009年9月2日、3日销售含有《八月十五夜玩月》和《清平调》作品的纱巾的行为如何定性

对于瑞蚨祥绸布店分别于2009年9月2日、3日销售含有《八月十五夜玩月》和《清平调》作品的纱巾的行为,法院应当予以处理。瑞蚨祥绸布店明知未获著作权人的许可,仍然于2009年9月2日、3日销售含有《八月十五夜玩月》和《清平调》作品的纱巾的行为属于新的侵权行为,主观上存在过错,理应承担相应的民事责任。对于萧玉田提起的相应赔偿请求,人民法院应当依法予以支持。

PART 2
第二章
商标法

案例23 红河卷烟厂诉昆明市宜良金象洗涤用品有限公司商标侵权纠纷案①

【案情简介】

原告:红河卷烟厂。

委托代理人:陆家棣、刘啸,云南震序律师事务所律师,特别授权代理。

被告:昆明市宜良金象洗涤用品有限公司(以下简称金象公司)。住所地:宜良县汤池镇。

委托代理人:周彦红,华清律师事务所律师,特别授权代理。

红河卷烟厂于1989年11月30日经国家工商行政管理局核准,获得"红河"商标的使用权,注册证号为第505263号,主要由"红河"二字及其汉语拼音构成,"红河"二字为特定的行书书写体,商标的有效期从1989年11月30日至1999年11月29日,经过续展后有效期至2009年11月29日。该商标核定使用的商品为第34类即卷烟。2002年12月7日,原告将上述商标中的行书字体"红河"单独注册商标,核定使用的商品仍为第34类(香烟),商标号为第1945436号。

该厂生产的"红河"牌卷烟分别被国家烟草专卖局、中国企业家管理协会、国家技术监督局、云南省实施名牌战略领导小组评为荣誉企业、名优产品、著名品牌、中国名牌及云南省名牌;国家统计局确认"红河"牌卷烟1997年荣获全国卷烟品牌销量第九名,1998年荣获全国销量第四名。"红河"卷烟被国家烟草

---

① 案例来源:云南省昆明市中级人民法院(2004)昆明六初字第50号判决。

专卖局评为优等卷烟、红河卷烟厂被国家烟草专卖局评为重点卷烟工业企业、被中国质量协会评为全国质量效益型先进企业。

该厂2000年至2002年通过中央电视台等全国各种大中小媒体所作的广告项目将近1000个,广告范围覆盖全国各地;红河卷烟厂和"红河"牌卷烟曾先后被《经济日报》《中国经济时报》等几十家媒体宣传报道,影响遍及全国。

该厂已将"红河"商标在世界40多个国家或地区进行了注册;2000年至2002年,"红河"牌卷烟出口创汇500多万美元;近些年向社会捐赠2100万元;与全国384家烟草公司有着长期的业务联系,销售范围覆盖全国各地;各地均发生假冒"红河"牌卷烟的情况,原告为此投入了巨额的打假经费。

金象公司套用红河公司注册商标的特定书写体作为其产品的主要标识,其包装袋下方奔腾的牛群,与原告在版权局注册登记的图案基本一致。2004年5月,红河卷烟厂向昆明市中级人民法院提起商标侵权诉讼。

原告红河卷烟厂起诉称,原告的"红河"商标于1989年11月申请注册生效至今,产品销售遍及全国。自1994年起,"红河"牌卷烟连续被国家烟草专卖局评为全国名优卷烟。1998年、1999年、2000年红河牌卷烟名列全国卷烟品牌销量第四名。2002年被国家质检总局评为"中国名牌",2000年实现利税23.44亿元,2001年实现利税32.85亿元,2002年实现利税41.30亿元,2003年实现利税44.19亿元。2000年至2003年广告总投入5.6亿元。"红河"商标已在韩国、法国、新加坡等44个国家或地区注册。2000年至2002年出口创汇总额达550万美元。1999年至2002年在全国各地投入打假经费4238多万元。这些条件完全符合《中华人民共和国商标法》(2001)第十四条对驰名商标的具体规定。

被告生产的无磷洗衣粉,在其外包装的显著位置,套用原告注册商标的特定书写体作为其产品的主要标识,其包装袋下方奔腾的牛群,与原告在版权局注册登记的图案基本一致,对社会公众形成明显的误导,其行为已构成侵权,严重损害了原告长期以来在社会公众面前树立的良好形象,给原告造成了难以估量的损失。为维护原告的合法权益,特向法院提出如下诉讼请求:1.认定原告的"红河"注册商标为驰名商标;2.判令被告立即停止对原告"红河"注册商标的侵权行为;3.判令被告赔偿原告经济损失200万元;4.判令被告承担本案的全部诉讼费用。

被告金象公司答辩称:1.被告受广东顺德宏昌洗涤用品厂委托,加工"红河"洗衣粉3吨、"金鹰"洗衣粉10吨,货已被提走,但委托方欠加工费1万余元,被告为了弥补损失,使用委托方提供的"红河"包装袋包装了1吨洗衣粉试销。2. 被告生产销售的洗衣粉与原告生产的卷烟不是同类或类似商品,不能构成侵权,除非原告的"红河"商标是驰名商标。因此,原告的赔偿请求没有法律依据,不能得到支持。3. 即便原告的"红河"商标在本案中被法院认定为驰名商标,也只能在获得认定之后按照驰名商标进行保护,不能追及本案已经发生的行为。

【基本问题】

1. 原告的"红河"注册商标是否为驰名商标?
2. 被告是否实施了侵犯原告注册商标专用权的行为?
3. 如果被告实施了前述侵权行为,应当如何承担侵权责任?

【讨论与分析】

一、原告的"红河"注册商标是否为驰名商标

依照《中华人民共和国商标法》(2001)第十四条的规定,认定驰名商标应当考虑下列因素:(1)相关公众对该商标的知晓程度;(2)该商标使用的持续时间;(3)该商标的任何宣传工作的持续时间、程度和地理范围;(4)该商标作为驰名商标受保护的记录;(5)该商标驰名的其他因素。本案的"红河"商标已由原告持续使用了15年,在这15年中,经过原告的妥善经营,红河卷烟厂和"红河"牌卷烟分别被国家烟草专卖局、中国企业家管理协会、国家技术监督局、云南省实施名牌战略领导小组评为荣誉企业、名优产品、著名品牌、中国名牌及云南省名牌;国家统计局确认"红河"牌卷烟1997年荣获全国卷烟品牌销量第九名,1998年荣获全国销量第四名。"红河"牌卷烟被国家烟草专卖局评为优等卷烟、红河卷烟厂被国家烟草专卖局评为重点卷烟工业企业、被中国质量协会评为全国质量效益型先进企业;2003年为国家创利税44.19亿元并逐年上升,在最近4年中上缴国家税款约90亿元。该厂于2000年至2002年通过中央电视台等全国各大中小媒体发布了大量广告,通过《经济日报》《中国经济时报》等几十家媒体进行宣传报道,通过向社会捐赠巨额的救灾扶贫慈善款项,尤其是通过向全社会提供大量高质量的"红河"牌卷烟产品,已使红河卷烟厂和"红河"商标的影响遍及全国,"红河"商标具有了很高的知名度和商业信誉。虽然

卷烟的广告依法受到相应的限制，致使该厂的广告只能以企业而不是卷烟为宣传对象，但作为红河卷烟厂所拥有的唯一卷烟品牌，相关公众已将"红河"商标与红河卷烟厂以及该厂生产的卷烟紧密联系在一起，该商标连同该企业在全国市场上享有了很高的知名度和声誉。各地不法分子纷纷假冒"红河"牌卷烟，原告为此投入了巨额的打假经费，这一事实从另一个角度也说明该商标有着强大的市场影响力。基于上述客观事实，可以认定"红河"商标已经具备了我国商标法第十四条规定的条件，根据原告的请求，法院认定红河卷烟厂的"红河"商标为驰名商标。

二、被告是否实施了侵犯原告注册商标专用权的行为

结合本案，依据《最高人民法院关于审理商标民事纠纷案件适用法律若干问题的解释》(2002)第一条第(二)项："复制、摹仿、翻译他人注册的驰名商标或其主要部分在不相同或者不相类似商品上作为商标使用，误导公众，致使该驰名商标注册人的利益可能受到损害的"，属于商标法(2001)第五十二条第(五)项规定的给他人注册商标专用权造成其他损害的行为。这就是商标法规定的对驰名商标的延伸保护或称特殊保护制度。法律作这样的规定是因为驰名商标具有很高的知名度和商誉感召力，他人即便在不相同、不相类似的商品或服务上使用该商标，也会引起公众的误认，认为其商品或服务的出处与驰名商标在经营主体和商业信誉方面有着某种联系，从而引起混同或误认而使该行为人获利，或者导致降低驰名商标显著性、损害其商誉价值的恶性后果。禁止他人未经许可以任何形式对驰名商标进行商业性使用，包括跨商品或服务类别使用，是我国原民法通则公平和诚实信用原则的要求。本案中，原告经原国家工商行政管理局核准，获得"红河"商标的使用权，注册证号为第505263号，由"红河"二字及其汉语拼音以及其他图案构成，"红河"二字为特定的行书书写体，构成该商标的主要部分。该商标的有效期从1989年11月30日至1999年11月29日，经过续展后有效期至2009年11月29日。2002年12月7日，原告将上述商标中的行书字体"红河"二字单独注册商标，核定使用的商品仍为第34类(香烟)，商标号为第1945436号。被告在其生产的洗衣粉外包装的显著位置，套用原告注册商标的特定书写体"红河"二字作为其产品的主要标识，使其实际上起着商标的作用，加之原告的商标属于驰名商标，被告的行为构成了对原告商标专用权的侵犯。

三、如果被告实施了前述侵权行为,应当如何承担侵权责任

判定被告的行为是否为侵犯驰名商标的行为,关键要看被告的行为是否满足了商标侵权的构成要件。对于本案的商标侵权而言,其损害赔偿的构成要件包括:被告的行为违法;被告实施违法行为时主观上存在过错;给权利人造成了损害后果;被告的侵权行为与权利人的损害后果之间有因果关系。从被告生产的无磷洗衣粉看,在其外包装的显著位置,套用原告注册商标的特定书写体作为其产品的主要标识,其行为在主观上存在侵害原告注册商标专用权的故意,该行为在使自己获利的同时,也使原告的"红河"商标受到一定的损害。虽然被告对其所实施的行为的违法性提出异议,认为在原告的"红河"商标被认定为驰名商标之前,被告的行为不能认定为违法。其理由主要是:驰名商标所享受的特殊保护(在本案中特指根据《最高人民法院关于审理商标民事纠纷案件适用法律若干问题的解释》(2002)第一条第(二)项给予的跨类别保护)的权利,实际上是赋予了注册商标权利人一种强大的无形财产权利,该权利是一种对世权,其义务及于除了权利人自身以外的任何人。这一权利的产生,给原本并不负有此项义务的任何不特定的人分配了一项客观上难以知道的不作为义务。从此项义务产生之日起,义务人有权利知道自己在该驰名商标所覆盖的范围内不能为哪些行为;基于此,未通过任何方式让义务人明知的义务不能成为商标义务人的义务。因此,驰名商标特殊权利的产生必须经过正当合理的公示程序;该项权利只能追究公示之后发生的侵权行为,对公示之前已经实施的行为没有溯及力。总之,本案中,原告对被告的既往行为进行追究,要求其承担损害赔偿责任,没有法律依据,应当予以驳回。本院认为,被告的上述理由不能成立。如果对驰名商标的保护必须通过授权才能获得,那么对该权利的保护应当从授权之日开始。但商标是否驰名,是一种事实状态;不论是商标行政管理机关还是人民法院对驰名商标的认定,都是对商标在某一时段所呈现的事实状态的认定,而不是一种授权行为。在这一时段,任何人只要复制、摹仿、翻译他人注册的驰名商标或其主要部分在不相同或者不相类似商品上使用,误导公众,致使该驰名商标注册人的利益可能受到损害的,都属于商标法(2001)第五十二条第(五)项规定的给他人注册商标专用权造成其他损害的行为,都应当承担相应的法律责任。在确定其行为构成侵权之后,被告应当承担何种责任?依照《最高人民法院关于审理商标民事纠纷案件适用法律若干问题的解释》(2002)

第二十一条第一款的规定,被告应当承担停止侵权、赔偿损失等民事责任。关于赔偿损失的数额,原告主张的金额为人民币200万元。依据商标法(2001)第五十六条第一款的规定:"侵犯商标专用权的赔偿数额,为侵权人在侵权期间因侵权所获得的利益,或者被侵权人在被侵权期间因被侵权所受到的损失,包括被侵权人为制止侵权行为所支付的合理开支。"该条第二款规定:"前款所称侵权人因侵权所得利益,或者被侵权人因被侵权所受损失难以确定的,由人民法院根据侵权行为的情节判决给予五十万元以下的赔偿。"原告未能提交证据证实自己的损失或者被告因侵权所获利益,要求法院采用定额赔偿方法计算赔偿数额。《最高人民法院关于审理商标民事纠纷案件适用法律若干问题的解释》(2002)第十六条第二款规定:"人民法院在确定赔偿数额时,应当考虑侵权行为的性质、期间、后果,商标的声誉,商标使用许可费的数额,商标使用许可的种类、时间、范围及制止侵权行为的合理开支等因素综合确定。"法院在考虑上述因素的基础上,判令被告赔偿原告1万元人民币。

法院在考虑上述问题的基础上,依照《中华人民共和国商标法》(2001)第五十二条第(五)项,《最高人民法院关于审理商标民事纠纷案件适用法律若干问题的解释》(2002)第一条第(二)项、第十六条第二款、第二十一条第一款、第二十二条第一、二款,《中华人民共和国民事诉讼法》(1991)第六十四条第一款的规定,作出如下判决:一、认定红河卷烟厂的"红河"商标为驰名商标;二、被告昆明市宜良金象洗涤用品有限公司不得为商业目的再行使用原告红河卷烟厂的"红河"商标;三、被告昆明市宜良金象洗涤用品有限公司于判决生效后10日内赔偿原告红河卷烟厂人民币1万元;四、驳回原告红河卷烟厂的其他诉讼请求。

宣判后,双方当事人均未上诉,一审判决已经生效。

【总结】

本案涉及了驰名商标的特殊保护制度,关于驰名商标的一些重要问题在本案中有体现。

一、驰名商标的保护范围

一般的商标侵权,通常包括4种具体情形:在相同商品上使用相同商标;在相同商品上使用类似商标;在类似商品上使用相同商标;在类似商品上使用类似商标。通常来说,只要被控侵权主体的行为符合上述任何一种情形,都构成商标侵权。但是,驰名商标的保护与普通商标的保护是存在差异的,驰名商标的保护范围往往扩大到不相同不相类似的商品上。本案中,原告红河卷烟厂的"红河"商标核定使用的商品为第34类(香烟),被告金象公司在其生产的洗衣粉外包装的显著位置,套用原告注册商标的特定书写将相同的行书字体"红河"二字作为其产品的主要标识,使其实际上起着商标的作用。被告的行为是否构成对原告商标专用权的侵犯,关键是要判断原告的商标属不属于驰名商标。只有原告的商标为驰名商标时,被告的行为才可能构成商标侵权,否则是不能将被告生产销售"红河"洗衣粉的行为认定为侵犯原告商标专用权的行为的。依据《最高人民法院关于审理商标民事纠纷案件适用法律若干问题的解释》(2002)第一条第(二)项"复制、摹仿、翻译他人注册的驰名商标或其主要部分在不相同或者不相类似商品上作为商标使用,误导公众,致使该驰名商标注册人的利益可能受到损害的",属于《中华人民共和国商标法》(2001)第五十二条第(五)项规定的给他人注册商标专用权造成其他损害的行为。这就是商标法规定的对驰名商标的延伸保护或称特殊保护制度。法律作这样的规定是因为驰名商标具有很高的知名度和商誉感召力,他人即便在不相同、不相类似的商品或服务上使用该商标,也会引起公众的误认,认为其商品或服务的出处与驰名商标在经营主体和商业信誉方面有着某种联系,从而引起混同或误认而使该行为人获利,或者导致降低驰名商标显著性、损害其商誉价值的恶性后果。禁止他人未经许可以任何形式对驰名商标进行商业性使用,包括跨商品或服务类别使用,是我国民法通则(2009)公平和诚实信用原则的要求。因此,原告的"红河"注册商标是否应认定为驰名商标,便成为判定被告的行为是否侵权的前提。

二、驰名商标的认定

其一,认定因素。

依照《中华人民共和国商标法》(2001)第十四条的规定,认定驰名商标应当考虑下列因素:相关公众对该商标的知晓程度;该商标使用的持续时间;该商标的任何宣传工作的持续时间、程度和地理范围;该商标作为驰名商标受保护的记录;该商标驰名的其他因素。本案中的"红河"商标已由原告持续使用了15年,其通过电视、报纸等媒体的宣传和报道以及参加社会公益事业,最重要的是向社会提供大量的高质量的"红河"卷烟产品,已使红河卷烟厂和"红河"商标的影响遍及全国,"红河"商标具有了很高的知名度和商业信誉,相关公众已将"红河"商标与红河卷烟厂以及该厂生产的卷烟紧密联系在一起,该商标连同该企业在全国市场享有了很高的知名度和声誉。基于此,可以认定"红河"商标已经具备了我国商标法(2001)第十四条规定的条件,根据原告的请求,昆明市中级人民法院认定红河卷烟厂的"红河"商标为驰名商标。

其二,认定途径。

一个商标欲被认定为驰名商标,必须由该商标的权利人提出申请,由国家商标行政管理部门认定。此外,人民法院在个案中对驰名商标作出认定,也是驰名商标的认定途径。《最高人民法院关于审理商标民事纠纷案件适用法律若干问题的解释》(2002)第二十二条第一款规定:"人民法院在审理商标纠纷案件中,根据当事人的请求和案件的具体情况,可以对涉及的注册商标是否驰名作出认定。"本案中,昆明市中级人民法院结合本案的具体情况及被告提出的先认定争议商标是否为驰名商标的诉求,对注册商标"红河"是否为驰名商标作出认定。

需要注意的是,驰名商标的认定采取的是个案认定的原则,在特定的商标侵权诉讼中,当事人对曾经被商标行政主管机关或者人民法院认定的驰名商标请求保护的,对方当事人对涉及的驰名商标不持异议的,人民法院不再审查。提出异议的,人民法院依照《中华人民共和国商标法》(2001)第十四条的规定审查。

一直以来,一些经营者出于广告宣传的目的,千方百计甚至弄虚作假希望有关部门和法院把自己的商标认定为驰名商标,扭曲了驰名商标制度维护商标秩序的本来功能,扰乱了正常的市场竞争秩序,也在很大程度上误导了消费者,所以 2013 年商标法修订以后,经营者不得再将驰名商标字样用于任何商业宣传中。

案例 24 浙江蓝野酒业有限公司、上海百事可乐饮料有限公司等商标侵权纠纷案

【案情简介】

上诉人(原审原告):浙江蓝野酒业有限公司(以下简称蓝野酒业公司)。

住所地:浙江省丽水市莲都区开发区南山园。

委托代理人(一般代理):吴报建、张弈峰,浙江五联律师事务所律师。

被上诉人(原审被告):杭州联华华商集团有限公司(以下简称联华华商公司)。住所地:浙江省杭州市下城区庆春路86号。

委托代理人(特别授权代理):林军,浙江华新律师事务所律师。

被上诉人(原审被告):上海百事可乐饮料有限公司(以下简称百事可乐公司)。住所地:上海市闵行开发区文井路288号。

委托代理人(特别授权代理):邵鸣、黄知斌,上海市锦天城律师事务所律师。

一审查明:2003年12月14日,丽水市蓝野酒业有限公司申请取得了注册号为第3179397号"蓝色风暴"文字、拼音、图形组合注册商标,核准使用商品为第32类:包括麦芽啤酒、水(饮料)、可乐等,有效期自2003年12月14日至2013年12月13日止。2006年1月24日,经国家工商行政管理总局商标局核准,注册号为第3179397号"蓝色风暴"文字、拼音、图形组合注册商标商标权人变更为蓝野酒业公司。2005年11月17日,蓝野酒业公司委托代理人在公证人员现场公证下,在世纪联华超市庆春店购买了600ml百事可乐两瓶、355ml罐装百事可乐26罐。其中600ml百事可乐瓶贴正面中央标有由红白蓝三色组成的图形商标标识(该图形约占正面三分之一),在图形商标的上方印有"百事可乐"文字商标标识,在"百事可乐"商标标识的两侧上方标有"蓝色风暴"文字和红白蓝三色组成的图形商标标识。在瓶贴一侧注有"喝本公司〈蓝色风暴〉促销包装的百事可乐产品,于2005年7月9日至2005年8月31日,在本公司指定的兑奖地点换取相应奖品。本次促销活动受上海百事可乐〈蓝色风暴〉活动条款和规则管辖等"文字,瓶盖上印有"蓝色风暴"文字和红白蓝三色组成的图形商标标识,整个瓶贴以蓝色为基色,该产品制造者为上海百事可乐饮料有限公司。

2005年11月3日,浙江省丽水市质量技术监督局作出了(丽)质技监封字〔2005〕第B1103号登记保存(封存)(扣押)决定书,认为蓝野酒业公司生产的蓝风牌蓝色风暴啤酒涉嫌冒用等,遂对107箱(每箱24瓶)蓝色风暴啤酒予以查封、扣押。2005年11月4日,浙江省丽水市质量技术监督局作出了(丽)质技监封字〔2005〕第B1104号解除登记保存(封存)(扣押)决定书,认为因蓝野酒业公司提供了蓝风牌蓝色风暴商标注册证,故对扣押的产品予以解封。蓝野酒业公司在其生产、销售的啤酒上使用了"蓝色风暴"注册商标,并称其准备在碳酸饮料和茶饮料上使用"蓝色风暴"注册商标。百事可乐(中国)有限公司先后推出了多次百事主题促销活动,其中2001年百事主题为"全能挑战 百事球星";2002年为"世界足球相扑赛""百事超级星阵营";2003年为"百事群英会""百事节奏狂飙";2004年为"突破渴望群星汇";2005年为"蓝色风暴"。有关文章、报刊、书籍也先后对"百事蓝色""蓝色风暴"等内容进行了分析报道。一审庭审中,百事可乐公司确认联华华商公司销售的被控产品由其生产。百事可乐公司提供的经公证的100份调查问卷中,认为百事可乐包装上的"蓝色风暴"标识与蓝野酒业公司的"蓝色风暴"商标标识近似,并将这种包装的百事可乐产品认为是蓝野酒业公司的"蓝色风暴"商标的产品的答卷为4卷;认为百事可乐包装上的"蓝色风暴"标识与蓝野酒业公司的"蓝色风暴"商标标识近似,并将这种包装的百事可乐产品和蓝野酒业公司的"蓝色风暴"商标的产品产生混淆的为4卷;认为不会产生混淆的为70卷;作废22卷。

二审查明:百事可乐公司系百事集团公司在中国投资成立的中外合资经营企业。2005年5月,百事中国有限公司在全国范围内开展了以"蓝色风暴"命名的夏季促销及宣传活动。百事可乐公司在促销及宣传活动中,不仅将"蓝色风暴"标识使用在宣传海报、货架价签、商品堆头等宣传品上,也将"蓝色风暴"标识直接使用在其生产、销售的可乐等产品的外包装和瓶盖上。2006年2月15日、3月15日,江苏省连云港市东海工商行政管理局、盐城工商行政管理局亭湖分局先后向蓝野酒业公司发出协查函,征询南京百事可乐饮料有限公司在饮料瓶盖和瓶身处标注的"蓝色风暴"标识是否经过蓝野酒业公司的许可。南京百事可乐饮料有限公司在其生产的百事可乐包装上使用"蓝色风暴"标识的情况与本案被控侵权产品相同。百事可乐公司一审期间提供的经公证的77份有效调查问卷中,认为百事可乐包装上"蓝色风暴"标识与蓝野酒业公司"蓝色风暴"标识构成近似的有21人;认为因百事可乐包装上的"蓝色风暴"标识而将这种包装的百事可乐产品认为是蓝野酒业公司"蓝色风暴"商标产品的有10人;认为这种包装的百事可乐产品和蓝野酒业公司的"蓝色风暴"商标的产品会产生混淆的有5人。根据百事可乐公司向上海市工商行政管理局提供的年检材料,2005年百事可乐公司的净利润为人民币131876723元。原判认定的其他事实,法院二审予以确认。

蓝野酒业公司认为:百事可乐公司在其商品上使用"蓝色风暴"标识属于商

标使用。百事可乐公司对"蓝色风暴"标识的使用并未限于在广告宣传、促销活动中的间接使用，同时也包括在商品名称、商品包装、商品装潢上的直接使用。依据《中华人民共和国商标法》(2001)第五十二条第(一)项的规定：未经商标注册人的许可，在同一种商品或者类似商品上使用与其注册商标相同或者近似的商标的，属侵犯注册商标专用权的行为。根据《中华人民共和国商标法实施条例》(2002)第五十条第(一)项规定可知：在同一种或者类似商品上，将与他人注册商标相同或者近似的标志作为商品名称或者商品装潢使用，误导公众的，构成商标侵权。因此，百事可乐公司的行为已经构成商标侵权，请求判令：1. 联华华商公司、百事可乐公司停止侵权，消除在同类商品上带有"蓝色风暴"的商标标识，停止带有"蓝色风暴"商标的生产、销售、广告、宣传行为；2. 联华华商公司、百事可乐公司消除影响，至少在《丽水日报》《浙江日报》上澄清事实，消除影响；3. 联华华商公司、百事可乐公司赔偿300万元及赔偿蓝野酒业公司的合理开支11925.50元。

联华华商集团公司认为：联华华商集团公司是零售企业，案件审理期间已经提交了与百事可乐公司签订的产品购销合同以及双方往来的真实增值税发票，足以证明其销售的百事可乐公司产品都是合法取得，也均来源于百事可乐公司。依据我国商标法的规定，联华华商集团公司不应承担赔偿责任。

百事可乐公司认为：1. 百事可乐公司使用"蓝色风暴"作为促销宣传活动的主题，源自百事可乐公司已使用的自主创意，与蓝野酒业公司的"蓝色风暴"商标毫无联系，而且远远早于蓝野酒业公司的商标申请注册时间。2. 百事可乐公司使用"蓝色风暴"作为商品促销活动主题，并不是作为商标使用，而且系争商品上"蓝色风暴"标识也不具备商标标识的作用。3. 足以造成相关公众的混淆、误认是构成商标近似的必要条件，百事可乐公司使用"蓝色风暴"的行为在主观上和客观上均不会与蓝野酒业公司"蓝色风暴"商标混淆。4. 百事可乐公司未将"蓝色风暴"作为商标使用，也未造成相关消费者混淆，其使用的"蓝色风暴"标识与蓝野酒业公司的"蓝色风暴"标识既不相同，也不相似，不构成侵权。

该案经历了一审、二审，一审法院于2006年11月3日判决：驳回蓝野酒业公司的诉讼请求。案件受理费25070元，由蓝野酒业公司负担。宣判后，蓝野酒业公司不服，向浙江省高级人民法院提起上诉。二审法院支持了蓝野酒业公司的大部分请求。

【基本问题】

百事可乐公司使用"蓝色风暴"标识是宣传口号还是侵犯了蓝野酒业公司的商标权？

【讨论与分析】

一审法院经审理认为，百事可乐公司在本案中是否构成商标侵权主要考虑以下两个问题：

其一，百事可乐公司在产品上使用"蓝色风暴"标识的行为是否属于商标使用。本案中，百事可乐公司在产品瓶贴和瓶盖上均使用了"蓝色风暴"标识，但"蓝色风暴"标识是通过促销主题与蓝色基色、百事可乐商标、促销活动规则等其他要素同时使用，其目的在于通过"蓝色风暴"标识的标注来表示商品的某种个性或者意境特征，从而吸引更多的消费者。从"蓝色风暴"文字表面含义分析，将"蓝色"和"风暴"两个普通名词相加，其仍然属于一个普通的修饰性词组；而仅就其字面含义而言，并不能与饮料之类产品产生任何联想。但与百事可乐已经树立的蓝色基调的品牌包装相结合，即能将百事可乐公司张扬其蓝色的百事可乐像风暴一样地席卷市场的愿望彰显出来，起到宣示作用。纵观百事可乐公司多年来的营销策略，其以不间断的方式，以各种不同的主题形成不同的营销口号来积极推动产品的市场销量，如"全能挑战，百事群星""世界足球相扑赛""百事超级星阵营""百事群英会""百事节奏狂飙""突破渴望群星汇"及2005年的"蓝色风暴"。作为"百事可乐"产品的相关公众，已经了解或习惯该公司的此种营销方式，相关公众也会顺应已经形成的思维习惯，按照惯例将其视为一种宣传口号或装潢。而事实上，百事可乐公司在整个操作过程中，也是将"蓝色风暴"标识与蓝色基调、百事可乐系列商标、促销活动规则等，在一定时间段内配套使用。同时，由于百事可乐商标（"百事可乐"文字商标和蓝白红三色组成的圆球商标）的巨大驰名程度以及突出的显著特征，百事可乐公司在使用"蓝色风暴"标识的同时已将百事可乐商标在商品醒目位置突出使用，并在促销规则中也明确标注着"蓝色风暴"系指促销活动，这些已足以使消费者区分商品来源，即消费者会以百事可乐商标作为区别百事可乐公司产品与其他产品，已不需要"蓝色风暴"标识来区分其商品来源。

因此,"蓝色风暴"在百事可乐商品上的使用不能起到区分商品来源的作用,并不属于商品商标使用,其应属于为识别与美化而在商品和包装上附加的文字,即为商品包装装潢。因百事可乐公司在产品上使用"蓝色风暴"标识的行为并不属于商标使用,其并不属于《中华人民共和国商标法》(2001)第五十二条第(一)项之情形。

其二,百事可乐公司的行为是否会造成公众混淆、误导公众。一审法院认为,商标法上的"误导""混淆"应当同时具备主客观要件,即主观上具有谋取不当利益、误导公众的意愿,客观上会使普通消费者将两者产品产生混淆或误导。就本案而言,百事可乐公司在产品上使用"蓝色风暴"标识的行为并不构成对公众的误导,也不会造成公众的混淆。首先,百事可乐公司并非将"蓝色风暴"标识作为商标或产品名称使用,仅仅是作为商品包装装潢、促销活动主题名称,其目的在于着力渲染其区别于其他同类产品的基础色——蓝色。百事可乐产品系世界知名产品,百事可乐系列商标是知名度极高、为公众熟知的知名商标。因百事可乐公司在自己的产品上已经突出使用了知名度远远大于"蓝色风暴"标识的百事可乐系列商标,且该百事可乐系列商标相对"蓝色风暴"标识更为醒目突出。因此,百事可乐公司主观上并没有利用"蓝色风暴"标识为其产品谋取不当利益、误导公众的意愿。其次,由于百事可乐公司在其产品醒目位置突出使用了具有相当知名度的百事可乐系列商标,而蓝野酒业公司至今并未在包括可乐的饮料上使用过其"蓝色风暴"注册商标。这足以使普通消费者区分百事可乐产品与蓝野酒业公司产品,也不存在将百事可乐公司使用"蓝色风暴"标识的百事可乐产品混淆成蓝野酒业公司产品或两者存在某种联系的事实。从公证所所作的调查来看,绝大多数被调查者并不会因百事可乐公司在其产品上使用了"蓝色风暴"标识而对百事可乐公司产品与蓝野酒业公司产品发生混淆,这也印证了百事可乐公司的行为客观上并不会使普通消费者将百事可乐与蓝野酒业公司产品混淆或产生误导作用,即普通消费者不会因为系争商品上的"蓝色风暴"标识而将百事可乐产品认为是蓝野酒业公司的"蓝色风暴"商标的产品,也不会将这种百事可乐产品与蓝野酒业公司使用"蓝色风暴"商标的产品混淆。基于百事可乐公司的行为并不会造成公众混淆、误导公众,其自然不属于《中华人民共和国商标法实施条例》(2002)第五十条第(一)项的情形。综上所述,一审法院认为,蓝野酒业公司系本案所涉商标注册号为第3179397号"蓝色风暴"注册商标专用权人,其依法享有诉权,该商标尚属保护期限内,法律状态稳定,该商标专用权应受法律保护。由于百事可乐公司在其产品上使用"蓝色风暴"标识并非作为商标使用,同时百事可乐公司的行为不构成对公众的误导,也不会造成公众的混淆。因此,蓝野酒业公司依据《中华人民共和国商标法》(2001)第五十二条第(一)项、《中华人民共和国商标法实施条例》(2002)第五十条第(一)项来主张百事可乐公司、联华华商公司商标侵权的请求缺乏相应的事实依据和法律依据,不予支持。依照《中华人民共和国民事诉讼法》(1991)第六十四条第一款、《最高人民法院关于民事诉讼证据的若干规定》(2001)第二条、第七十三条第二款之规定,一审法院于2006年11月3日判决:驳回蓝野酒业公司的诉讼请求。案件受理费25070元,由蓝野酒业公司负担。

二审法院经审理认为,判断百事可乐公司在本案中是否构成商标侵权,应考虑以下因素:

第一,百事可乐公司使用的"蓝色风暴"标识是否属于商标。考量一种标识是否属于商标,主要应审查该标识是否具有区别商品或服务来源的功能。本案中,百事可乐公司投入大量的资金,通过多种方式,长时间地在中国宣传"蓝色风暴"产品的促销活动,"蓝色风暴"标识已经在消费者心中产生深刻印象,消费者一看到"蓝色风暴"标识自然联想到百事可乐公司产品,特别是其海报宣传中突出显示"蓝色风暴"标识,在其产品的瓶盖上仅注明"蓝色风暴"标识等行为,其区别商品来源的功能已经得到充分的彰显。百事可乐公司通过其一系列的促销活动,已经使"蓝色风暴"标识事实上成为一种商标。百事可乐公司认为区别其商品来源的商标主要是其"百事可乐"商标和百事圆球注册商标,而非"蓝色风暴"标识的抗辩理由,与客观上"蓝色风暴"已经成为百事可乐产品非注册商标的事实不符。

第二,百事可乐公司使用"蓝色风暴"标识的行为是否属于商标的使用行为。《中华人民共和国商标法实施条例》(2002)第三条规定:"商标法和本条例所称商标的使用,包括将商标用于商品、商品包装或者容器以及商品交易文书上,或者将商标用于广告宣传、展览以及其他商业活动中。"本案中,百事可乐公司不仅将"蓝色风暴"商标用于宣传海报、货架价签、商品堆头等广告载体上,还在其生产的可乐产品的容器包装上直接标注"蓝色风暴"商标,百事可乐公司的上述行为,明显属于商标的使用行为。

第三,百事可乐公司使用的"蓝色风暴"商标与蓝野酒业公司的"蓝色风暴"注册商标是否构成近似。依据《最高人民法院关于审理商标民事纠纷案件适用法律若干问题的解释》(2002)第九条第二款"商标法第五十二条第(一)项规定的商标近似,是指被控侵权的商标与原告的注册商标相比较,其文字的字形、读音、含义或者图形的构图及颜色,或者其各要素组合后的整体结构相似,或者其立体形状、颜色组合近似,易使相关公众对商品的来源产生误认或者认为其来源与原告注册商标的商品有特定的联系"的规定。首先,蓝野酒业公司注册的是"蓝色风暴"文字、拼音、图形组合商标,其显著部分是文字,与百事可乐公司使用的"蓝色风暴"商标相比,两者的字形、读音、含义相同。其次,百事可乐公司使用"蓝色风暴"商标的行为,已经使相关公众对"蓝色风暴"产品的来源产生误认。从百事可乐公司自行提供的市场抽样调查看,已经有一定比例的消费者对两者产品的来源产生误认。国家有关知识产权执法部门也曾经作出蓝野酒业公司"蓝色风暴"商品涉嫌假冒百事可乐公司产品,或与本案被控侵权产品外包装相同的南京百事可乐饮料有限公司生产的"蓝色风暴"可乐涉嫌侵犯"蓝色风暴"商标的表示。最后,是否会使相关公众对商品的来源产生误认或混淆的判断,不仅包括现实的误认,也包括误认的可能性;不仅包括相关公众误认为后商标使用人的产品来源于在先注册的商标专用权人,也包括相关公众误认在先注册的商标专用权人的产品来源于后商标使用人。本案中,百事可乐公司通过一系列的宣传促销活动,已经使"蓝色风暴"商标具有很强的显著性,形成了良好的市场声誉,当蓝野酒业公司在自己的产品上使用自己合法注册的"蓝色风暴"商标时,消费者往往会将其与百事可乐公司产生联系,误认为蓝野酒业公司生产的"蓝色风暴"产品与百事可乐公司有关,使蓝野酒业公司与其注册的"蓝色风暴"商标的联系被割裂,"蓝色风暴"注册商标将失去其基本的识别功能,蓝野酒业公司寄予"蓝色风暴"商标谋求市场声誉,拓展企业发展空间,塑造良好企业品牌的价值将受到抑制,其受到的利益损失是明显的。故应当认定百事可乐公司使用的"蓝色风暴"商标与蓝野酒业公司的"蓝色风暴"注册商标构成近似。

  第四,百事可乐公司使用"蓝色风暴"的商品是否与蓝野酒业公司核准使用的商品相同。蓝野酒业公司的"蓝色风暴"注册商标核准使用的商品为第32类:包括麦芽啤酒、水(饮料)、可乐等,虽然蓝野酒业公司只是在啤酒上实际使用了"蓝色风暴"注册商标,没有证据证明其在可乐上实际使用了"蓝色风暴"注册商标,但依据《中华人民共和国商标法》(2001)第三条第一款的规定,经我国商标局核准注册的商标为注册商标,商标注册人享有商标专用权,受法律保护。蓝野酒业公司是否在核准使用的可乐产品中实际使用了"蓝色风暴"商标，并不影响其商标专用权的行使。两者相对比，百事可乐公司使用"蓝色风暴"商标的"可乐"与蓝野酒业公司核准使用的商品"可乐"，构成商品相同。

综上，依据《中华人民共和国商标法》(2001)第五十二条第(一)(二)项的规定，百事可乐公司在其商品上使用"蓝色风暴"商标的行为，侵犯了蓝野酒业公司"蓝色风暴"注册商标专用权；联华华商公司销售百事可乐公司生产的侵权产品，亦属商标侵权行为，均应当承担相应的法律责任。百事可乐公司应当停止相关的商标侵权行为，考虑到被控侵权产品已经大量流入市场，蓝野酒业公司要求百事可乐公司和联华华商公司消除在同类商品上带有"蓝色风暴"的商标标识的诉讼请求，不仅客观上不可能，也有损公共利益，故不予支持；但其要求百事可乐公司立即停止带有"蓝色风暴"商标的产品生产、销售、广告、宣传行为的诉讼请求，合法有据，应予以支持。蓝野酒业公司要求百事可乐公司至少在《丽水日报》《浙江日报》上澄清事实，消除影响的诉讼请求，合法有据。考虑到《浙江日报》的发行范围覆盖并超过《丽水日报》的发行范围，二审法院确定百事可乐公司应在《浙江日报》上刊登声明，消除影响。由于百事可乐公司在二审庭审时仅说明了"蓝色风暴"商品的生产时间和销售区域，未提供其侵权产品的具体生产、销售数量、销售利润等证据，故其侵权行为的具体获利数额难以确定。根据百事可乐公司提供的"蓝色风暴"宣传计划、实施方案、促销宣传投入的资金、有关促销活动取得的成功报道、百事可乐作为世界上最成功的消费品牌之一的市场声誉等证据，可以认定百事可乐公司生产、销售"蓝色风暴"产品，确实带来了巨大的利润，综合考虑百事可乐公司的市场声誉、营销能力、生产销售时间、销售范围、2005年企业整体利润及蓝野酒业公司注册、使用商标及维权费用等因素，二审法院确定百事可乐公司应赔偿蓝野酒业公司的经济损失为人民币300万元。联华华商公司在一审期间已经提供了证据证明其不知道销售的是侵犯注册商标专用权的商品，能证明该商品是自己合法取得的并说明了提供者的，依据《中华人民共和国商标法》(2001)第五十六条第三款的规定，联华华商公司不应承担经济赔偿责任，但仍应承担停止销售的侵权责任。据上，蓝野酒业公司提出的上诉理由成立，原判认定事实不清，适用法律错误，应予以纠正。

【总结】

在商标侵权案件中，人们的习惯思维是"小企业侵犯大企业"，小企业"搭便车""傍名牌",然而该案却向我们展示了另一种可能——"大企业侵犯小企业"。这让我们看到在法律面前企业没有大小之分,即使是赫赫有名的世界百强企业也有可能侵犯小企业的权利。法律不是站在强者的角度说话,而是站在事实的角度说话。本案中,主要涉及以下两个问题。

一、商标使用问题

依据商标法(2013)第四十八条的规定,本法所称商标的使用,是指将商标用于商品、商品包装或者容器以及商品交易文书上,或者将商标用于广告宣传、展览以及其他商业活动中,用于识别商品来源的行为。本案中,百事中国有限公司在全国范围内开展了以"蓝色风暴"命名的夏季促销及宣传活动。百事可乐公司在促销及宣传活动中,不仅将"蓝色风暴"标识使用在宣传海报、货架价签、商品堆头等宣传品上,也将"蓝色风暴"标识直接使用在其生产、销售的可乐等产品的外包装和瓶盖上。以上情形符合商标法(2013)第四十八条的情形,故构成了商标的使用。

二、商标混淆问题

传统的商标混淆,也即正向混淆,是指在后的商标使用人在相同或类似商品上使用了与在先的注册商标权人相同或近似的商标,使消费者产生误认,误以为在后的商标使用人提供的商品来源于在先的注册商标权人。反向混淆,是指虽然在后的商标使用人在相同或类似商品上使用了与在先的注册商标权人相同或近似的商标,但因在后的商标使用人往往是具有较高知名度的大企业,致使消费者误认为在先的注册商标权人提供的商品来源于在后商标使用人或认为二者之间存在某种联系。反向混淆与正向混淆的区别在于发生混淆的方向是不同的。就本案来说,"蓝色风暴"商标本来是蓝野酒业公司的商标,但是由于百事可乐公司凭借其雄厚的经济实力与强大的市场控制力使用"蓝色风暴"进行广泛的宣传、促销,使"蓝色风暴"饱和性地充斥于消费者的记忆中,使他们误以为"蓝色风暴"是百事可乐公司的商标,而不是蓝野酒业公司的商标。

关于反向混淆,我国法律并没有以明显的方式规定,商标法(2019)第五十七条规定:"有下列行为之一的,均属侵犯注册商标专用权:(一)未经商标注册人的许可,在同一种商品上使用与其注册商标相同的商标的;……",这其实可以理解为将正向混淆与反向混淆放在一起作出规范。

案例25　北京汇成酒业技术开发公司诉北京龙泉四喜酿造有限公司侵犯商标权纠纷案[①]

【案情简介】

上诉人(原审原告):北京汇成酒业技术开发公司(以下简称汇成公司)。住所地:北京市东城区建国门古观象台内。

委托代理人:王继华,北京市义信律师事务所律师。

委托代理人:陈克农,北京市义信律师事务所律师。

被上诉人:(原审被告)北京龙泉四喜酿造有限公司(以下简称龙泉公司)。住所地:北京市大兴县团河南路12号。

委托代理人:牛四喜,该公司经理。

委托代理人:王振生,金比得经贸公司经理。

一审法院查明:汇成公司于1994年11月21日经国家商标局核准注册了"甑流"商标,注册号为715810。该商标为草书"甑流"二字,核定使用商品为第33类,即含酒精的饮料(啤酒除外),有效期至2004年11月20日。龙泉公司于1999年11月26日成立,其经营范围包括酒的酿造和销售。2002年初,龙泉公司开始在其生产、销售的白酒产品瓶贴上以"北京甑馏"作为产品名称。汇成公司认为龙泉公司的产品名称中的"甑馏"与其注册商标"甑流"字形近似发音相同。北京市酿酒协会于2001年7月出具《有关"甑流"产品的说明》,指出:"甑馏"曾是白酒生产最后一道工序蒸出的未经勾兑的高度原酒在北方一些地区的通俗称呼;中国轻工业出版社2000年9月出版的《白酒生产指南》第十二章关于"甑桶蒸馏"的简介中指出:"固态发酵,将带有酒精及香味成分的酒醅,利用组分挥发性的不同,在低矮的甑桶中蒸馏分离,是我国白酒生产的独特形式,也是形成白酒风味的主要关键。蒸馏是白酒中最后一道工序……就是要将发酵生成物最大限度地通过蒸馏以提取回收。"

二审法院另外查明:商务印书馆1998年5月出版的《新华字典》修订本第616页载明:"甑"旧时读音同"静",有两种解释:1.古代蒸饭的一种瓦器。现

[①]　案例来源:北京市第一中级人民法院(2002)一中民初字第8465号判决,北京市高级人民法院(2003)高民终字第543号判决。

在称蒸饭用的木制桶状物。2. 蒸馏或使物体分解用的器皿。

中国酿酒协会2002年6月21日出具的《有关"甑流"产品的说明》中载明：在白酒生产中,由甑锅蒸馏酒醅直接流出的原酒,酒度数较高,可达70度左右。新中国成立前,在我国北方某些地区(京、津、冀等地)把这种酒直接出售,并俗称"清流"或"甑流"、"甑馏",以表示未经掺兑、质量好,曾受到不少消费者欢迎。因此"甑流"属地区俗称。它是酿制白酒工艺过程的名称,也属于未经掺兑、高度白酒一种质量概念的区域性通俗名称。

原告汇成公司起诉称：原告是"甑流"商标所有人,1994年11月原告取得该注册商标专用权。被告龙泉公司与原告同属酿酒企业,自2002年起被告即有意在其产品包装上使用"北京甑馏"字样,其中"甑馏"二字与原告的"甑流"商标字形发音均相近,已构成近似和混同,该使用侵犯了原告对"甑流"商标的专用权,依据我国商标法的有关规定,请求法院判令被告立即停止侵权。

被告龙泉公司辩称："北京甑馏"中"甑馏"之名如同"二锅头"等名称一样是一种酿造白酒的工艺名称,也是人们对未经勾兑的白酒的一种俗称,早已进入公有领域,该使用没有侵犯原告的商标权,法院应当驳回原告的诉讼请求。

一审法院经审理驳回汇成公司的诉讼请求。汇成公司不服一审判决,向北京市高级人民法院提出上诉。上诉时提出一审判决对于"甑馏"是否属于一种白酒的通俗名称这一关键事实认定错误,并认为北京酿酒协会与龙泉公司有利害关系,其出具的证据在公正性上存在瑕疵,因而不具证据效力。二审法院经审理认为,龙泉公司在其产品上使用与汇成公司注册商标"甑流"相近似的"甑馏"二字的行为,构成对汇成公司商标权的侵犯,应承担相应法律责任。

【基本问题】

1."甑馏"是否属于一种白酒的通俗名称？
2. 龙泉公司使用"甑馏"字样是否侵犯了汇成公司的商标专用权？

【讨论与分析】

一、"甑馏"是否属于一种白酒的通俗名称

一审法院认为：本案的关键事实是"甑馏"是否属于一种白酒的通俗名称,即龙泉公司的抗辩是否成立。根据龙泉公司提交的《白酒生产指南》、双方当事人陈述以及北京酿酒协会出具的《有关"甑流"产品的说明》,可以确认"甑馏"之意取自一种酿酒工艺,即以甑桶蒸酿白酒,该工艺因自古有之而为白酒酿造行业所熟悉,由此形成的特点及其来历也为此酒的消费者所知晓,由于北京酿酒协会属行业性协会组织,对于酒文化领域的常识具有相对的权威性,没有证据显示其所证明的内容缺乏客观性,因此一审法院对该说明的真实性、合法性予以采信,对其关于"甑馏"属于通俗名称等事实的印证力予以确认。

汇成公司为酒业公司,其注册商标"甑流"因与消费者所知晓的此种白酒的"甑馏"酒名相接近,故使其作为商标所应具备的显著性区别特征趋于弱化,其在被核准范围内行使商标专用权的同时,无法以其商标对抗公众对公有领域已有成果如通俗名称的使用权,这是汇成公司作为该商标的所有人在注册商标时应能预见的法律后果。龙泉公司将"甑馏"二字作为自己的产品名称,属于对通俗名称的正常使用,汇成公司诉称龙泉公司侵犯其商标专用权缺乏事实依据。故判决:驳回汇成公司的诉讼请求。

二审法院认为:汇成公司作为注册商标"甑流"的商标权人,其依法对该商标享有专用权。龙泉公司在汇成公司的"甑流"商标获得核准注册多年后在与汇成公司相同产品上使用读音相同、字形近似的"甑馏"文字,在相关消费者中足以造成两家产品的混淆。龙泉公司辩称"甑流"或"甑馏"为白酒行业和相关公众熟知的一种高度白酒的酿造工艺和白酒名称,其提交的中国酿酒协会和北京酿酒协会出具的书面材料只是本案诉讼期间该两家协会对"甑流"产品的情况说明,不能证明在汇成公司获准注册"甑流"商标之前,白酒制造行业和相关公众即已经公开使用"甑馏"这一酿酒工艺和白酒通用名称。有关著作中并未将用甑桶这一容器酿酒的工艺解释为"甑馏",字典或词典中也无"甑馏"为高度白酒的酿造工艺和高度白酒名称记载及解释。因此,龙泉公司仅凭现有材料不能证明其产品上使用的"甑馏"为公众早已熟知的高度白酒的酿造工艺和高度白酒的通俗名称,也不能证明汇成公司申请"甑流"注册商标的行为不当。

二、龙泉公司使用"甑馏"字样是否侵犯了汇成公司的商标专用权

商标专用权作为一项民事权利,只能依照法定程序通过行政批准取得。而对合法取得的商标专用权持有异议,也必须通过行政途径解决,即向国家工商行政管理总局商标评审委员会(以下简称商标评审委员会)提出申请,以商标注册不当为由请求撤销已经获准注册的商标。案外人北京市华都酿酒食品工业公司和北京红星股份有限公司虽于本案诉讼期间(2002年8月2日)以注册不当为由,共同向商标评审委员会申请撤销汇成公司的注册商标"甑流",但该商标在未被依法撤销之前,商标权人汇成公司仍然对该商标享有专用权。龙泉公司在其产品上使用与汇成公司注册商标"甑流"相近似的"甑馏"二字的行为,构成对汇成公司商标权的侵犯。

综上,上诉人汇成公司所提上诉理由成立,一审判决认定事实和适用法律均有错误,应当依法予以纠正。依照《中华人民共和国商标法》(2001)第五十二条第(一)项和《中华人民共和国民事诉讼法》(1991)第一百五十三条第一款第(三)项之规定,判决如下:1. 撤销北京市第一中级人民法院(2002)一中民初字第8465号民事判决。2. 北京龙泉四喜酿造有限公司立即停止侵权,不得在其白酒产品上使用与北京汇成酒业技术开发公司注册商标"甑流"文字和读音相同或相近似的文字。一审案件受理费1000元、二审案件受理费1000元,均由被上诉人北京龙泉四喜酿造有限公司负担。

【总结】

本案最关键的问题是,"甑馏"是否是一种通用名称。在本案审理期间,有关"甑馏"是否是一种通用名称的证明材料主要有:北京酿酒协会《有关"甑流"产品的说明》、中国酿酒协会《有关"甑流"产品的说明》、中国轻工业出版社2000年9月出版的《白酒生产指南》第十二章关于"甑桶蒸馏"的简介。被告利用这些材料试图证明"甑馏"是一种为白酒行业和相关公众熟知的高度白酒的酿造工艺和白酒通俗名称,二审法院却没有支持其说法。原因在于,被告一方提供的证据不充分,不能证明"甑馏"或"甑流"作为高度白酒酿造工艺和白酒通俗名称已为相关的消费者所熟知,成为其约定俗成的通用名称。权威机构和人士出具的证明材料虽然具有一定的权威性,但是商标、商品直接面向的是消费者,他们对于这些最有发言权。如果能够证明某一商标为相关消费者所熟知,成为约定俗成的通用名称,那么即使该商标是他人的注册商标,也可以在合理使用的范围内使用。本案中,龙泉公司并没有提供这样的证据,其提供的仅仅是一些权威机构的证明,因此二审法院认为"龙泉公司仅凭现有材料不能证明其产品上使用的'甑馏'为公众早已熟知的高度白酒的酿造工艺和高度白酒的通俗名称,也不能证明汇成公司申请'甑流'注册商标的行为不当"。

案例26 利勃海尔—国际德国有限公司诉国美电器等公司商标侵权案[①]

【案情简介】

原告(二审上诉人):利勃海尔—国际德国有限公司(以下简称利勃海尔公司)。住所地:德意志联邦共和国李斯河畔比贝腊赫市汉斯·利勃海尔大街45号。

委托代理人:陈钧,上海信康律师事务所律师。

委托代理人:余凡,上海信康律师事务所律师。

被告(二审被上诉人):上海国美电器有限公司(以下简称国美电器公司)。住所地:上海市长宁区长宁路1000号1层、2层。

法定代表人:黄秀虹,该公司总经理。

委托代理人:何芳,系该公司职员。

被告(二审被上诉人):博西华家用电器有限公司(以下简称博西华公司)。住所地:安徽省滁州市西门子路1号。

委托代理人:党喆,北京金杜律师事务所律师。

委托代理人:孙宇莉,北京金杜律师事务所律师。

被告(二审被上诉人):江苏博西家用电器销售有限公司(以下简称博西家电销售公司)。住所地:江苏省南京市中山路129号中南国际大厦20、21楼。

委托代理人:党喆,北京金杜律师事务所律师。

委托代理人:李中圣,北京金杜律师事务所律师。

一审法院查明:原告利勃海尔公司为"BIOFRESH"商标注册人,商标注册证号为G771979,专用权期限自2005年1月18日至2011年11月13日,核定使用商品类别为第11类的制冷设备、冷冻设备。被告博西华公司系被控侵权商品的生产商,被告博西家电销售公司系被控侵权商品的销售商,被告国美电器公司所销售的被控侵权商品系从被告博西家电销售公司所采购。2006年8月3日,原告利勃海尔公司在被告国美电器公司购买了被控侵权商品西门子电冰

[①] 案例来源:上海市第一中级人民法院(2007)沪一中民五(知)初字第295号判决,上海市高级人民法院(2008)沪高民三(知)终字第61号判决。

箱一台,型号为:KK22F68。在该冰箱内部的保鲜室面板上使用了"Bio Fresh"文字,在"Bio Fresh"文字的相邻处,还对应地使用了"生物保鲜"4个汉字,"Bio Fresh 生物保鲜"的正上方,用更大的黑体字标明了"SIEMENS"商标。在该冰箱的外包装箱侧面加贴的小标签上使用了"BIOFresh 生物保鲜"文字,同样该标签的左上显著部位标明了黑体"SIEMENS"商标。此外,该冰箱的外部及其包装箱居中的显著部位,均还突出地使用了"SIEMENS"商标。在2003年8月至2004年8月期间,被告博西华公司已经委托案外人滁州市博康模具塑料有限公司加工生产了被控侵权商品中的带有"Bio fresh"文字的保鲜抽屉。

二审法院查明:原审法院将被控侵权冰箱内部保鲜室面板上使用的文字误写为"Bio Fresh",实际应为"Bio fresh";将冰箱外包装箱侧面加贴的小标签上使用的文字误写为"BIOFresh 生物保鲜",实际应为"BIO-Fresh 生物保鲜",二审法院对一审法院的上述两处笔误予以纠正。一审法院查明的其余事实属实。

原告起诉称:其为"BIOFRESH"商标的注册人,商标注册证号为G771979,专用权期限自2005年1月18日至2011年11月13日,核定使用商品类别为第11类的制冷设备、冷冻设备。经其调查发现,由被告博西华公司生产,被告国美电器公司和被告博西家电销售公司销售的KK22系列冰箱产品突出使用了其"BIOFRESH"商标,侵犯了其商标专用权。在三被告生产、销售的冰箱上,具有零度保鲜功能的储藏室以及冰箱外包装的标贴上均突出使用的"Bio fresh"(其中冰箱外包装的标贴突出使用的是"BIO-Fresh")与其注册商标"BIOFRESH"字母的顺序、排列完全相同,虽然三被告使用了"BIOFRESH"部分字母的英文小写,但从其主要标识的主体来看,与原告注册商标的主体部分基本相同,容易让普通消费者误认或认为它们存在着特定联系,两者相同的部分足以造成消费者对商品来源的混淆和误认。其认为三被告未经原告许可,在生产、销售的商品上使用与其注册商标相同的标识,并且该商品与其注册商标核定使用的商品类别相同,已经侵犯了其商标专用权,并给其造成了严重的经济损失。

被告国美电器公司答辩称:其销售的西门子冰箱是由被告博西家电销售公司提供的,来源合法,且在进货前已经约定了卖方提供的产品不能侵犯任何第三方的任何权益,依据《中华人民共和国商标法》(2001)第五十六条第三款的规定:"销售不知道是侵犯注册商标专用权的商品,能证明该商品是自己合法取得的并说明提供者的,不承担赔偿责任。"

被告博西华公司、博西家电销售公司辩称:对其生产、销售的电冰箱的保鲜室中使用了生物保鲜"Bio fresh",另外在产品的包装盒的侧面也使用了生物保鲜"BIO-Fresh"字样的事实并无异议。但是"BIOFRESH"是有两种含义的,两被告包括其他很多同行业企业都是在第一含义上使用"BIOFRESH"的,即生物保鲜的意思,是对制冷产品功能型的描述,和原告的注册商标构成不同意义上的使用,并未侵犯原告的商标权。两被告也从来未在冰箱上突出使用"BIO-FRESH"文字,而是突出"SIEMENS"商标。另外原告在中国从未销售过"BIO-FRESH"商标,因此被告没有给原告造成消费者混淆和给原告带来损失。原告的注册商标是2005年1月18日获得核准,而事实上两被告在2002年、2003年就开始使用"Bio fresh"文字,且这种使用状态是持续性的。

一审法院经审理判决驳回原告利勃海尔公司全部诉讼请求,利勃海尔公司不服,向上海市高级人民法院提起上诉。

利勃海尔公司上诉称:第一,一审法院认定2003年8月至2004年8月期间被上诉人博西华公司已经委托博康公司加工生产了被控侵权商品中带有"Bio fresh"文字的保鲜抽屉,上诉人认为一审法院对该节事实的认定错误。一审法院据以认定上述事实的证据为证明函及采购合同,上诉人认为该证明函系与博西华公司有利害关系的博康公司出具的证人证言且本身存在疑点,采购合同缺乏充足的证据佐证,故上述两份证据不能作为认定被上诉人博西华公司在先使用被控侵权标识的依据。第二,一审法院适用法律错误。"BIOFRESH"商标不是产品的功能性表述,是上诉人独创的标识,作为商标标识使用在冰箱类产品上。"BIOFRESH"作为上诉人的产品商标,是作为商品的副商标使用的,其使用方式有别于总商标。被控侵权标识的使用方式不符合英文构词法,且使用时字体明显大于产品的其他说明性文字,不是说明商品功能的一种合理正当的使用方式,而是作为商标突出使用的。综上所述,"BIOFRESH"不是商品的功能性表述,被上诉人在被控侵权商品上使用"Bio fresh"标识的行为,主观上存在侵犯上诉人注册商标专用权的恶意,客观上造成了商标侵权的后果。

被上诉人国美公司答辩称:一审法院认定事实正确,适用法律无误,请求二审法院维持一审判决,驳回上诉人的上诉请求。

最终,二审法院经审理维持了一审判决。

【基本问题】

本案的关键问题在于,"Bio fresh"及"BIO-Fresh"字样在冰箱上的使用是正当使用还是商标侵权？

【讨论与分析】

一审法院认为，商标注册人取得商标专用权后，可以禁止他人在相同或者类似商品上使用与其注册商标相同或者近似的标识，但是，如果注册商标能够直接表示商品的功能、用途及其他特点的，则商标专用权人无权禁止他人正当使用。

本案中，各方当事人对于被控侵权商品上使用了与注册商标文字相同的标识均无异议，而焦点在于是否属于正当使用。一审法院注意到，原告在法庭辩论时强调被告使用"Bio fresh"的方式不符合英文的构词法，因而不能认为是正当使用。然而，判断是否属于正当使用，应当根据使用目的、方式、后果等因素综合考虑，是否符合构词法只应是考量的因素之一。根据一审法院所查明的事实，被控侵权商品上使用"Bio fresh"文字时，均对应地使用了"生物保鲜"，鉴于"Bio"作为词根，有"生物"之意，而单词"fresh"则有"新鲜"之意，因此被控侵权商品用"Bio fresh"以指示该商品所具备功能的意图明显。一审法院同时注意到，被控侵权商品使用"Bio fresh"文字的部位，一处是在商品的内部的保鲜室面板上，另一处是在该商品的包装箱上的标贴上。相对于该商品而言，两处均非显著部位，且所占面积均较小。即便如此，在上述两处部位，还更为突出地使用了"SIEMENS"商标。而从整个被控侵权商品的外部及包装箱上观察，在主要部位均突出、显著地标明了"SIEMENS"商标。因此，"Bio fresh"在被控侵权商品上的使用，并不能起到商标的作用，亦不足以引起相关公众对商品来源产生混淆和误认。一审法院还注意到，被告博西华公司早在2003年就开始使用"Bio fresh"用于指示其商品所具备的"生物保鲜"功能，而原告就相同文字取得商标专用权是在2005年，因此，也难以认定其使用"Bio fresh"标识，是恶意地对原告注册商标进行模仿或者侵犯。因此，即便被告博西华公司使用"Bio fresh"的方式不符合英文的构词法，但综合其使用目的、方式、后果等因素仍然应当认定为正当使用。

综上所述，被告博西华公司在其所生产的被控侵权商品上使用"Bio fresh"标识，主观上并无侵权恶意，而是用以描述商品的功能，其使用的方式也不足以引起相关公众的混淆和误认，故而属于正当使用，不构成商标侵权。而被告博西家电销售公司、被告国美电器公司销售被控侵权商品，当然也不构成商标侵权。依照《中华人民共和国商标法实施条例》（2002）第四十九条之规定，注册商标中含有的本商品的通用名称、图形、型号，或者直接表示商品的质量、主要原料、功能、用途、重量、数量及其他特点，或者含有地名，注册商标专用权人无权禁止他人正当使用。

二审法院认为，上诉人利勃海尔公司是"BIOFRESH"注册商标的权利人，其对该商标享有的专用权受法律保护，上诉人有权禁止他人在同一种商品或者类似商品上使用与该注册商标相同或者近似的商标。但是，本案中，从被上诉人博西华公司在被控侵权商品上对系争文字的使用方式、使用部位、使用目的、使用后果等各方面综合进行判断，博西华公司在被控侵权商品上使用系争文字是对被控侵权商品的功能进行表述，不会引起相关公众对被控侵权商品的来源产生混淆或误认，该使用行为并不侵犯上诉人的注册商标专用权。首先，被上诉人博西华公司使用的系争文字"Bio fresh"和"BIO-Fresh"与上诉人的注册商标"BIOFRESH"的书写方式并不完全相同，系争文字组合中"Bio"词根有"生物"的含义，"Fresh"单词有"新鲜"的含义，且被上诉人在被控侵权商品上使用系争文字时均与中文"生物保鲜"并列使用，故被上诉人博西华公司关于其使用系争文字系为说明商品功能的解释可以成立。其次，被上诉人博西华公司仅在被控侵权商品内部的保鲜室面板以及外包装箱侧面的小标贴两处部位使用了系争文字，该两处部位均非被控侵权商品的显著位置，所占面积亦较小，且被上诉人在上述两处部位均用更大的黑体字标明了"SIEMENS"商标。另外，在被控侵权商品的外部以及外包装箱的显著部位均突出使用了"SIEMENS"商标。因此，博西华公司对系争文字的上述使用方式，不会引起相关公众对被控侵权商品的来源产生混淆或误认。综上所述，根据本案中被上诉人博西华公司对系争文字的实际使用情况判断，博西华公司使用系争文字是为了说明被控侵权商品的功能，客观上亦不会造成相关公众对商品的来源产生混淆或误认的后果，该使用行为属正当使用。故被上诉人博西华公司生产、销售被控侵权商品的行为以及被上诉人江苏博西家电销售公司、被上诉人国美公司销售被控侵权商品的行为均未侵犯上诉人利勃海尔公司的注册商标专用权。

上诉人上诉称，一审法院认定2003年8月至2004年8月被上诉人博西华公司已经委托博康公司加工生产了被控侵权商品中带有（图略）"Bio fresh"文字的保鲜抽屉，上诉人认为一审法院对该节事实的认定错误。二审法院认为，上诉人利勃海尔公司在一审庭审中明确表示对被上诉人博西华公司提供的证明函及采购合同的真实性均无异议,一审法院据此依照该两份证据认定上述相关事实,并无不当。而且,二审法院已在上文详细阐述了被上诉人博西华公司在被控侵权商品上使用系争文字是对被控侵权商品的功能进行表述,不会引起相关公众对商品的来源产生混淆或误认,并不构成商标侵权。

【总结】

本案涉及的是商标要素正当使用的问题,正当使用是限制商标专用权的一种法定情形。《中华人民共和国商标法》(2013)第五十九条第一款规定:"注册商标中含有的本商品的通用名称、图形、型号,或者直接表示商品的质量、主要原料、功能、用途、重量、数量及其他特点,或者含有的地名,注册商标专用权人无权禁止他人正当使用。"本案中,博西华公司在被控侵权商品上使用系争文字是对被控侵权商品的功能进行表述,所以不构成商标侵权。既然博西华公司的行为不构成商标侵权,那么其余二被告的销售行为也不构成侵权,故无须承担法律责任。

案例27　云南大江旅游漂流有限公司诉昆明风情国际旅行社有限公司商标侵权案[①]

【案情简介】

原告(上诉人):云南大江旅游漂流有限公司。

委托代理人:高崇华,云南震序律师事务所律师,特别授权代理。

被告(被上诉人):昆明风情国际旅行社有限公司。

委托代理人:池宏佳,昆明风情国际旅行社有限公司副董事长,特别授权代理。

委托代理人:陈占才,昆明风情国际旅行社有限公司总经理,一般诉讼代理。

---

① 案例来源:云南省昆明市中级人民法院(2004)昆民六初字第34号判决,云南省高级人民法院(2004)云高民三终字第60号判决。

一审法院审理查明:原告云南大江旅游漂流有限公司系专业经营旅游服务的企业,该公司数位发起人在该公司成立以前对云南省内的南盘江进行了漂流考察。其后开辟了沿南盘江漂流的旅游路线,开始进行漂流旅游服务经营,并且原告于2003年8月21日获得"南盘江"注册商标,核定服务项目为第39类,服务范围包括旅行陪伴、旅客陪同、安排游艇旅行、观光旅游、安排游览、旅行座位预定、旅行预定和旅游预定。原告发现被告昆明风情国际旅行社有限公司未经原告许可,擅自在旅游服务广告中使用了"南盘江"文字介绍其经营的旅游服务项目。

原告认为被告昆明风情国际旅行社有限公司在其广告宣传中擅自使用原告的注册商标已构成侵犯其注册商标专用权,遂向昆明市中级人民法院起诉。

原告起诉称:原告是一个经营专业漂流旅游的公司,经过数月艰苦的探险,该公司开辟了沿南盘江漂流的旅游路线,并开始进行漂流旅游服务经营至今。为维护艰辛开发经营的旅游路线,原告于2002年5月8日向国家工商行政管理总局商标局申请注册"南盘江"服务商标,2003年8月21日商标局核准原告的商标注册,核定服务项目为第39类。原告发现被告昆明风情国际旅行社有限公司未经原告许可擅自在其旅游广告中使用原告注册商标"南盘江"介绍其经营的旅游项目。据此,原告认为被告昆明风情国际旅行社有限公司在其广告宣传中擅自使用原告的注册商标已构成侵犯其注册商标专用权,应该承担侵权责任,因此特向法院提起诉讼,请求:1.确认被告的行为侵犯了原告"南盘江"注册商标专用权;2.判令被告立即停止侵权并在同类刊物上赔礼道歉;3.判令被告赔偿原告因被告侵权行为造成的损失人民币30万元;4.本案诉讼费用由被告承担。

被告答辩称:原告拥有的"南盘江"注册商标所核准的服务项目是一般性服务项目,不包括原告诉称的"旅游线路"的提供,且"旅游线路"属国家资源,不可能由个人或单位注册、拥有;被告是拥有"中国公民出境游"在内的国内旅行社行业最高资质的旅行社,被告依法在报刊上宣传自己经营的旅游线路和项目是合法、正当的;原告不具有旅游业的经营资质,其经营旅游服务漂流本身就是违法行为。因此,请求法院驳回原告的诉讼请求。

一审法院经审理驳回原告云南大江旅游漂流有限公司的诉讼请求,原告不服,遂向云南省高级人民法院上诉。

上诉人(原审原告)上诉称:原判决依据《中华人民共和国商标法实施条例》(2002)第四十九条认为被上诉人在其广告宣传中擅自使用"南盘江"注册商标属正当使用,但该条规定只适用于商品商标,对服务商标不适用。且根据相关法律和行政法规的规定,漂流属特种经营,必须履行审批手续。上诉人经历数年方申请到"南盘江"注册商标,之后根据有关法规进行申报、审批,最后得到云南省体育指导中心和云南省航务管理局批准,可以从事漂流活动。而被上诉人没有履行审批手续,擅自经营漂流业务,此行为是不合法的。既然不合法,就不是正当使用,也不能得出原判"使用者主观上是善意"的认定。被上诉人的行为严重侵犯了上诉人的注册商标专用权,请求二审法院依法撤销原判,支持上诉人的原审诉讼侵权,并判令被上诉人承担一、二审诉讼费用。

被上诉人(原审被告)答辩称:漂流包括体育竞技和旅游娱乐两种不同意义的活动。体育竞技活动可能需要体育主管部门批准,但旅游娱乐活动在《旅行社管理条例》中没有专项规定。被上诉人作为中国最高级别旅行社,经营范围涵盖了所有旅游项目,上诉人认为被上诉人组织漂流旅游娱乐活动不合法的观点不能成立。商标法明确规定的注册商标包括商品商标、服务商标、集体商标和证明商标4种,上诉人认为《中华人民共和国商标法实施条例》(2002)第四十九条的规定只适用于商品商标的主张不能成立。请求二审法院驳回上诉,维持原判。

最终,二审法院经审理,作出驳回上诉、维持原判的判决。

【基本问题】

被告在推广及提供的旅游服务项目的广告中使用"南盘江"文字是地名的正当使用,还是构成对原告注册商标专用权的侵犯?

【讨论与分析】

一审法院认为:原告拥有的"南盘江"注册商标系服务商标,核准的服务范围包括旅行陪伴、旅客陪同、安排游艇旅行、观光旅游、安排游览、旅行座位预定、旅行预定和旅游预定。被告在其使用有"南盘江"文字的广告中所推广的是其提供的漂流旅游服务,该服务项目落入原告注册商标核准的经营范围,被告在自己提供的服务中使用了原告的注册商标。然而,在相同的服务中使用他人注册商标的行为并不一定必然构成对他人享有的注册商标专用权的侵犯,依据

《中华人民共和国商标法实施条例》(2002)第四十九条的规定,注册商标中含有的本商品的通用名称、图形、型号,或者直接表示商品的质量、主要原料、功能、用途、重量、数量及其他特点,或者含有地名,注册商标专用权人无权禁止他人正当使用。该条规定将使用人在符合一定条件下使用他人注册商标的行为排除在侵权行为的范畴之外,这是对注册商标专用权人权利的合理限制。依据《中华人民共和国商标法实施条例》(2002)第四十九条的规定,判定使用人使用他人注册商标的行为不构成侵犯他人注册商标专用权必须符合以下两个要件:第一,被使用的注册商标必须含有本商品(服务)的通用名称、图形、型号,或者直接表示商品的质量、主要原料、功能、用途、重量、数量及其他特点,或者含有地名。该条中所称的地名应该指的是广义的地名,应包括行政区划地名和其他地名,其他地名包括江河、湖泊、山脉等地理名称。在本案所涉及的"南盘江"注册商标中,南盘江是一条发源于云南省沾益县并流经省内多个地区的河流的名称,因此符合这一要件。第二,使用者必须是正当使用。是否属于正当使用应该从两个方面来判断:首先,使用人客观上是合理使用他人注册商标;其次,使用者主观上是善意的,没有实施不正当竞争行为的意图。本案中,被告在其广告中使用"南盘江"文字只是为了对其提供的旅游服务项目的特点和情况进行说明,由于南盘江是被告提供的旅游服务项目的目的地,所以被告使用"南盘江"文字表述其提供的旅游服务项目的实施地是必须的且无法避免或替换。此外被告使用该文字也没有作过分夸大或虚假的表述,被告在广告中使用"野蛮之南盘江"的表述只是一种一般性的形容修辞方式,因此客观上被告的使用行为是合理的。商标的基本属性是具有显著特征的标识,其基本作用是用于区别商品和服务的不同提供者,因此,在商品或服务上使用与他人注册商标或与他人注册商标相类似的商标而使公众对商品或服务的提供者产生混淆、误认的行为是不正当竞争行为。本案中,被告在其使用有"南盘江"文字的广告中,在明显位置(抬头)注明了被告自己的名称,因此,公众在阅读这些广告或根据这些广告选择接受该服务时不可能将此项服务的提供者误认为本案原告,从而使被告获得不正当的利益,并使原告遭受损失,所以被告在使用"南盘江"文字时没有对原告采取不正当竞争措施的意图。所以被告使用"南盘江"文字的行为属于正当使用。因此,被告在推广及提供的旅游服务项目的广告中使用"南盘江"文字不构成对原告注册商标专用权的侵犯。

二审法院认为:依据《中华人民共和国商标法实施条例》(2002)第四十九

条的规定,上诉人用"南盘江"这一地理名称获得商标注册,一般而言,由于地理名称属于公共领域的词汇,故地理名称作为商标文字注册时商标的显著性较弱,消费者往往只将该商标标示的商品或服务与特定的产地联系在一起。地理名称不能被某一生产或经营者独占或垄断,商标权人在选择地理名称作为商标时,并不能阻止他人在原有一般叙述意义上对该地理名称的使用,也不能限制他人为了指示商品或服务而使用地理名称。本案中,被上诉人在通过广告方式对其经营的旅游线路进行介绍时,在广告的显著位置标明了其公司的名称,对其旅游目的地使用了惯常的表述方法,既未夸大也未虚构、歪曲事实,目的是对其提供的旅游服务作客观表述,在此情况下使用"南盘江"这一地理名称是不可避免且正当的。现上诉人认为被上诉人经营南盘江漂流旅游未经审批,故其使用"南盘江"文字进行广告宣传不属于正当使用,本案属商标侵权纠纷,需要解决的法律问题是被上诉人是否侵犯上诉人的商标专用权,严格来说,从事漂流活动双方需要行政审批不属本案审理范围,且现有国家法律和行政法规并没有从事漂流旅游活动必须进行审批的明确规定。因此,上诉人的主张不成立,对其上诉请求,法院不予支持。

【总结】

本案中昆明风情国际旅行社有限公司在推广及提供的旅游服务项目的广告中使用"南盘江"文字,目的是对其提供的旅游服务作客观表述,并且其是以惯常的表述方法表明的,既没有虚构事实,也没有歪曲事实。同时,其在广告的显著位置标明了其公司的名称,游客不可能产生服务来源的混淆。

《中华人民共和国商标法》(2019)第五十九条第一款规定:"注册商标中含有的本商品的通用名称、图形、型号,或者直接表示商品的质量、主要原料、功能、用途、重量、数量及其他特点,或者含有的地名,注册商标专用权人无权禁止他人正当使用。"这一规定在原商标法实施条例(2002)第四十九条,商标法(2019)将其上升为法律。法律之所以这样规定,是因为,一般而言,地理名称属于公共领域的词汇,故地理名称作为商标文字注册时商标的显著性较弱,消费者往往只将该商标标示的商品或服务与特定的产地联系在一起。商标权人不能禁止他人在原有一般叙述意义上对该地理名称的使用,也不能限制他人为了指示商品或服务而使用地理名称。

案例28　可口可乐公司诉商标评审委员会商标行政纠纷案[①]

【案情简介】

原告:可口可乐公司(Coca-Cola Company),住所地美利坚合众国乔治亚州30313亚特兰大市可口可乐广场1号。

委托代理人:张宏。

委托代理人:李淑华。

被告:中华人民共和国国家工商行政管理总局商标评审委员会(以下简称商标评审委员会)。住所地:中华人民共和国北京市西城区三里河东路8号。

委托代理人:刘玲娜。

可口可乐公司于2002年10月8日在第32类等商品上向国家工商行政管理总局商标局(以下简称商标局)提出了申请商标(见附图,略)的注册申请,其指定使用在无酒精饮料、水(饮料)、矿泉水、汽水等商品上,商品类似群为3202—3203。

对申请商标的注册申请,商标局认为申请商标为盛装饮料常用容器,用作商标缺乏显著特征,故于2003年11月20日作出ZC3330291BH1号商标驳回通知书,依据商标法(2001)第十一条第一款第(三)项、第二十八条的规定,决定驳回申请商标的注册申请。

可口可乐公司不服商标局的驳回决定,于2003年12月5日向被告商标评审委员会申请复审,其理由为:申请商标是可口可乐公司独创的三维标志,该瓶形设计独特,是一个具有显著特征的商标。并且申请商标经过在多个国家的长期广泛的使用,成为具有极高显著性的商标。商标评审委员会受理可口可乐公司的复审申请后,于2010年3月8日作出第05155号决定。

该决定认定:第3330291号"三维标志"商标(以下简称申请商标)用于无酒精饮料等商品上,易被相关公众识别为指定商品的包装装潢,不具有区分产源的识别作用,缺乏商标应有的显著特征,属于《中华人民共和国商标法》(2001)第十一条第一款第(三)项所指不得用作商标注册的标志。可口可乐公司提交的证据不足以证明该三维标志通过使用已起到商标的区别作用。综上,依据商

[①] 案例来源:北京市第一中级人民法院(2010)一中知行初字第2664号判决。

标法(2001)第十一条第一款第(三)项、第二十八条的规定,决定申请商标予以驳回。原告可口可乐公司不服被告中华人民共和国国家工商行政管理总局商标评审委员会(以下简称商标评审委员会)作出的商评字(2010)第05155号《关于第3330291号"三维标志"商标驳回复审决定书》(以下简称第05155号决定),向北京市第一中级人民法院提起诉讼。

原告起诉称:1.申请商标系由原告独创的芬达瓶形立体商标,该瓶形商标在瓶身及瓶底处均有独创性的设计,具有独特的视觉效果,相关公众已将申请商标标识的产品同其他产品区分开来,申请商标具有显著性;2.申请商标经过原告持续多年的推广使用,以及与原告"芬达"商标的结合使用,在"芬达"获得极高知名度的同时,申请商标也具有极高的显著性和知名度;3.被告并未举证证明申请商标所代表的瓶形是相关市场上的普通瓶形;4.在申请商标申请之前,原告的第3032478号立体瓶形商标已经获得注册,足以证明立体瓶形具备独创性并经过长期使用可以作为区分产品来源的标志。综上,原告请求人民法院撤销第05155号决定。

被告答辩称:申请商标为指定使用商品盛装容器常用图形,不易作为商标识别,不能起到区分商品来源的作用,缺乏商标应有的显著特征。并且可口可乐公司提交的证据不足以证明申请商标通过商业使用和宣传已经和可口可乐公司形成紧密、唯一对应关系。另外,原告的第3032478号商标是否获得注册不是本案申请商标获得注册的当然理由。据此,被告认为第05155号决定认定事实清楚,适用法律正确,请求法院予以维持。

【基本问题】

可口可乐公司申请将芬达瓶形作为立体商标是否具有显著性?

【讨论与分析】

北京市第一中级人民法院认为:商标法(2001)第十一条规定,缺乏显著特征的标志不得作为商标注册,但经过使用取得显著特征并便于识别的除外。对于由三维标志或者含有其他标志的三维标志构成的立体商标而言,仅有指定使用商品通用或者常用的形状或者是其包装物的形状,不能起到区分商品来源作用的,应当被认为是缺乏显著特征的商标。本案中,双方当事人争议的焦点是申请商标是否系缺乏显著特征故而不应被核准注册的商标。对此法院认为,申请商标作为一个三维标志,整体呈圆柱形,中间部分有收腰和图形圆点的设计,底部有若干分立的支撑腿的设计。通过整体观察、综合判断,相关公众易将申请商标作为一种饮料的包装容器加以识别,而不易将其作为区分商品来源的立体标志加以识别。另外,原告提交的使用申请商标的证据材料其形成时间都在申请商标的申请日之后,并且这些证据材料也无法证明申请商标经过长期、广泛使用取得了显著特征。综上,申请商标缺乏商标应当具有的显著性,不应获得注册。被告的认定正确,法院予以维持。

【总结】

该案涉及的是立体商标的问题,三维标志能否被注册为商标关键是判断其有无显著性。本案中可口可乐公司的芬达瓶形设计只是指定使用商品的常用形状,缺乏作为商标的显著性,不能起到区分商品来源的作用。除此之外,可口可乐公司提供的证据无法证明其三维立体标志通过使用获得了显著性。商标法(2001)第十一条规定:"下列标志不得作为商标注册:(一)仅有本商品的通用名称、图形、型号的;(二)仅仅直接表示商品的质量、主要原料、功能、用途、重量、数量及其他特点的;(三)其他缺乏显著特征的。前款所列标志经过使用取得显著特征,并便于识别的,可以作为商标注册。"因此,法院作出的判决是正确的。

案例29 费列罗有限公司诉国家工商行政管理总局商标评审委员会商标确权纠纷案[1]

【案情简介】

原告:费列罗有限公司(以下简称费列罗公司)。住所地:意大利库纳奥省阿尔巴市彼得罗·费列罗广场1号。

委托代理人:张雯,北京市君合律师事务所律师。

委托代理人:孙涛,北京市君合律师事务所律师。

被告:中华人民共和国国家工商行政管理总局商标评审委员会(以下简称

---

[1] 案例来源:北京市第一中级人民法院(2007)一中行初字第815号判决。

商标评审委员会)。住所地:中华人民共和国北京市西城区三里河东路8号。

委托代理人:薛红深,中华人民共和国国家工商行政管理总局商标评审委员会干部。

北京市第一中级人民法院查明:申请商标于2001年12月3日在意大利首次提出注册申请,并于2002年5月23日在该国被核准注册,商标权人为费列罗公司,国际注册号为G783985,指定使用商品为第30类的面包、饼干、蛋糕、糕点和糖果、冰制食品、可可制品、覆盖层和尤指巧克力覆盖层、巧克力、糖衣杏仁、用作圣诞树装饰品的巧克力制品、酒心巧克力包皮的食品、甜食、糕点、包括精细糕点和可保存较长时间的糕点、口香糖、无糖口香糖、无糖糖果。2002年9月28日,费列罗公司通过世界知识产权组织国际局向中国提出了对于申请商标的领土延伸保护申请,申请商标指定使用的商品为第30类的面包、饼干、蛋糕、糕点及糖果、冰制食品、可可制品、食品上的覆盖物、主要是食品上的巧克力覆盖层、巧克力、糖衣杏仁、圣诞树装饰用巧克力产品、酒心巧克力食品、糖果和糕点、包括可长期保存的精制糕点、口香糖、不含糖的口香糖和不含糖的夹心糖果。申请商标为一个三维标志,由一块包在金黄色纸里的球形三维形状组成,在该图形的上半部分里,有一个白底椭圆形小标记,带有一条金边和一条白色细边,该三维图形放置在一个栗色和金黄色的底座上。申请商标指定使用色彩为金黄色、红色、白色、栗色。

中华人民共和国国家工商行政管理总局商标局(以下简称商标局)于2003年3月19日以该商标缺乏显著性为由对其在我国的领土延伸保护申请予以驳回。2003年5月6日,费列罗公司向商标评审委员会提出复审申请。2006年10月9日,商标评审委员会作出第3190号决定。费列罗公司不服商标评审委员会作出的第3190号决定,遂向北京市第一中级人民法院提起诉讼。

北京市第一中级人民法院另查明:费列罗公司在本案诉讼过程中向法院补充提交了16组共计79份证据,用以证明费列罗公司通过大量的使用行为使申请商标获得了显著特征:第一类、第二类证据系费列罗公司的广告代理商、相关电视媒体对费列罗公司产品宣传情况所作出的声明;第三类、第七类、第八类、第九类、第十类证据系国外媒体对费列罗公司产品的报道及费列罗公司在亚洲地区的广告宣传情况;第四类、第五类、第六类、第十二类、第十四类和第十五类证据系费列罗公司自行统计的销售数据、与案外人签订的销售合同及合同履行情况的一些说明;第十一类证据系费列罗公司在中国大陆以外的地区获得注册的商标列表;第十三类证据系费列罗公司产品获奖的情况;第十六类证据系天津市高级人民法院的终审判决书。但是,原告未在商标评审程序中提交上述证据。

【基本问题】

申请商标是否系缺乏显著特征故而不应被核准注册的商标?

【讨论与分析】

北京市第一中级人民法院认为:我国商标法(2001)第十一条规定,缺乏显著特征的标志不得作为商标注册,但经过使用取得显著特征并便于识别的除外。对于由三维标志或者含有其他标志的三维标志构成的立体商标而言,仅有指定使用商品通用或者常用的形状或者是其包装物的形状,不能起到区分商品来源作用的,应当被认为是缺乏显著特征的商标。本案中,双方当事人争议的焦点即是申请商标是否系缺乏显著特征故而不应被核准注册的商标。对此法院认为,申请商标作为一个三维标志,由一个栗色和金黄色相间并带有波纹形状的底座和在底座之上放置的具有皱褶状包装效果的金黄色球形三维形状组成。被告认定申请商标系常用的包装形式,但并未就该认定提供相关的证据予以支持。相反,申请商标对于色彩和商品包装形式的选择均不在本行业和指定使用商品包装形式的常规选择的范围之内,申请商标的独特创意已经使之成为原告产品的一种标志性设计,使得消费者在看到申请商标后就能够清楚地判断出该商标所附着商品的来源,申请商标已经具有了商标所应具备的显著性,应当在我国被作为注册商标予以保护,被告对申请商标的领土延伸保护申请亦应予以核准。

关于原告在本案诉讼过程中提交的用以证明申请商标通过使用获得了显著性的证据,法院认为,首先,原告并未在商标评审程序中提交上述证据,其亦未就没有提交的原因向法院作出合理的解释。其次,原告所提供的上述证据仅有部分内容涉及申请商标在其申请日之前在中国大陆地区的使用情况,而在这部分证据中又有相当多的内容或是原告自行统计的数据,或是只有案外人的声明而无能够支持该声明内容真实性的证据。因此,从上述证据提交的时间和证据的实质内容两方面进行分析,法院对于上述证据在本案中均不予采信。

综上所述,鉴于申请商标已经具备了显著特征,被告对其在中国的领土延伸保护申请应当予以核准。据此,原告的诉讼请求具备事实与法律依据,法院予以支持。被告作出的第3190号决定主要证据不足,法院依法予以撤销。

【总结】

本案同样是关于立体商标的案件,案件的争议焦点仍旧是争议商标是否具有显著特征。这与可口可乐公司立体商标案的情形是相似的,但是两案的结果却大相径庭。本案中,法院认定申请商标具有显著特征,因此支持了原告的诉讼请求。在判断申请商标是否具有显著特征时,需要考虑申请商标本身是否具有显著特征,如果本身不具有显著特征,则判断是否通过使用获得了显著特征,如果无法证明通过使用获得显著特征,即无法证明消费者能够依据申请商标清楚地知道商品的来源,那么该商标就不具有显著特征,无法获得注册。本案中,法院认定申请商标具有显著特征,因此认为其应当在我国被作为注册商标予以保护。对于立体商标需要补充的是,商标法(2001)第十二条规定:"以三维标志申请注册商标的,仅由商品自身的性质产生的形状、为获得技术效果而需有的商品形状或者使商品具有实质性价值的形状,不得注册。"这一规定将功能性标识排除在了立体商标之外,即使其通过使用获得显著特征也不能注册为立体商标。

案例30 卡特彼勒公司诉瑞安市长生滤清器有限公司商标侵权纠纷案[①]

【案情简介】

原告:卡特彼勒公司(CATERPILLAR INC.)。住所地:美国伊利诺斯州皮尔利亚市亚当街东北100号。

委托代理人:潘志成,上海市汇业律师事务所律师。

委托代理人:魏青松,上海市汇业律师事务所律师。

被告:瑞安市长生滤清器有限公司。住所地:浙江省瑞安市塘下镇韩田岩宕工业区。

委托代理人:汪泽琳,浙江瓯江律师事务所律师。

上海市浦东新区人民法院查明:原告系一家按照美国特拉华州法律组建和

---

① 案例来源:上海市浦东新区人民法院(2006)浦民三(知)初字第122号判决。

续存的公司,根据《财富》杂志世界500强企业排名,其于2003年、2004年、2005年和2006年分别列第223位、第209位、第163位和第159位。"CATERPILLAR"文字商标由美国卡特彼勒拖拉机公司于1981年在中国注册,商标注册号为第148057号,核定使用商品包括采矿机械。2000年12月7日,该商标注册人名义变更为本案原告卡特彼勒公司。1991年该商标经续展,有效期10年。商标续展核定使用商品为发动机、伐木机械、采矿机械。"C"图形商标由美国卡特彼勒拖拉机公司于1982年在中国注册,商标注册号为第157546号,核定使用商品包括农业机械。1986年12月12日,该商标注册人名义变更为本案原告卡特彼勒公司。1992年该商标经续展,有效期10年。商标续展核定增加商品通用机器。上述两商标经再次续展至今有效。2007年1月5日查询的国家工商行政管理总局商标局商标档案记载原告卡特彼勒公司的"C"图形商标于1979年申请,注册商品为农用机械和通用机器,国际分类第七类,类似群包括0701、0749。被告瑞安市长生滤清器有限公司成立于2002年11月12日,经营范围包括汽车滤清器、汽车配件、摩托车配件制造、销售及进出口业务。

上海外高桥港区海关在2005年4月8日查获了被告申报出口到叙利亚的使用"FOR CATERPILLAR"文字和"C"图形标识的滤清器100箱,价值4166美元。滤清器(oil filter)又名滤油器,是对燃油、液压油或润滑油等油品进行过滤的机器设备,主要用于提高电器用油的绝缘性能和润滑油的纯净程度。涉案滤清器呈圆柱型,高26厘米、柱底直径11厘米,外表土黄色。在柱面显著位置印有"C"图形标识,所占面积超过16平方厘米。在该图形标识之下标有3行显著字体,分别为"FOR CATERPILLAR""2P 4004""OIL FILTER"。其中"2P 4004"系涉案滤清器规格型号。在柱面上述图形与文字对应的另一面标有英文的产品安装指南。上述图形与文字均系深黑色。在圆柱体体表两面之间,附有粘贴可揭的银白色镭射标签,所占面积6平方厘米。该标签上印有白色"OK"标识,标签同时印有多行小字,内容均为"FILTERS. ORIGINAL CHINA-OK"。出口的该批滤清器包装纸盒盒体上印有大量"OK Original China FILTER"字样。盒体同时还印有"Application Use For 2P4004"等文字。涉案滤清器系柴油滤清器,用于机械燃烧系统油体的过滤。上海海关法规处在查获上述产品后于2005年4月11日向原告发出《确认知识产权侵权状况通知书》,通知原告办理相关手续,验货并确认是否侵权。2005年6月13日,上海海关法规处向原告发出《侵权嫌疑货物知识产权状况认定通知书》,告知对被告出口的该批货物是否侵犯原告"CATERPILLAR"商标权不能作出认定,如海关自扣留上述货物之日起50个工作日内未收到人民法院协助执行通知,将对该批货物予以放行。在上述规定的期限内,原告未向法院申请采取责令停止侵权行为或财产保全的措施。

Tarabichi公司系阿拉伯叙利亚共和国企业,从事汽车轮胎、二手车和新车的汽车零部件以及机械零部件贸易。该公司在其本国注册"OK"商标,用于汽车零部件特别是滤清器上。2005年2月24日,该公司与本案被告签署销售确认书,就汽车滤清器达成总价为54576.35美元的交易。其中,规格为477556-5的汽车滤清器总金额为2250美元,规格为"2P4004"的汽车滤清器总金额为4480美元。Tarabichi公司于2007年1月9日出具书面材料,证明上述销售确认书中规格为"2P4004"的汽车滤清器系根据其寄出的样品生产,并由其授权被告在产品上使用"OK"商标。2005年5月15日,被告由上海外高桥港区海关出口叙利亚一批汽车滤清器,总价为47846.35美元。

原告起诉称,其系世界上最大的工程机械、建筑机械及其相关配套设备的生产商,连续数年被《财富》杂志评为世界500强企业。其于1981年在中国注册"CATERPILLAR"文字商标,商标注册号为第148057号,核定使用商品包括采矿机械、伐木机械、发动机。其于1982年在中国注册"C"图形商标,商标注册号为第157546号,核定使用商品包括农业机械和通用机器。上述两商标经续展至今有效。原告在中国通过长期诚信经营标有该商标的产品,在业内已经获得极高的商业信誉。上海外高桥港区海关在2005年4月8日查获了被告申报出口到叙利亚的使用原告上述商标的滤清器100箱,价值4166美元。上海海关法规处于2005年4月11日向原告发出《确认知识产权侵权状况通知书》。依据《中华人民共和国商标法》(2001)及《中华人民共和国商标法实施条例》(2002)的有关规定,被告未经原告授权和同意,擅自生产和销售侵犯原告享有注册商标权产品的行为已构成对原告商标权的侵犯,严重损害了原告的合法权益。故诉请法院判令被告立即停止侵犯原告的注册商标专用权,并赔偿包括原告因制止被告侵权行为所支付的合理开支在内的经济损失人民币50万元。

被告答辩称,原告"C"图形商标核定使用商品不包括本案所涉滤清器,故被告对"C"图形商标的使用不构成侵权。同时,被告在滤清器产品上使用的"FOR CATERPILLAR"字样构成商标的合理使用。涉案货物系应叙利亚客户所需而生产,实际上被告并未出口,也没有其他销售,被告不应当承担赔偿责任。故请求法院依法驳回原告诉请。

【基本问题】

1. 涉案产品对"C"图形标识的使用是否构成商标侵权？
2. 涉案产品对"FOR CATERPILLAR"文字的使用是否构成商标侵权？

【讨论与分析】

上海市浦东新区人民法院认为，在中国依照中国法律规定程序取得的相应商标权，受中国法律保护，本案审理依法适用中国法律。原告是"CATERPILLAR"文字商标和"C"图形商标的商标注册人，依法享有商标专用权，任何公民或法人未经商标注册人的许可，不得在同一种商品或类似商品上使用与其注册商标相同或近似的商标。关于本案被告对"FOR CATERPILLAR"和"C"图形标识文字的使用是否构成商标侵权，评述如下：

一、涉案产品对"C"图形标识的使用是否构成商标侵权

在侵权诉讼中对商品类似与否的司法审查不同于商标审查、核准阶段的行政审查，也区别于商品行政管理过程中对商品类别的划分。商品是否类似不是一个孤立和静止的问题，在侵权诉讼中对商品类似与否的司法审查应当比较和考量商品的功能、用途、生产部门、消费对象、进入市场的商业渠道和销售习惯等因素。原告"C"图形商标核准使用商品"通用机器"按照注册时的商品国内分类属于第九类，包括了液压滤油器等液压元件。从功能和产品用途上看，液压滤油器和本案所涉柴油滤清器均属于滤油器，二者的功能和用途都是对油体进行过滤，去除有害的杂质，以避免因油体污染对机械的液压系统或燃烧系统造成损害，二者的过滤原理和物理构造相近，区别主要在于过滤的油体不同。从生产部门和销售渠道来看，二者都是由滤清器生产厂家生产，有时同一家滤清器生产厂家在其生产的系列产品中就包括液压滤油器和柴油滤清器等不同类型的滤清器产品，并且将液压滤油器、柴油滤清器等滤油器产品放在一起销售，以便相关公众选择。此外，原告商标具有较高知名度和较强显著性，相关公众对高知名度和强显著性商标的认知必然加大了实际混淆的可能。综上所述，法院认为，液压滤油器和本案所涉柴油滤清器在本案侵权诉讼中系类似商品，在柴油滤清器上使用"C"图形标识属于在类似商品上使用与原告相同商标的行为，构成商标侵权。

二、涉案产品对"FOR CATERPILLAR"文字的使用是否构成商标侵权

商标权只是在于阻止他人将其商品当作商标权利人的商品出售,如果对商标的使用只是为了告知真相而不是欺骗公众,则应当予以准许。但是任何人均不得假借合理使用之名,违反商业诚实惯例,故意突出与他人商标相同或近似的部分,使相关公众认为其经营与商标权利人之间存在某种商业上的联系。法院认为,鉴于滤清器规格与不同品牌或型号汽车之间存在对应关系,为便于相关公众购买,滤清器生产厂家可以在其产品上作出指示性说明,但是该说明必须出于善意,不能超出合理范围,造成相关公众混淆、误认或者产生联想。本案被告在滤清器产品中使用"FOR CATERPILLAR"文字存在以下情节:(1)"FOR CATERPILLAR"在涉案滤清器产品显著位置以深黑色加粗黑体字呈现,其中的"FOR"在英文中有"为了""对于""因为""作为"等多种含义;(2)上述文字紧靠在"C"图形标识之下,而该"C"图形标识系原告注册商标;(3)涉案滤清器产品上所附镭射标签系粘贴可揭,底色为银白,其上英文字母亦为白色,且字体小;(4)上述镭射标签上的 Tarabichi 公司简称标记隐蔽,被告代理人经法院询问于当庭仔细辨认后亦未能指出;(5)涉案滤清器产品上并无其他表示商品来源的标记;(6)原、被告的滤清器产品外观相同、颜色相近。根据上述情节,被告在其生产的滤清器显著位置以较大的字体突出使用"FOR CATERPILLAR"文字,同时又未以相应方式如实表述产品来源,而且所附镭射标签系粘贴,可以较为方便地揭去,这种使用方式客观上易使相关公众联想到该产品的来源与"CATERPILLAR"商标注册人之间存在某种联系,而且不排除被告对此效果的主观故意。因此,涉案产品对"FOR CATERPILLAR"文字的使用不属于对注册商标的合理使用。"CATERPILLAR"商标核定使用商品包括发动机,而本案所涉滤清器作为发动机的零部件与发动机属于类似商品。涉案产品对"FOR CATERPILLAR"文字的使用属于在类似产品上使用与原告注册商标"CATERPILLAR"相似商标的行为,已经构成对原告注册商标专用权的侵犯。

据此,被告应对其生产涉案滤清器产品的行为承担停止侵害、赔偿损失的法律责任。被告关于其受境外企业委托生产并出口的辩称并不能成为其免除民事法律责任的正当理由,同时也没有证据表明被告获得该境外企业关于涉案"CATERPILLAR"文字及"C"图形商标的合法授权。故法院对该抗辩意见不予采纳。被告今后不得生产销售标有涉案侵权标识的滤清器产品,对其留存的涉

案滤清器产品侵权标识亦应予以去除。涉案货物被海关查获后,原告未及时向法院申请采取措施。原告认为该批货物遭海关放行后已经出口,因此主张损害赔偿。被告则称海关解除扣押后其已将该批货物运回瑞安,同批出口标有"FOR VOLVO"字样规格为477556的滤清器遭扣押并经诉讼后已由司法机关处置,其余滤清器产品则在2005年5月15日由外港海关出口叙利亚。经查,本案所涉滤清器与标有"FOR VOLVO"字样的滤清器合同货值共计6730美元,出口合同总货值为54576.35美元。被告在2005年5月15日出口的滤清器货值为47846.35美元,该货值恰为上述两笔数据之差额。本案中并无证据表明被告将涉案滤清器出口,而该事实的举证责任在原告,原告对此未能举证应当承担相应法律后果。鉴于涉案滤清器并未出口,其利润无从产生,也未对原告的市场份额产生影响,因此经济损失的后果尚未发生,故被告赔偿的范围仅限于原告为制止侵权行为所支付的合理开支包括律师费、翻译费等。法院根据案件性质、律师收费的现行规定,以及原告的实际开支等具体情况,同时考虑到本案系涉外诉讼代理,酌情确定被告应承担的费用。综上所述,依据《中华人民共和国民法通则》第一百一十八条、第一百三十四条第一款第(一)项、第(七)项、《中华人民共和国商标法》(2001)第五十二条第(一)项、第五十六条第一款之规定,判决如下:

1. 被告瑞安市长生滤清器有限公司在本判决生效之日起立即停止对原告卡特彼勒公司第148057号、第157546号注册商标的侵害;2. 被告瑞安市长生滤清器有限公司在本判决生效之日起十日内赔偿原告卡特彼勒公司经济损失人民币3万元。如果未按本判决指定的期间履行给付金钱义务,被告瑞安市长生滤清器有限公司应当依照《中华人民共和国民事诉讼法》(1991)第二百三十二条之规定,加倍支付迟延履行期间的债务利息。本案案件受理费人民币10010元,由原告卡特彼勒公司负担4705元(已付),被告瑞安市长生滤清器有限公司负担5305元。

【总结】

在商标侵权纠纷案件中,判断是否构成侵权,主要看被诉侵权人是否在同一种或类似商品上使用了与注册商标相同或近似的商标。"何为同一种或类似商品"及"何为相同或近似商标",《最高人民法院关于审理商标民事纠纷案件适用法律若干问题的解释》(2002)在第九条、第十条、第十一条、第十二条作出了规定。

本案中,被告的产品(液压滤油器)与原告的产品(柴油滤清器)都属于滤油器,二者的功能和用途都是对油体进行过滤,去除有害的杂质,以避免因油体污染对机械的液压系统或燃烧系统造成损害,二者都是由滤清器生产厂家生产,并且销售时往往将两者放在一起,以便相关公众选择。此外,原告商标具有较高知名度和较强显著性,相关公众对高知名度和强显著性商标的认知必然加大了实际混淆的可能。据此,可以认定原被告商品构成类似。被告在柴油滤清器上使用"C"图形标识属于在类似商品上使用与原告相同商标的行为,构成商标侵权。此外,被告还在涉案商品上使用了"FOR CATERPILLAR"文字,被告辩称其是合理使用,但是其使用方式已经超出了合理使用的范围。法院认为,被告在其生产的滤清器显著位置以较大的字体突出使用"FOR CATERPILLAR"文字,同时又未以相应方式如实表述产品来源,而且所附镭射标签系粘贴,可以较为方便地揭去,这种使用方式客观上易使相关公众联想到该产品的来源与"CATERPILLAR"商标注册人之间存在某种联系,而且不排除被告对此效果的主观故意。因此,涉案产品对"FOR CATERPILLAR"文字的使用不属于对注册商标的合理使用。"CATERPILLAR"商标核定使用商品包括发动机,而本案所涉滤清器作为发动机的零部件与发动机属于类似商品。涉案产品对"FOR CATERPILLAR"文字的使用属于在类似产品上使用与原告注册商标"CATERPILLAR"相似商标的行为,已经构成对原告注册商标专用权的侵犯。最后,关于侵权损害赔偿问题,由于原告未能举证表明被告将涉案滤清器出口,故被告赔偿的范围仅限于原告为制止侵权行为所支付的合理开支,包括律师费、翻译费等。

案例31 北京国美电器有限公司诉武汉大为电子有限责任公司计算机网络域名侵犯注册商标专用权纠纷案[①]

【案情简介】

原告:北京国美电器有限公司(以下简称国美电器公司)。住所地:北京市朝阳区霄云路26号鹏润大厦18层。

---

① 案例来源:湖北省武汉市中级人民法院(2004)武知初字第160号判决。

委托代理人：詹长浩，北京国美电器有限公司法律顾问。

委托代理人：魏然，北京国美电器有限公司法律顾问。

被告：武汉大为电子有限责任公司（以下简称大为电子公司）。住所地：湖北省武汉市洪山区关山街喻家山西二区124—401号。

委托代理人：李翔，公司销售经理。

委托代理人：游贵桥，湖北名流律师事务所律师。

1997年9月7日，北京市国美电器总公司向国家工商行政管理总局商标局申请注册"国美电器"中文商标，并获得批准。商标注册证号为第1097722号，核定服务项目为第35类，注册有效期限自1997年9月7日至2007年9月6日，注册人是北京市国美电器总公司。2000年1月28日，国美电器公司受让第1097722号"国美电器"中文注册商标，并获得国家工商行政管理总局商标局核准转让注册商标证明，其受让人名义为北京国美电器有限公司。国美电器公司成立及受让该注册商标后，其关联公司及连锁经营场所均以"国美电器"注册商标为其家用电器销售服务的服务商标。2004年4月7日，在国美电器公司诉被告武汉市国之美百货店业主涂汉桥商标侵权一案中，"国美电器"注册商标被法院依法判定为驰名商标。

被告大为电子公司系于2001年1月19日成立的企业法人，该公司经湖北省武汉市工商行政管理局登记注册，领取企业法人执照。其主要经营范围是：试验机、数控设备、电子产品、计算机软硬件、点钞机、激光产品及配件的生产、销售和光电子元器件销售。公司所经营的材料试验机及动平衡机获得湖北省商品质量计量管理协会颁发的荣誉证书。

2003年7月29日，大为电子公司与中企动力科技股份有限公司签订《中企动力域名合同》一份，向该公司申请注册"国美电器.cn"中文通用域名，并获准注册。大为电子公司对该域名享有三年期限的专用权。大为电子公司将其注册的"国美电器.cn"域名，与大为电子公司www.whdw.com.cn网站相链接，并在该网站上从事介绍大为电子公司、相关产品、人力资源、在线定购、客户服务、联系我们及销售产品等商业活动。

2004年7月7日，国美电器公司发现"国美电器"注册商标被大为电子公司注册为该公司的中文通用域名后，向北京市海淀第二公证处申请证据保全。同日，北京市海淀第二公证处受理该申请，并派出两名公证人员在该处204室当场开机公证。公证员通过局域网登陆互联网，在浏览器地址上键入："国美电器.cn",直接进入大为电子公司www.whdw.com.cn网站首页。分别点击"公司简介""联系我们",网页即显示大为电子公司的宣传资料。公证员将显示的页面内容进行打印并制作〔(2004)京海民证字第3963号〕公证书一份。国美电器公司取得上述证据后,即以商标侵权及不正当竞争为由,向法院提起民事诉讼。

原告国美电器公司起诉称,原告是第1097722号"国美电器"注册商标的合法持有人。原告国美电器成立后至今,在全国设立30余家关联公司,并有130余家分支机构作为家用电器连锁销售卖场,全部以"国美电器"商标作为家用电器连锁销售服务中的服务商标。2004年4月,"国美电器"注册商标被湖北省武汉市中级人民法院判定为驰名商标。被告未经原告许可,擅自将与"国美电器"驰名商标完全相同的中文"国美电器"申请注册为中文通用域名"国美电器.cn"并使用,其行为构成对原告"国美电器"驰名商标的复制。被告将其注册的上述中文通用域名链接到其注册的www.whdw.com.cn网站,输入"国美电器.cn",使意欲访问原告公司网站的访问者直接进入被告公司网站,相关公众误认为原告与被告存在某种关联关系,其行为是对原告驰名商标的淡化。被告注册该中文通用域名,并链接到其公司www.whdw.com.cn网站后,在网站上宣传介绍其公司、相关产品、人力资源、在线定购、客户服务、联系我们及销售产品,完全以商业经营为目的,导致意欲访问原告公司网站的访问者直接进入了被告公司网站;同时,也阻止原告以"国美电器"驰名商标文字直接申请注册相关域名。综上,被告行为违反了《中华人民共和国民法通则》和《中华人民共和国反不正当竞争法》的相关规定,构成商标侵权和不正当竞争。请求判令:1.被告注销"国美电器.cn"中文通用域名,"国美电器.cn"由原告注册使用;2.被告赔偿原告为制止其侵权行为所支出的合理开支计人民币4880元;3.被告承担本案全部诉讼费用。

被告大为电子公司答辩认为:1.被告申请注册的"国美电器.cn"中文通用域名是经有关部门审批,并经合法程序注册取得的;2.域名与注册商标不同,"国美电器"中文通用域名只是进入网站的一个识别代码,其作用是与被告大为电子公司www.whdw.com.cn网站相链接的识别符号,"国美电器.cn"中文通用域名并未侵犯原告"国美电器"注册商标的专用权;3.被告注册"国美电器.cn"中文通用域名并不具有主观恶意。请求驳回原告的诉讼请求。

审理期间,被告大为电子公司对法院于2004年4月7日,在国美电器公司诉被告武汉市国之美百货店业主涂汉桥商标侵权一案中将"国美电器"注册商标依法判定为驰名商标的事实不持异议,并不再要求法院对"国美电器"注册商标是否驰名进行重新认定。

【基本问题】

大为电子公司将"国美电器.cn"注册为域名是否侵犯国美电器的商标专用权?

【讨论与分析】

武汉市中级人民法院认为,本案是一起由网络域名注册形成的域名权与注册商标权发生冲突而引起的计算机网络域名侵犯注册商标专用权纠纷案。在计算机网络环境中,域名使用者通过特定域名与特定网络环境相链接,进入计算机网络,从事网络使用、交易、宣传等活动,域名与商标一样,具备网络识别功能。在网络商务条件下,域名又是计算机网络使用者之间相互区别的显著标志,这种区别为网络商务创造快捷、便利的交易机会和条件。通过域名注册、使用,域名能够为域名持有人带来一定的经济利益。从法律属性上讲,网络域名具有民事权益的属性。商标与域名都具有识别功能,相伴而生的商标权与域名权均属依据法律和相关规则所形成的民事权利。但是,在日趋激烈的网络商业市场,两者蕴藏着丰富的商业机会。同时,特定环境中,两者趋同和冲突也不可避免。就本案而言,被告大为电子公司的计算机网络域名是否侵犯原告注册商标专用权应适用《最高人民法院关于审理涉及计算机网络域名民事纠纷案件适用法律若干问题的解释》(2001)进行调整。

原告国美电器公司是第1097722号"国美电器"中文注册商标的合法持有人,依法享有该注册商标的专用权。"国美电器"注册商标注册后,原告国美电器公司以"国美电器"商标作为其家用电器连锁销售服务中的服务商标。该商标在经营过程中成为中国广大消费者家喻户晓的驰名品牌。在原告北京国美电器有限公司诉被告武汉市国之美百货店业主涂汉桥案中,"国美电器"注册商标被法院依法判定为驰名商标。本案审理期间,被告大为电子公司对"国美电器"服务商标是否驰名不要求法院重新认定,即认可"国美电器"注册商标为驰名商标的事实。故本案中,国美电器公司对"国美电器"享有的民事权利具有合法性,"国美电器"服务商标作为驰名商标,原告依法享有禁止他人不当使用及淡化该驰名商标美誉度的权利。

域名的取得及行使应在法律许可条件下进行,注册和使用域名不得侵害他人合法的在先权利。合议庭综合本案基本事实认为,被告大为电子公司将原告国美电器公司的"国美电器"注册商标注册为其域名的行为侵犯了原告国美电器公司的注册商标专用权,被告大为电子公司依法应承担停止侵权及赔偿经济损失的民事责任。主要理由是:

第一,该域名的主体部分"国美电器",与原告注册的"国美电器"服务商标相同,是对原告国美电器公司"国美电器"注册商标在计算机网络环境下的简单复制。第二,被告大为电子公司是经营实验机、数控设备及光电子元件产品生产和销售的企业法人。该公司既非原告国美电器公司的关联企业,所生产、销售的电子产品也与原告服务商标不存在联系,被告对"国美电器"注册商标不享有任何权益。第三,"国美电器"是原告合法持有的注册商标,依法享有专用权。被告未经原告许可,使用该注册商标标志,并将其注册为"国美电器.cn"域名,该域名容易引起相关公众误解,故被告申请注册该网络域名,不具有正当理由。第四,被告将"国美电器.cn"域名,与该公司的 www.whdw.com.cn 公司网站进行链接,从事公司宣传、产品介绍、网络交易等活动,以提高被告公司的企业知名度和企业商誉,增强产品交易机会,其使用行为具有显而易见的商业目的。依据《最高人民法院关于审理涉及计算机网络域名民事纠纷案件适用法律若干问题的解释》(2001)第五条第(一)项、第(二)项规定,被告申请注册、使用"国美电器.cn"域名的行为具有主观恶意。

综上所述,依据《中华人民共和国民事诉讼法》(1991)第一百二十八条,《最高人民法院关于审理涉及计算机网络域名民事纠纷案件适用法律若干问题的解释》(2001)第四条、第五条及第八条的规定,判决如下:

一、被告武汉大为电子有限责任公司应停止侵犯原告北京国美电器有限公司对"国美电器"注册商标依法享有的注册商标专用权的侵权行为,并应于本判决生效之日起十日内注销"国美电器.cn"域名;

二、由原告北京国美电器有限公司注册使用"国美电器.cn"域名;

三、被告武汉大为电子有限责任公司于本判决生效之日起十日内赔偿原告北京国美电器有限公司为制止本案被告的侵权行为所支付的合理费用4880元。

本案案件受理费1000元,由被告武汉大为电子有限责任公司负担。此款原告国美电器公司已垫付,被告负担部分款项随前述款项一并支付给原告。

【总结】

本案涉及的是计算机网络域名侵犯注册商标专用权的问题。对于这一问题,《最高人民法院关于审理涉及计算机网络域名民事纠纷案件适用法律若干问题的解释》(2001)作出了针对性的规定。其中第四条是对侵犯商标专用权或不正当竞争的认定,认定的条件包括被告具有主观恶意,而第五条是对主观恶意的认定。本案中,法院完全是依照上述大前提来认定被告武汉大为电子有限责任公司侵犯了原告北京国美电器有限公司对"国美电器"注册商标依法享有的注册商标专用权。

案例32 上海申达音响电子有限公司与玖丽得电子(上海)有限公司侵犯商标专用权纠纷案[①]

【案情简介】

上诉人(原审原告):上海申达音响电子有限公司(以下简称申达公司)。

委托代理人:孙佳健。

委托代理人:温明,上海君拓律师事务所律师。

被上诉人(原审被告):玖丽得电子(上海)有限公司(以下简称玖丽得公司)。

委托代理人:何培民,上海市友林律师事务所律师。

委托代理人:王璟,上海市友林律师事务所律师。

原审法院经审理查明:图形文字组合商标(商标注册证第1163193号)的注册人为申达公司,核定使用商品类别为第9类:扩大器、收音机、影碟机,注册有效期限自1998年3月28日至2008年3月27日。该注册商标经过续展注册有效期至2018年3月27日。

2008年7月9日,中华人民共和国海关总署核准申达公司对该注册商标的

---

① 案例来源:上海市第一中级人民法院(2008)沪一中民五(知)初字第317号判决,上海市高级人民法院(2009)沪高民三(知)终字第65号判决。

知识产权保护申请,备案号:T2008-13440,有效期自2008年7月9日至2018年3月27日。

2008年7月23日,美国朱利达电子有限公司(买方)与玖丽得公司(卖方)签订合同,约定玖丽得公司向买方出售JD1501RC、JD202及JD1301电子管功率放大器,总价为18800美元。

2008年8月1日,上海海关法规处向申达公司发出《确认知识产权侵权状况通知书》,称上海外高桥港区海关查获玖丽得公司以一般贸易方式申报出口美国的电子管功率放大器98台,价值18800美元,商品上标有"Jolida+"商标,涉嫌侵犯申达公司在海关总署备案的知识产权。经申达公司申请,上海海关对该批货物予以扣留。

2009年2月4日,上海海关出具《侵权嫌疑货物知识产权状况认定通知书》(沪关知字〔2008〕第141号),对玖丽得公司申报出口美国的电子管功率放大器是否侵犯申达公司商标专用权不能作出认定。

另查明,1996年10月28日,美国朱利达电子有限公司申请设立申达公司,公司类型为有限责任公司(外国法人独资),经营范围为生产视听音响设备,音频处理、数据处理电子产品,模拟控制、数字控制类电子产品及相关电子配件,销售本公司自产产品。

1997年11月10日,上海市嘉定区人民政府批复同意申达公司调整出资额及转股,申达公司投资者由"美国朱利达电子有限公司"改为"美国嘉迪(国际)有限公司"。

2007年1月10日,美国朱利达电子有限公司投资设立玖丽得公司,公司类型为有限责任公司(外国法人独资),经营范围为加工、生产数字放声设备,销售公司自产产品,并提供售后技术服务。

又查明,美国专利和商标局商标注册簿材料载明:美国朱利达电子有限公司为"JOLIDA"文字和图形的商标注册人。"JOLIDA"文字商标的注册编号3209962,注册时间2007年2月20日,首次使用和商业中使用时间均为1986年12月31日,商品国际分类为第9类:电子器材,如声音扩音器和调谐器。图形商标的注册编号为3134802,注册时间为2006年8月29日,首次使用和商业中使用均为1986年12月31日,商品国际分类为第9类:电子器材、调谐器、CD播放器。

2009年3月3日,原审法院组织双方当事人到被控侵权产品扣押场所现场进行勘验和比对。被控侵权产品外包装纸箱上贴有"JOLIDA INC TEL:

0013019532014 MADE IN CHINA"及产品型号等标识。玖丽得公司在被控侵权产品及包装上使用"JOLIDA"文字商标情况如下:1. 在型号 JD1501RC 被控侵权产品控制面板和内包装盒上使用了"JOLIDA"文字商标;2. 在型号 JD202 被控侵权产品控制面板、顶部以及内包装盒上使用了"JOLIDA"文字商标;3. 在型号 JD1301 被控侵权产品控制面板上使用了"JOLIDA"文字商标。经过比对,玖丽得公司在被控侵权产品及内包装上使用的商标与其在美国注册的图形商标与"JOLIDA"文字商标标识相同。玖丽得公司在被控侵权产品及内包装上使用的图形商标与申达公司图形文字组合商标的图形部分相同,"JOLIDA"文字商标与图形文字组合商标的文字部分英文字母及排序均相同,主要区别在于部分英文字母的大小写不同。

原告起诉称:原告是成立于 1996 年 11 月 26 日的外商独资企业,主要生产功放(扩大器)和影碟机等产品,产品除内销外,还出口到美国市场。美国的主要客户经销商为美国朱利达电子有限公司(JOLIDA,INC.)。原告于 1997 年 2 月 3 日向国家工商行政管理总局商标局申请注册第 1163193 号商标,并于 1998 年 3 月 28 日获准注册,核定使用商品为第 9 类"扩大器、收音机、影碟机"。2008 年 7 月 9 日,该商标经过知识产权海关保护备案,备案号 T2008 - 13440。被告自成立以来在相同商品上使用该商标,直接导致原告在美国的订单数量减少。2008 年 8 月 1 日,原告收到上海海关法规处《确认知识产权侵权状况通知书》,确认被告申报出口美国 98 台电子管功率放大器,商品上标有该商标。

原告起诉称:被告未经许可在相同商品上使用该商标,侵犯了原告的商标专用权,故请求法院判令:1. 被告停止侵权;2. 被告赔偿原告经济损失人民币 20 万元;3. 被告赔偿原告为制止侵权行为支付的合理费用人民币 5040 元;4. 本案诉讼费由被告负担。

被告答辩称:原告和被告都是案外人美国朱利达电子有限公司(JOLIDA INC.)投资设立的,系争商标属于美国母公司。原告用美国母公司的商标进行商标注册的行为是恶意抢注的行为,侵犯了美国母公司的商标权,其主张的权利有瑕疵。被告在国内没有任何销售行为,仅是与美国母公司有出口贸易。被告认为原告的赔偿请求没有事实和法律依据,请求法院驳回原告的诉讼请求。

原审法院经审理认为,玖丽得公司的行为不构成商标侵权,故该院对申达公司的诉讼请求难以支持。据此,依照《中华人民共和国商标法》(2001)第五十二条第(一)项之规定,判决:驳回申达公司全部诉讼请求。申达公司不服原审判决,上诉请求:1.撤销原审判决;2.诉讼费和保全费由玖丽得公司承担。

申达公司上诉称:1.原审判决认定事实不清、确定性质不当。(1)美国朱利达公司与申达公司有贸易往来。玖丽得公司系美国朱利达公司全资设立,必然知晓申达公司的商标。(2)玖丽得公司与申达公司面对同一目标客户即美国朱利达公司。玖丽得公司恶意使用申达公司的注册商标,致使申达公司订单减少,造成其直接的经济损失。玖丽得公司的行为不属于典型的"定牌加工"。(3)美国朱利达公司的商标组合使用方式与申达公司注册商标相同,构成商标侵权。(4)申达公司原审提交的证据13即美国嘉迪(国际)有限公司与美国朱利达公司关于申达公司的知识产权归属协议,有美国朱利达公司代表黄洪声的签字,且对申达公司的知识产权作了约定。原审未查清该事实。申达公司原审提交的证据14即外国企业常驻代表机构代表证原件在上海市工商行政管理局存档。原审法院未批准申达公司有关调查取证的申请且对该证据不予采信不当。(5)美国朱利达公司的商标权利晚于申达公司且不合法。(6)美国朱利达公司对申达公司无实际出资。申达公司原审提交的证据表明,该公司系由美国嘉迪(国际)有限公司独资设立的子公司,与玖丽得公司、美国朱利达公司并非关联企业。2.原审判决适用实体法不当,违反法定程序。法律未规定混淆为商标侵权的构成要件,原审判决将混淆作为认定侵权的因素,超越司法机关的职能,系适用法律错误。

玖丽得公司答辩称:1.申达公司长期为美国朱利达公司贴牌生产并向其出口,在销售中均以美国朱利达公司为宣传品牌。故美国朱利达公司并非其经销商。2.玖丽得公司与美国朱利达公司是典型的定牌加工关系。玖丽得公司合法使用美国朱利达公司的商标并向其出口,并未在中国市场销售。3.申达公司恶意盗取并无差别复制了美国朱利达公司的商标,导致玖丽得公司被起诉。申达公司未对其商标来源作合理解释。美国朱利达公司的商标早于申达公司的商标,美国朱利达公司享有在先权利。4.申达公司提交的美国嘉迪(国际)有限公司与美国朱利达公司关于申达公司的知识产权归属协议中黄洪声的签字不真实。5.美国商标法保护商标权首次使用的时间,申达公司对此理解有误。6.申达公司与美国朱利达公司以及玖丽得公司之间是关联企业关系。1996年美国朱利达公司出资设立了申达公司。申达公司转让股权的行为未得到美国朱利达公司的许可和认可,是非法转让。申达公司的母公司已于1997年10月

2日消亡。7.原审法院适用我国商标法正确。TRIPS协定以是否可能产生混淆为判断商标侵权的标准,且规定定牌加工贸易纠纷适用进口国法律,故本案应适用美国法律。学术性探讨文章不能作为定案依据。最高人民法院对此未明确表态,但有文件表明对于定牌加工应保护在先权利。8.美国朱利达公司的商标权、著作权早于申达公司取得商标的时间,属于在先权利,玖丽得公司的行为不构成商标侵权。

二审法院经审理认为,原审判决认定事实清楚,适用法律正确,审判程序合法。上诉人申达公司的上诉请求与理由没有事实和法律依据,应予驳回。据此,依照《中华人民共和国民事诉讼法》(2007)第一百五十三条第一款第(一)项、第一百五十八条之规定,判决如下:驳回上诉,维持原判。

【基本问题】

玖丽得公司的"定牌加工"行为是否侵犯了申达公司的商标专用权?

【讨论与分析】

原审法院认为,商标的主要功能是区分商品和服务的来源,而《中华人民共和国商标法》所禁止的商标侵权行为的法律规定的主要目的在于防止相关消费者对商品和服务的来源产生混淆和误认。因此,认定商标侵权行为必须结合是否存在混淆和误认的情况来综合判断。本案中,申达公司主张玖丽得公司在同种商品上使用了与申达公司注册商标相近似的商标,该行为构成商标侵权。玖丽得公司则辩称,其实施的是定牌加工出口行为,既有订货合同,又有美国商标合法授权,故认为不构成侵权。判断玖丽得公司在本案中所实施的行为是否构成商标侵权需要考虑以下因素:其一,涉案商标的权利状况。本案中申达公司主张的权利依据是图形文字组合商标,其在中国合法注册取得,申达公司在中国境内享有该商标的注册商标专用权。而案外人美国朱利达电子有限公司按照美国法律取得在美国境内图形商标和"JOLIDA"文字商标的注册商标专用权。此外,从商标首次使用的时间来看,案外人美国朱利达电子有限公司首次使用图形商标及"JOLIDA"文字商标的时间早于申达公司成立时间及图文组合商标的注册时间。其二,双方当事人与案外人美国朱利达电子有限公司的投资关系情况。工商资料显示,双方当事人均是由案外人美国朱利达电子有限公司投资设立的外商独资企业,虽然目前工商资料显示申达公司的股东已经不是美国朱利达电子有限公司,但是申达公司与美国朱利达电子有限公司曾经是投资关系,且申达公司注册商标中的文字部分也和美国朱利达电子有限公司英文名称中的字号相同。其三,被控侵权行为的性质。双方当事人对被控侵权产品及内包装上使用的商标与申达公司的注册商标相近似均无异议。但从玖丽得公司的合同以及被控侵权产品内外包装上标注的美国朱利达电子有限公司的企业名称等综合考虑,玖丽得公司使用的商标是美国朱利达电子有限公司在美国享有合法商标权的商标且产品全部出口美国,因此玖丽得公司在本案中的行为属于涉外定牌加工出口的行为。其四,产品的相关市场及混淆的可能。由于涉外定牌加工出口的产品全部销往美国市场,而且在产品及包装上标注的商标和企业名称均为美国朱利达电子有限公司所有,因此在美国市场相关消费者通过商标标识区分商品的来源为美国朱利达电子有限公司。而由于涉案产品全部出口,未在中国市场实际销售,中国国内的消费者不存在对该商品的来源发生混淆和误认的可能。

原审法院认为,综合上述考虑因素,本案中关联企业内部由于投资关系的变化,造成了企业间在不同国家法域内各自独立享有原关联企业内部的商标专用权。涉外定牌加工行为中商品由于全部出口仅涉及的是美国市场及相关消费者,在中国市场内由于没有销售,所以相关消费者不会对该产品发生混淆和误认的可能。因此,玖丽得公司的行为不构成商标侵权,故原审法院对申达公司的诉讼请求难以支持。据此,依照《中华人民共和国商标法》(2001)第五十二条第(一)项之规定,判决:驳回申达公司全部诉讼请求。案件受理费人民币4376元、保全费人民币1195元,由申达公司负担。

二审法院认为,确定是否是定牌加工,应从两个方面考虑:一是加工方系自主生产,还是按委托方的要求进行生产;二是加工方生产好产品后是全部交予委托方,还是自行予以销售。同时,加工方还需要尽到对委托方是否享有合法商标权的审查注意义务。本案中,虽然双方当事人因出口通关的需要,签订的是买卖合同,但是在该合同第八条写明:在收到预付款后卖方安排生产买方定单。涉案产品包装上的落款人是美国朱利达公司,也可印证,被上诉人玖丽得公司是接受案外人美国朱利达公司的委托并按其要求进行生产的。另外,该产品在出口时被海关扣押,且无证据显示涉案产品在中国境内市场销售。因此,被上诉人玖丽得公司与案外人美国朱利达公司存在事实上的定牌加工关系。被上诉人玖丽得公司系美国朱利达公司在中国的全资子公司,玖丽得公司的法定代表人即美国朱利达公司的负责人,因此对于涉案商标在美国享有合法有效的商标权,被上诉人玖丽得公司应当是明知的,应认定其对商标权利已尽到了必要的审查注意义务。故原审法院认定玖丽得公司的行为构成定牌加工并无不当。商标侵权并不以故意为要件,故申达公司主张玖丽得公司必然知晓申达公司的商标,恶意实施商标侵权行为,造成其直接经济损失以及玖丽得公司的行为不属于典型的"定牌加工"的观点依据不足,二审法院不予采信。被上诉人玖丽得公司提交的美国专利和商标局有关商标证明经公证认证,且申达公司对上述证据的真实性并无异议,故申达公司主张美国朱利达公司的商标不合法的观点缺乏依据,原审法院不予支持。

上诉人申达公司最初由美国朱利达公司申请设立,被上诉人玖丽得公司系美国朱利达公司全资设立的子公司,故原审法院认定双方当事人与美国朱利达公司为关联企业并无不当。申达公司其后股权关系的变化并不能否定申达公司由美国朱利达公司最初申请设立的事实,且申达公司、玖丽得公司与美国朱利达公司是否是关联企业亦不影响本案对被上诉人玖丽得公司是否构成商标侵权行为的定性。故上诉人申达公司主张原审判决对上述事实认定错误的观点依据不足,二审法院不予支持。

上诉人申达公司原审提交的美国嘉迪(国际)有限公司与美国朱利达公司之间的《协议书》为复印件,系境外两家公司的内部约定,其效力只及于协议相对人,与本案的商标侵权纠纷缺乏关联性,且被上诉人玖丽得公司对该份证据的真实性不予认可,故原审法院对该份证据未予采纳符合法律有关规定。被上诉人玖丽得公司对于上诉人申达公司提交的外国企业常驻代表机构代表证的真实性无异议,原审判决已予以确认,而且该证据是否真实亦与本案无关。故上诉人申达公司认为原审法院未予调查取证及对该证据不予采信显属不当的观点,二审法院不予支持。

二审法院认为,商标的基本功能是区分商品或服务来源的识别功能,侵犯商标权其本质就是对商标识别功能的破坏,使得一般消费者对商品来源产生混淆、误认。本案中,被上诉人玖丽得公司接受案外人美国朱利达公司的委托定牌加工涉案产品,涉案产品全部出口至美国,未在中国境内销售,中国的相关公众在国内不可能接触到涉案产品,不会造成国内相关公众的混淆和误认。另外,在定牌加工关系中,境内加工方在产品上标注商标的行为形式上虽由加工方所实施,但实质上商标真正的使用者仍为境外委托方。本案涉案产品所贴商标只在中国境外具有商品来源的识别意义,并不在国内市场发挥识别商品来源的功能。故原审法院综合判断认定被上诉人玖丽得公司的行为不构成商标侵权并无不当。上诉人申达公司认为原审判决适用实体法不当,违反法定程序的观点,二审法院不予支持。

综上,二审法院认为原审判决认定事实清楚,适用法律正确,审判程序合法。上诉人申达公司的上诉请求与理由没有事实和法律依据,应予驳回。依照《中华人民共和国民事诉讼法》(2007)第一百五十三条第一款第(一)项、第一百五十八条之规定,判决如下:驳回上诉,维持原判。本案二审案件受理费人民币4376元,由上诉人上海申达音响电子有限公司负担。

【总结】

本案涉及涉外定牌加工行为是否侵犯注册商标专用权的问题。本案的争议焦点在于:玖丽得公司在定牌加工的产品上标注涉案商标是否会造成定牌加工产品来源的混淆、误认。原审法院认为,由于涉案产品全部出口,未在中国市场实际销售,中国国内的消费者不存在对该商品的来源发生混淆和误认的可能,判定不构成商标混淆、误认;二审法院认为,涉案产品所贴商标只在中国境外具有商品来源的识别意义,并不在国内市场发挥识别商品来源的功能,判定维持原判。

对于涉外定牌加工行为是否侵犯他人的商标专用权这一问题,法律并没有明确规定,司法实践中通常援引"未经商标注册人的许可,在同一种商品或类似商品上使用与其注册商标相同或者近似的商标"来认定侵犯商标专用权的行为。在本案之前,司法实践中已经处理过一些类似的案件,比如"耐克"案、"BRI"案、"HENKEL"案等,但是,这些案件与本案的处理结果是大相径庭的。本案中,法院认定被告(被上诉人)没有侵犯原告(上诉人)的商标权,而之前的案件都认定被诉侵权人侵犯了他人的商标专用权。这些案件判决的结果之所以不同,主要是因为法院在认定被诉侵权人是否侵犯他人商标专用权时,采取的认定标准是不同的。之前的案件,法院在审理时认为,商标侵权并不以混淆、误认为构成要件,而是以是否在相同或相似商品上使用了与注册商标相同或近似的商标。然而,本案中,法院却将混淆或误认作为商标侵权的构成要件,认为即使在相同或相似商品上使用了与注册商标相同或近似的商标,但是没有造成相关公众混淆或误认的,不构成商标侵权。本案中,由于涉案商品未在中国境内销售,中国的相关公众在国内不可能接触到涉案产品,不会造成国内相关公众的混淆和误认,因此,玖丽得公司不构成商标侵权。

关于是否以混淆或误认作为商标侵权的构成要件的问题,2014年5月1日实施的商标法给出了定论,在其第五十七条第二项中,明确提出"混淆标准"。

案例33 大众交通(集团)股份有限公司等诉北京百度网讯科技有限公司等侵犯商标专用权与不正当竞争纠纷案[①]

【案情简介】

原告:大众交通(集团)股份有限公司(以下简称大众交通公司)。

原告:上海大众搬场物流有限公司(以下简称大众搬场公司)。

被告:北京百度网讯科技有限公司(以下简称百度网讯公司)。

被告:百度在线网络技术(北京)有限公司(以下简称百度在线公司)。

被告:百度在线网络技术(北京)有限公司上海软件技术分公司(以下简称百度在线公司上海分公司)。

原告大众交通公司享有"大众"文字注册商标的专用权,商标注册证号为第772844号,核定服务项目为第39类:汽车出租;出租车运输;车辆租赁;旅客运送,该商标经续展有效期至2014年11月27日。2005年6月,原告大众交通公司与原告大众搬场公司签订了《注册商标排他许可使用合同》,原告大众交通公司排他许可原告大众搬场公司自2005年6月15日至2010年1月31日在上海市经营搬场业务时使用原告大众交通公司注册的第772844号"大众"商标。原告大众交通公司使用在出租车运输服务上的"大众"商标曾于2006年1月被上海市工商行政管理局认定为上海市著名商标,原告大众交通公司于2007年1月获得"大众最具价值的上海服务商标"证书,上海市人民政府外事办公室于2007年4月11日就原告大众搬场公司完成行李运送任务的事实出具了证明。以上事实由两原告提交的"大众"注册商标的商标注册证及核准续展注册商标

---

① 案例来源:上海市第二中级人民法院(2007)沪二中民五(知)初字第147号判决。

证、注册商标排他许可使用合同、著名商标证书等证据予以佐证，三被告对上述证据的真实性没有异议，法院对上述事实予以确认。

被告百度网讯公司是百度网站的所有人和经营人，该网站的"竞价排名"业务上海地区的负责主体是被告百度在线公司上海分公司，被告百度在线公司是被告百度在线公司上海分公司的上级公司。以上事实由两原告提交的公证书及三被告提交的《电信与信息服务业务经营许可证》等证据予以证明，法院予以确认。

2007年4月17日，上海市静安区公证处根据原告大众搬场公司的委托对百度网站的有关内容进行了公证，并出具了〔(2007)沪静证经字第1061号〕公证书，上述内容包括：1.对于百度网站的首页以及"企业推广""什么是百度竞价排名服务""用户注册""百度用户服务合同""火爆地带""关于百度""广告投放""百度广告投放""联系我们"等相关页面进行网页截屏保存；2.在百度网站首页的搜索栏中输入"上海大众搬场物流有限公司"，并对搜索所得的载有网站链接的页面以及点击链接进入第三方网站所得的页面进行截屏保存。上述公证书显示，在输入关键词"上海大众搬场物流有限公司"后所得网页搜索结果第1页的左侧，载有13个包含关键词的网站链接，这些链接的下方均显示有被链接网站的内容介绍和网址，排在该网页最前面的2个链接网站的名称为"上海大众搬场物流有限公司"，链接条目末尾显示有"推广"字样。在该网页的右侧，显示有8个网站链接，这8个链接不包含整个关键词，但包含该关键词中的部分内容，如"大众""搬场""物流"等。该公证书所载明的网页搜索结果第1页显示的被链第三方网站均与两原告无关，在前述网站网页的显著位置上有突出显示"上海大众搬场物流有限公司"以及"大众搬场"等字样。另查明，百度网站的"竞价排名"服务是一种收费服务，用户在"竞价排名"栏目注册账号后，需向百度网站支付推广费，自行选定搜索关键词，并自行设定其网站链接每被点击一次需向百度网站支付的费用，该项服务的最终目的是确保以其选定的关键词进行搜索时，付费越多的用户的网站链接排名越靠前。百度网站的"火爆地带"服务也是一种收费服务，注册用户可以购买以其选定的关键词进行搜索时其网站链接在"火爆地带"栏目中的位置，该搜索结果位于网页搜索结果第1页的右侧，并且每个关键词的"火爆地带"位置为10个，每个位置的价格不同。

以上事实由〔(2007)沪静证经字第1061号〕公证书以及原、被告的当庭陈述予以证明，虽然三被告在质证过程中对上述公证书的真实性提出过异议，但理由不充分并且未提交任何有效的证据予以反证，法院对上述事实予以确认。

原告大众交通公司和原告大众搬场公司共同诉称：原告大众交通公司享有"大众"文字注册商标专用权，注册证号为第772844号，核定服务项目为第39类，核定服务范围为汽车出租、出租车运输、车辆租赁、旅客运送。2005年6月，原告大众交通公司与原告大众搬场公司签订了《注册商标排他许可使用合同》，原告大众搬场公司因而取得了文字注册商标"大众"的排他许可使用权。经过两原告的努力，"大众"文字注册商标多次被评为上海市著名商标、最具价值的上海服务商标。

两原告发现在三被告所有并经营的百度网站（www.baidu.com）的"竞价排名"和"火爆地带"栏目网页中，出现大量假冒原告大众搬场公司的网站链接，这些网站经营者均未经过工商登记，不具有经营相关业务的资格，却擅自使用原告大众交通公司享有专用权和原告大众搬场公司享有排他许可使用权的"大众"注册商标，并以与原告大众搬场公司的企业名称相同或近似的名称招揽搬场物流业务。两原告认为，百度网站上的"竞价排名"和"火爆地带"两个栏目属于网络推广形式的广告，即以网页为媒介，为客户提供收费的宣传和推广服务。因此，三被告在百度网站上的广告栏目中擅自使用两原告享有权利的注册商标构成商标侵权及发布虚假广告的不正当竞争行为，故诉至法院请求判令：1. 三被告停止发布在百度网站上的"竞价排名"和"火爆地带"栏目中侵犯两原告商标权及构成不正当竞争的广告，并删除侵权网站的链接；2. 三被告在百度网站上"竞价排名"和"火爆地带"栏目的首页向两原告公开赔礼道歉、消除影响；3. 判令三被告向两原告赔偿包括合理费用在内的经济损失人民币50万元。

被告百度网讯公司、被告百度在线公司、被告百度在线公司上海分公司共同辩称：1. 本案两原告享有权利的注册商标所核定使用的服务类别是第39类的汽车出租、出租车运输、车辆租赁、旅客运送等项目，而在第39类的"搬场"服务项目及第35类的"商业场所搬迁"服务类别上，两原告不享有注册商标专用权及排他许可使用权，因此两原告无权在搬场服务类别上阻止他人使用"大众"文字标识。2. 原告公证书显示，输入关键词"上海大众搬场物流有限公司"后，出现在网页右侧的8个网站链接不属于"火爆地带"服务项目的搜索结果，而属于"竞价排名"服务项目中智能匹配的搜索结果。而百度的"竞价排名"搜索服务本质上是一种搜索引擎技术服务，只向公众提供信息检索服务，展示与公众输入的关键词相关联的网页链接，并不直接提供任何信息。与普通搜索相比，百度的竞价排名服务是基于搜索引擎技术开发出来的一种新的技术应用，具有实质性的正当用途,不是一种专门的侵权工具。"竞价排名"服务仅为第三方网站提供技术服务,影响搜索关键词与该网站网页的技术相关度,使得该网站在搜索结果中排序优先。作为搜索引擎,百度网站无法对被链接第三方网站的内容进行审核与控制,也无法控制关键词的输入以及限制关键词所对应的网站,因此三被告不是广告发布者,不应对第三方网站上的内容负责。3. 对于本案"竞价排名"服务中的关键词"大众搬场",三被告无法识别其可能涉及侵犯他人的注册商标。两原告事先未就此事发通知给三被告,而且三被告在接到本案诉状后已经及时断开了"大众搬场"关键词中全部涉嫌侵权的第三方网站的链接,作为搜索引擎服务商,三被告已经尽到了相关义务。综上,三被告认为自己没有侵犯两原告的商标权,也不存在不正当竞争行为,请求法院驳回两原告的诉请。

【基本问题】

1. 本案中百度网站为哪些第三方网站提供了"竞价排名"或者"火爆地带"服务?
2. 三被告的行为是否构成商标侵权和不正当竞争?
3. 两原告要求三被告共同赔偿经济损失人民币50万元是否有事实与法律依据?

【讨论与分析】

一、本案中百度网站为哪些第三方网站提供了"竞价排名"或者"火爆地带"服务

两原告认为,在百度网站上输入关键词"上海大众搬场物流有限公司"后,位于搜索结果第1页网页左侧的全部13个被链接网站均属于接受了百度网站"竞价排名"服务项目的网站,位于搜索结果第1页右侧的8个被链接网站均属于接受了百度网站"火爆地带"服务项目的网站。三被告认为,"竞价排名"结果的表现有多种方式,既可以出现在网页的左侧,也可以出现在右侧,这是符合搜索引擎行业惯例的。本案中出现在前述网页左侧并标有"推广"字样的2个被链接网站以及出现在网页右侧的8个被链接网站均属于接受百度网站"竞价排名"服务的网站,本案不涉及百度网站的"火爆地带"服务项目。因为根据百

度"火爆地带"服务项目的规则,只有当网民输入的关键词与接受该服务的客户自行注册的关键词完全一致时,该客户的网站链接才会出现在搜索结果第1页网页的右侧。如果客户注册的关键词与网民输入的关键词不完全一致,那么网页右侧将不会出现"火爆地带"服务项目的搜索结果,而是出现根据"百度竞价"排名采用的智能匹配技术得出的搜索结果,即其申请注册的关键词与网民输入的关键词有一定关联性的,并接受了"竞价排名"服务的客户的网站链接将出现在该网页右侧。

法院认为,根据原告提交的公证书中关于百度网站"竞价排名"服务项目的文字介绍与演示步骤的图示解释,可以认定位于搜索结果网页第1页左侧并在网站链接下方标有"推广"字样的两个被链接网站接受了百度网站的"竞价排名"服务,而在搜索结果网页第1页左侧中显示的其余网站链接,均属于百度网站作为搜索引擎根据关键词进行自然搜索后所得的结果。根据上述公证书中关于百度网站"火爆地带"服务项目的介绍与演示步骤的图示解释,法院对于三被告的辩称予以采信,认定本案中位于搜索结果网页第1页右侧的8个网站链接亦是接受了百度网站"竞价排名"服务,而非"火爆地带"服务。综上,法院认定,本案中上述10个被链接的第三方网站均接受了百度网站的"竞价排名"服务。

二、三被告的行为是否构成商标侵权

两原告认为,百度网站在经营"竞价排名"和"火爆地带"两个服务项目时没有尽到审查义务,致使搜索结果中出现了侵犯两原告享有的商标权及其相关权利的假冒网站,该行为属于故意为侵犯他人注册商标专用权行为提供仓储、运输、邮寄、隐匿等便利条件的商标侵权行为,三被告应当承担相应的民事责任。

三被告认为,首先,涉案的"大众"注册商标核准使用的服务范围为"汽车出租、出租车运输、车辆租赁、旅客运送"等,与本案涉及的搬场服务不相同,两原告在搬场服务上不享有任何商标权利,因此也不存在商标侵权行为。其次,百度网站作为网络链接服务商没有法定义务和权利对被链接第三方网站的内容进行审查或控制,即使百度网站安排数以万计的专业人员对数十万家参与"竞价排名"服务的第三方网站内容进行审查,也无法保证第三方网站内容的合法性。最后,百度网站只能承担也已经承担了接到通知后断开链接的义务,本案中百度网站在收到诉状后已经及时断开相关链接,故不应承担商标侵权的民事责任。

法院认为,依据商标法司法解释的有关规定,类似服务是指在服务的目的、内容、方式、对象等方面相同,或者相关公众一般认为存在特定联系、容易造成混淆的服务。"大众"注册商标核定使用的运输类服务与搬场服务在相关公众看来存在特定的联系,容易造成混淆,因此两者属于类似服务。由于两原告从未许可接受"竞价排名"服务的第三方网站使用"大众"商标,三被告亦未提供上述网站的"竞价排名"合同、经营资质以及其他相关证据。故法院认定,接受"竞价排名"服务的网站未经原告大众交通公司许可在其经营搬场业务的网站网页显著位置突出使用了"上海大众搬场物流有限公司""大众搬场"等字样作为其企业字号,使相关公众产生了误认,侵犯了原告大众交通公司享有的"大众"注册商标专用权。百度网站作为搜索引擎,其主要功能在于提供网站链接以帮助公众在网上搜索、查询信息,其根据网民输入的关键词而在搜索结果中显示出的内容,不能被视为是百度网站自己提供的内容,因此,本案中,虽然根据两原告输入的关键词,百度网站搜索结果的链接条目中含有"大众"和"上海大众搬场物流有限公司"等字样,但这是百度网站作为搜索引擎实现其主要功能的必要手段,同时百度网站的"竞价排名"服务只起到了影响网页搜索结果中自然排名的作用,也没有证据证明其有为第三方网站实施侵权行为提供便利的主观故意。综上,百度网站不应被认定为直接实施了商标侵权行为。但是,依据《最高人民法院关于贯彻执行〈中华人民共和国民法通则〉若干问题的意见(试行)》的有关规定,教唆、帮助他人实施侵权行为的人,为共同侵权人,应当承担连带民事责任。与搜索引擎通常采用的自然排名相比,"竞价排名"服务不仅需要收取费用,还要求用户在注册时必须提交选定的关键词。因此,百度网站有义务也有条件审查用户使用该关键词的合法性,在用户提交的关键词明显存在侵犯他人权利的可能性时,百度网站应当进一步审查用户的相关资质,例如要求用户提交营业执照等证明文件,否则将被推定为主观上存在过错。本案中,被告百度在线公司上海分公司作为"竞价排名"服务上海地区业务的负责人,应当知道"大众"商标的知名度,许多申请"竞价排名"的用户与两原告毫无关系,却以"上海大众搬场物流有限公司"或者"大众搬场"为关键词申请"竞价排名"服务,致使搜索结果中出现了两个名称完全相同、从事业务相同但其他内容和联系信息完全不同的网站。

综上,法院认为,百度网站应当知道存在第三方网站侵权的可能性,就此应当进一步审查上述第三方网站的经营资质,但根据三被告的陈述,百度网站对于申请"竞价排名"服务的用户网站除进行涉黄涉反等最低限度的技术过滤和筛选以外，没有采取其他的审查措施，未尽到合理的注意义务进而导致了侵犯原告大众交通公司的注册商标的第三方网站在搜索结果中排名靠前或处于显著位置，使网民误以为上述网站系与原告大众交通公司关联的网站，对原告大众交通公司的商誉造成了一定影响。法院认为，三被告未尽到合理注意义务，主观上存在过错，客观上帮助了第三方网站实施了商标侵权行为，并造成了损害结果，因此与直接侵权的第三方网站构成共同侵权，应当承担连带民事责任。鉴于本案中，两原告只起诉了三被告要求其承担民事责任，三被告应仅就其帮助侵权行为承担相应的民事责任。

三、两原告要求三被告共同赔偿经济损失人民币 50 万元是否有事实与法律依据

两原告为证明自己的实际损失，提交了 2007 年 1—8 月收入明细表、2007 年 1—8 月资产负债表及利润表等证据，但法院认为上述证据不足以证明其所要证明的事实。两原告未提交任何证据证明其为本案诉讼支出的合理费用。鉴于两原告的实际损失以及三被告的获利皆无法确定，法院将综合考虑两原告商标和企业名称的知名度、三被告侵权的范围、主观过错程度、侵权行为持续的时间及获利状况等因素，酌情确定赔偿数额，包括合理费用的支出。

另外，对于两原告要求三被告在百度网站"竞价排名"和"火爆地带"栏目的首页向两原告公开赔礼道歉、消除影响的诉讼请求，法院认为，商标侵权行为和不正当竞争行为不构成对两原告人身权利的侵害，对于两原告要求赔礼道歉的诉讼请求不予支持。但鉴于三被告的行为已经给两原告的商业信誉造成了不良影响，法院对于消除影响的诉请予以支持，三被告应以适当方式消除其侵权行为给两原告造成的不良影响。另外，鉴于三被告已经在接到本案诉状材料后断开了涉嫌侵权的第三方网站的链接，法院对于两原告要求停止侵权、断开链接的诉讼请求不予支持。

综上，接受百度网站"竞价排名"服务的第三方网站未经许可擅自在其网站上使用"大众搬场物流有限公司""大众搬场"等字样，假冒原告大众搬场公司的网站，使相关公众对其提供的搬场服务的来源产生误认，侵犯了原告大众交通公司享有的"大众"注册商标专用权，构成了针对原告大众搬场公司的不正当竞争行为。三被告作为百度网站的经营者以及"竞价排名"业务的负责主体，对于明显存在侵犯他人权益可能的注册用户未尽合理的注意义务,主观上存在共同过错,客观上共同给两原告造成了损失,构成帮助侵权行为,应当就该侵权行为共同承担赔偿损失的民事责任。据此,依照《中华人民共和国民法通则》第一百三十四条第一款第(七)项、第(九)项、第二款;《中华人民共和国反不正当竞争法》(1993)第五条第(三)项、第九条、第二十条第一款;《中华人民共和国商标法》(2001)第五十六条第一款、第二款;《最高人民法院关于审理商标民事纠纷案件适用法律若干问题的解释》(2002)第一条第(一)项、第十一条第二款、第十六条第一款、第二款、第二十一条第一款;《最高人民法院关于贯彻执行〈中华人民共和国民法通则〉若干问题的意见(试行)》(1988)第148条之规定,判决如下:一、被告北京百度网讯科技有限公司、被告百度在线网络技术(北京)有限公司、被告百度在线网络技术(北京)有限公司上海软件技术分公司应于本判决生效之日起三十日内在百度网站(www.baidu.com)"竞价排名"栏目的首页连续48小时刊登声明,消除影响(内容需经本院审核);二、被告北京百度网讯科技有限公司、被告百度在线网络技术(北京)有限公司、被告百度在线网络技术(北京)有限公司上海软件技术分公司应于本判决生效之日起十日内共同赔偿原告大众交通(集团)股份有限公司、原告上海大众搬场物流有限公司包括合理费用在内的经济损失人民币5万元;三、驳回原告大众交通(集团)股份有限公司、原告上海大众搬场物流有限公司的其余诉讼请求。如被告北京百度网讯科技有限公司、被告百度在线网络技术(北京)有限公司、被告百度在线网络技术(北京)有限公司上海软件技术分公司未按本判决指定的期间履行给付金钱义务,应当依照《中华人民共和国民事诉讼法》(2007)第二百二十九条之规定,加倍支付迟延履行期间的债务利息。本案案件受理费人民币8800元,由原告大众交通(集团)股份有限公司、原告上海大众搬场物流有限公司共同负担人民币3960元,由被告北京百度网讯科技有限公司、被告百度在线网络技术(北京)有限公司、被告百度在线网络技术(北京)有限公司上海软件技术分公司共同负担人民币4840元。

【总结】

本案涉及的是搜索链接服务的提供者在提供服务时是否会侵犯他人的商标专用权的问题。本案中,两原告认为,百度网站在经营"竞价排名"和"火爆地带"两个服务项目时没有尽到审查义务,致使搜索结果中出现了侵犯两原告享有的商标权及其相关权利的假冒网站，该行为属于故意为侵犯他人注册商标专用权行为提供仓储、运输、邮寄、隐匿等便利条件的商标侵权行为，三被告应当承担相应的民事责任。然而，法院认为，百度网站作为搜索引擎，其主要功能在于提供网站链接以帮助公众在网上搜索、查询信息，其根据网民输入的关键词而在搜索结果中显示出的内容，不能被视为是百度网站自己提供的内容，因此，本案中，虽然根据两原告输入的关键词，百度网站搜索结果的链接条目中含有"大众"和"上海大众搬场物流有限公司"等字样，但这是百度网站作为搜索引擎实现其主要功能的必要手段，同时百度网站的"竞价排名"服务只起到了影响网页搜索结果中自然排名的作用，也没有证据证明其有为第三方网站实施侵权行为提供便利的主观故意，综上，百度网站不应被认定为直接实施了商标侵权行为。但是，由于作为百度网站的经营者以及"竞价排名"业务的负责主体，对于明显存在侵犯他人权益可能的注册用户未尽到合理的注意义务，主观上存在共同过错，客观上共同给两原告造成了损失，构成帮助侵权行为，应当就该侵权行为共同承担赔偿损失的民事责任。

PART 3

第三章

专利法及其他

案例 34　专利侵权诉讼等同特征判断标准的适用方法
——评君合公司诉赢海公司、崔某某侵犯
　　实用新型专利权纠纷案[①]

【案情简介】

原告：常州君合科技股份有限公司。

被告：赢海公司。

被告：崔某某。

常州君合科技股份有限公司（以下简称君合公司）是从事达克罗半自动及全自动涂覆设备生产、销售的企业，其投入巨额资金历时多年研发出包括本案实用新型专利（名称为"新型自动涂覆机"，专利号为 ZL201120309066.0，以下简称涉案专利）在内的多项专有技术。崔某某原为其技术人员，熟知自动涂覆机专利技术等。君合公司发现崔某某离职后即去赢海公司工作，协助该公司生产与君合公司在工作原理、制作工艺、工作性能上完全相同的自动涂覆机（以下简称被控侵权产品）。君合公司认为赢海公司和崔某某的上述行为侵犯了涉案专利权，故诉至法院，请求判令两被告立即停止制造、销售被控侵权产品，并连带赔偿经济损失 50 万元及合理费用 2 万元。

常州市中级人民法院一审认为，被控侵权产品"分别铰接固定在 U 型铰接座上的两轴通过机架两侧臂底部轴孔与两侧臂连接，两轴通过 U 型铰接座固定在固定座上"，与涉案专利权利要求 1 中"分别固定在机架两侧臂上的翻转轴通

[①] 案例来源：江苏省常州市中级人民法院（2013）常知民初字第 147 号判决。

过翻转轴承和翻转轴承座固定在固定座上"构成等同技术特征。而且,被控侵权产品与现有技术相比,两者的工件篮夹紧机构存在实质性差异,被控侵权产品采用的技术方案不属于现有技术。赢海公司的行为构成侵犯专利权,但尚无充分证据证明崔某某与赢海公司共同实施了涉案专利。一审判决:赢海公司立即停止侵权并赔偿40万元,驳回君合公司的其他诉讼请求。

一审判决后,赢海公司不服,向江苏省高级人民法院提起上诉。

二审法院在审理中通过具体的技术分析和比对,最终认定被控侵权产品争议技术特征与涉案专利相应技术特征构成等同特征;在现有设计抗辩是否成立的审查中,借鉴等同特征判断的思路,认定被控侵权产品的工件篮夹持机构与现有技术公开的相应技术特征之间存在实质性差异,赢海公司的现有技术抗辩不能成立。据此判决驳回上诉,维持原判决。

【基本问题】

1. 如何认定侵犯专利权诉讼中常见的等同特征判断?
2. 如何对现有技术进行抗辩的审查及认定?

【讨论与分析】

一、如何认定侵犯专利权诉讼中常见的等同特征判断

《最高人民法院关于审理专利纠纷案件适用法律问题的若干规定》(2013)第十七条第二款曾明确规定了等同特征的判断标准,即"三基本+容易联想"标准,但在侵犯专利权审判实践中,在具体适用上述标准时,存在的主要问题是机械套用上述标准,缺乏从技术事实到法律认定(等同特征认定)之间的必要的推理或论证过程,导致裁判理由说服力不强。其原因主要在于:1. 裁判者对等同判断标准中的"手段""功能"和"效果"的概念及其三者之间的内在逻辑关系缺乏深入理解。2. "基本相同"和"容易联想"的认定须以一定的客观因素为依据,但目前尚无相关法律法规和司法解释对此予以明确,由此造成等同特征认定的自由裁量空间过大,增加了等同判断裁判结果的不可预见性。因此,作为专利审判法官,笔者认为,有必要结合个案的审理,进一步厘清等同特征判断标准中"手段""功能"和"效果"基本概念的含义,探求"基本相同""容易联想"判断的客观依据,这对于等同特征判断的精细化审理具有重要价值和意义。

1. 四要件之间的逻辑关系及等同特征判断的具体方法

该案二审判决认为,手段是技术特征的主体内容,功能和效果是其外在的性能指标,而争议技术特征之间是否"容易联想"系指"争议技术特征项下的手段之间"是否容易联想。故手段是技术特征等同判断的基础和核心。

基于上述四要件之间的关系,二审判决探索性地提出了等同特征判断的两种具体方法及其合理性依据。

第一种是技术分析法。即首先对手段进行技术分析,在此基础上判断手段是否基本相同,再进行功能和效果的判断,最后检验是否符合"容易联想"要件。这种方法的科学性在于,手段是否基本相同的判断(以下简称相似性判断)离不开对手段的技术分析,而该技术分析又可为后续的功能、效果以及"容易联想"的相似性判断提供充分的说理依据。并且,考虑到诉讼经济原则,人民法院在认定争议技术特征各自在涉案专利和被控侵权产品中具备什么样的功能、达到什么样的效果以及是否"容易联想"时,一般是依据对争议技术特征项下手段的技术分析,进而在该技术分析基础之上作出进一步的技术推导,并不苛求当事人提供相应的实验数据以证明涉案专利和被控侵权产品各自的实际功能和效果,除非在诉讼中被告能够提出充足的理由或者反证,证明上述技术分析或者技术推导过程中存在错误。而事实上,在大部分专利侵权诉讼中,双方当事人对功能和效果基本相同的争议也不会很大,如果人民法院能够对技术特征项下的手段作出充分的技术分析与透彻论证,双方当事人一般也都会认可这种通过技术分析确定功能和效果的方法。

第二种是反向排除法。由于手段的相似性判断涉及内在的工作原理和具体技术措施,相对而言较为复杂,而功能和效果具有外在、显性、客观的特点,故功能和效果不相同的举证和判断相对简单。因此,如果根据现有证据(一般为专利样机实验数据、被控侵权产品的使用测试数据)等能够证明被控侵权产品争议技术特征的功能和效果与涉案专利相应技术特征不相同,或者是功能和效果的不同属于显而易见且无须举证的情形,则无须再对手段和"容易联想"这两个构成要件进行判断,即能直接作出争议技术特征不构成等同的认定。

2. 技术手段的含义及其相似性判断的客观考量因素

关于何为技术手段,目前专利法及其司法解释中并没有对此作出进一步的解释。二审判决尝试对技术手段的概念及其相似性判断需要考虑的因素进行分析。即等同特征判断标准中的"手段",可理解成为解决某一技术问题而利用某一工作原理的工程化实施方式。工程化实施方式的具体内容需通过对手段的技术分析予以确定。例如,在本案自动涂覆设备所属的机械领域中,工程化实施方式主要是由零部件的形状、结构、装配关系、相对运动关系等基本技术单元组成。因此,技术手段相似性判断的比对要素可归纳为:构成技术手段的基本技术单元的组合(工程化实施方式)在整体上基本相同,且其所利用的工作原理相同。

3."容易联想"要件判断的客观考量因素

虽然"容易联想"要件属于主观要件,且该主观要件的判断主体是"本领域普通技术人员"这一拟制的主体,但在专利侵权审判实践中可以通过一些客观要素来分析判断该主观要件能否成立,如:争议技术特征项下的技术手段之间是否存在简单的直接替换关系;是否属于同一或相近的技术类别;是否均为常见且并列可选的技术手段;是否需对该技术手段之外的其他部分作出适应性的调整和重新设计等。

二、如何对现有技术进行抗辩的审查及认定

对于该问题,现有法律法规和司法解释并无明文规定,审判实践中亦缺乏相应的案例指导。笔者认为,现有技术抗辩中的"无实质性差异"判断标准与等同特征的"三基本+容易联想"判断标准之间存在密切关联。虽然两判断标准的适用场合有所差异,但两标准的判断对象均为某一技术特征而非整体技术方案,属于同一层次,故在现有技术抗辩的审查中,关于"无实质性差异"的认定,借鉴等同特征判断的思路并不存在障碍。同时,从利益平衡出发,二审判决对此也给出了可借鉴的充足理由:即法律在允许专利权人主张等同侵权以给予其更大的专利权保护范围的同时,也应当允许被控侵权人在现有技术抗辩中行使等同特征抗辩,即在充分保护创新的同时,需要确保社会公众享有对现有技术合理使用的权利,以实现专利权人与社会公众之间的利益平衡。

案例35 广东雅洁五金有限公司与谢忠英、王文景及中山市凌志锁业有限公司侵害外观设计专利权纠纷案[①]

【案情简介】

上诉人(一审原告):广东雅洁五金有限公司(以下简称雅洁公司)。

被上诉人(一审被告):谢忠英。

---

① 案例来源:福建省高级人民法院(2014)闽民终字第583号判决。

被上诉人(一审被告):王文景。

一审被告:中山市凌志锁业有限公司(以下简称凌志公司)。

曹湛斌系专利号 ZL200530068989.1"门把手面板(H70P)"外观设计专利权人,案件审理时该专利仍在有效期。曹湛斌将涉案专利以独占许可的方式许可给雅洁公司使用,合同有效期为 2009 年 10 月 22 日至 2015 年 7 月 1 日。被告中山市凌志锁业有限公司(以下简称凌志公司)未经雅洁公司许可,擅自生产并销售与原告涉案外观设计专利相似的锁具,产品商标为"FONO + 富门";被告谢忠英未经许可,擅自在其经营的五金店销售由凌志公司生产的、与原告涉案外观设计专利相似的产品。故,原告要求法院判令各被告立即停止生产和销售专利侵权产品的违法行为,立即销毁与侵权有关的被控产品,并连带赔偿原告经济损失。

【基本问题】

作为凌志公司股东及"FONO + 富门"的商标权人王文景是否需要与凌志公司共同承担赔偿责任?

【讨论与分析】

法院经一审查明,涉案锁具与涉案专利证书附图中显示的产品在整体视觉上并无实质性差异,可以认定两者相似,即涉案锁具为侵权产品;被控侵权产品上标明生产者为凌志公司,应当推定凌志公司是被控侵权产品的制造者;被告谢忠英通过从凌志公司购买涉案锁具,实施了销售侵权产品的行为。

一审法院认为:在没有直接证据证明王文景实施生产行为的情况下,其作为凌志公司的股东,托运、销售涉案产品的行为属于凌志公司的职务行为的可能性更大,应认定王文景个人生产、销售被控产品的行为的证据不充分,原告诉请判令王文景承担生产、销售被控侵权产品的主张不能成立。

二审法院则认为:由于被控侵权产品上还标注了"FONO + 富门"商标,经查明该商标的权利人为王文景,结合本案情况,王文景应当被认定为与凌志公司是共同的生产者,主要理由为:一是商标作为商品或者服务的识别标志,它是将商品或服务的提供者与商品或服务连接的纽带,相关公众看到该商标时,正常情况下就会认为该商品或服务系商标权利人提供,而本案并没有证据表明王文景已将"FONO + 富门"商标许可给凌志公司使用,因此,应当认定王文景系被控侵权商品的提供者;二是商标权作为一种知识产权,商标权人的收益一般是通过将商标使用在产品或者服务上从而实现其知识产权的财产权益,因此,凌志公司在其生产的被控侵权产品上使用"FONO+富门"商标,在产品的利润中也必然包含了一部分商标权人的商标许可收益。根据权利义务相一致的原则,商标权人对涉案被控侵权产品享有商标权益的同时,它还必须承担该产品因侵害他人知识产权而需承担的赔偿责任;三是被上诉人王文景虽是凌志公司的法定代表人、股东,但同时也是浙江凌志锁业有限公司的投资人,而浙江凌志锁业有限公司的生产经营范围也为锁具,王文景个人完全有能力组织生产并向谢忠英销售被控侵权商品。事实上,谢忠英二审庭审时承认其与王文景的交易中,依照王文景的指定将货款汇入其妻子的个人账户,而不是汇入凌志公司的账户,购买的货也是从浙江温州托运至福州等事实也间接印证了王文景也是被控产品的提供者。综上,王文景和凌志公司应当被看作是被控侵权产品的共同的生产者。依照专利法的规定,作为共同生产者的王文景应当与凌志公司承担共同停止侵权、赔偿损失的法律责任,一审仅判决凌志公司承担责任不妥当,应予以纠正。

案例36 上海晨光文具股份有限公司诉上海肖隆贸易有限公司、被告慈溪市爱可制笔有限公司侵害外观设计专利权纠纷案[①]

【案情简介】

原告:上海晨光文具股份有限公司(以下简称晨光公司)。

原告:上海肖隆贸易有限公司(以下简称肖隆公司)。

被告:慈溪市爱可制笔有限公司(以下简称爱可公司)。

原告晨光公司为名称为"笔(1820)"、专利号ZL×××××××××××.4的外观设计专利的专利权人,专利申请日为2006年7月18日,授权公告日为2007年7月18日。

2014年2月18日,晨光公司在被告肖隆公司处提货"G-5680"碳素中性笔30盒,并当场取得署名"上海肖隆贸易有限公司贺嘉顺"的名片一张。被告

---

① 案例来源:上海市第二中级人民法院(2014)沪二中民五(知)初字第141号判决。

肖隆公司出具的盖有"上海智贝商贸有限公司发票专用章"的发票显示:项目"中性笔G-5680"的单价为13元,合计金额390元。2014年3月10日,晨光公司通过公证处取得被告爱可公司在1号店网站(www.yhd.com)上销售其自己生产的听雨轩牌G-5680碳素中性笔的相关证据。

晨光公司认为爱可公司生产的听雨轩牌G-5680号碳素中性笔侵犯了自己名称为"笔(1820)"外观设计专利的合法权利,被诉侵权产品不仅在构造要点上与原告外观设计专利一致,且在整体造型上极其相似,落入了原告外观设计专利权的保护范围。故晨光公司以侵犯专利权为由,将爱可公司和肖隆公司诉至法院。

【基本问题】

被诉侵权产品是否落入了原告的专利保护范围,并受到专利法的保护?

【讨论与分析】

《中华人民共和国专利法》(2008)第五十九条第二款规定,"外观设计专利权的保护范围以表示在图片或者照片中的该产品的外观设计为准,简要说明可以用于解释图片或者照片所表示的该产品的外观设计"。《最高人民法院关于审理侵犯专利权纠纷案件应用法律若干问题的解释》(2010)第十条规定,"人民法院应当以外观设计专利产品的一般消费者的知识水平和认知能力,判断外观设计是否相同或者近似";第十一条规定,"人民法院认定外观设计是否相同或者近似时,应当根据授权外观设计、被诉侵权设计的设计特征,以外观设计的整体视觉效果进行综合判断;对于主要由技术功能决定的设计特征以及对整体视觉效果不产生影响的产品的材料、内部结构等特征,应当不予考虑。下列情形,通常对外观设计的整体视觉效果更具有影响:(一)产品正常使用时容易被直接观察到的部位相对于其他部位;(二)授权外观设计区别于现有设计的设计特征相对于授权外观设计的其他设计特征。被诉侵权设计与授权外观设计在整体视觉效果上无差异的,人民法院应当认定两者相同;在整体视觉效果上无实质性差异的,应当认定两者近似。"

本案中,被告爱可公司同意原告所确定的授权外观设计的设计特征,据此经比对原告外观设计与被诉侵权设计,在笔杆握手部分的防滑设计特征方面,两者相同,被告关于防滑结构与其他组成部分"可拆解"的特征,属于结构特征,不影响两者形状特征相同的判断;在笔杆与笔帽相接处的内凹设计特征方面,两者构成近似;在笔帽两侧椭圆形内凹、笔杆底部圆柱体、笔杆底端图案、笔杆与笔帽之间凸起的设计特征方面,两者既不相同也不近似。其中,需要进一步说明的是笔帽两侧椭圆形内凹的设计特征问题,双方当事人对于授权外观设计与被诉侵权设计的相关设计特征是否近似存在严重分歧,该问题对于整体视觉效果的综合判断也确实具有重要影响。法院认为,就本案所涉产品外观设计而言,相对于其他部位,笔帽两侧部分属于该产品容易被直接观察到的部位,对外观设计的整体视觉效果更具有影响。在该部分原告外观设计为一个椭圆形内凹,而被诉侵权设计系由两个椭圆形的内凹上下排列而成,二者有明显区别,从一般消费者的知识水平和认知能力判断,足以注意到二者之间的差异。原告对其关于两者构成近似的主张并没有充分的理由加以支持。综上,从整体视觉效果综合判断,被诉侵权设计与原告外观设计存在实质性差异,被诉侵权设计未落入原告外观设计专利权的保护范围。

由于被诉侵权设计未落入原告外观设计专利权的保护范围,原告关于被告爱可公司生产、销售"G-5680"碳素中性笔,被告肖隆公司销售"G-5680"碳素中性笔侵害原告名称为"笔(1820)"的外观设计专利权(专利号ZL×××××××××××.4)的主张不能成立,故法院对原告的相关诉讼请求均不予支持。

案例37 洛阳毅兴石化电器仪表设备有限公司与新乡市胜达过滤净化技术有限公司侵害实用新型专利权纠纷案[①]

【案情简介】

上诉人(一审原告):洛阳毅兴石化电器仪表设备有限公司(以下简称毅兴公司)。

上诉人(一审被告):新乡市胜达过滤净化技术有限公司(以下简称胜达公司)。

毅兴公司是名为"板框式空气过滤器"的实用新型专利的权利人,专利号

---

① 案例来源:河南省高级人民法院(2014)豫法知民终字第61号判决,河南省高级人民法院(2014)豫法知民终字第49号判决。

ZL02270121.4。2008年7月10日,中国石化集团洛阳石油化工工程公司与毅兴公司签订了关于中石化湛江东兴公司"主风机入口空气过滤器"的石化专用设备买卖合同,由毅兴公司提供空气过滤器的制造、检验、包装、安装及售后等服务。毅兴公司按照约定履行了合同,合同所涉空气过滤器系毅兴公司按照其"板框式空气过滤器"实用新型专利技术进行的施工。2011年9月23日,中石化湛江东兴公司与胜达公司签订了中石化湛江东兴公司主风机配套空气过滤器改造技术协议,胜达公司依约在前述专利产品基础上进行了加高,并进行了其他改造。毅兴公司认为胜达公司对专利产品的改造行为侵犯了其实用新型专利,故将其诉至法院。

在一审法院主持下,当事人双方将涉案专利与被控侵权产品进行了对比。

该实用新型专利的独立权利要求为:一种板框式空气过滤器,具有空气入口、壳体、正负压门、过滤装置和与空气压缩机连通的空气出口,其特征是:壳体的四周具有多个空气进入孔,壳体内设置的过滤装置由滤芯架和设置在滤芯架上的多个滤芯构成,过滤装置上部与壳体顶部相接、下部与壳体底部相接构成上、下部封闭结构,滤芯上下多层排列且每层为多个,构成环周封闭结构,过滤装置内部为空腔结构,内部空腔通过壳体顶部开孔与正、负压门连通,内部空腔通过壳体底部开置的空气出口与空气压缩机连通。

被控侵权产品系在原有专利产品基础上进行了加高,系将原有过滤器切割后,将切割部分连同正、负压门一起调离,对滤芯框架、外壳与胜达公司提供的滤芯框架、外壳、防雨棚焊接加高,再将顶部连同正、负压门一起吊至加高后的空气过滤器顶部,重新焊接封装,该过滤器内部加高有滤芯部分。改装后的过滤器特征为:该过滤器外表面为壳体,在壳体的四周具有向外突出的防雨棚,该防雨棚上具有多个百叶窗结构为空气进入口,过滤器内部设置有过滤装置,过滤装置由滤芯架和设置在滤芯架上的多个滤芯构成,滤芯架上部与壳体顶部相接、下部与壳体底部相接构成上下封闭结构,滤芯上下多层排列且每层为多个,构成环周封闭结构,过滤装置内部为空腔结构,通过壳体顶部的开孔与原有正、负压门连通,通过壳体底部开置的空气出口与原有空气压缩机连接。

【基本问题】

胜达公司的改造行为是否侵犯了毅兴公司"板框式空气过滤器"的实用新型专利权?

【讨论与分析】

一审法院认为：胜达公司将原有专利产品上进行加高后，关于该加高部分的设计，其仅是将现场所有过滤器顶部沿四边环形切割，将切割部分连同正负压室一块吊离，完整地露出原过滤器滤芯框架，然后对滤芯框架、外壳部分和防雨栅按原有产品结构进行组装、加工后再将顶部连同原有的正负压室一起吊置加高后的空气过滤器顶部，重新焊接封顶。一般来说，毅兴公司将其专利产品销售给购买方后，即无权再干涉购买方对该产品的使用与再次销售。然而，胜达公司对该产品的部分进行改造后，改造后的产品技术特征已完全落入了毅兴公司专利权的保护范围，且改造后原有的涉案专利产品的生产能力加强，使用方给胜达公司也支付了相应的对价，因此，胜达公司此行为构成侵权，应当承担停止侵权并赔偿损失的民事责任。

二审法院认为：本案所涉框架式空气过滤器最初系由毅兴公司为中石化湛江东兴公司生产安装的专利产品。中石化湛江东兴公司在该设备尚能使用的情况下，因扩充净化能力，招标对设备进行改造，且改造的结果提高了设备的净化能力，因此胜达公司与中石化湛江东兴公司签订、履行合同的改造行为属于产品制造行为。胜达公司改造后的设备与毅兴公司生产的改造前的设备及毅兴公司"板框式过滤器滤芯"实用新型专利技术方案的技术特征相同，落入毅兴公司"板框式过滤器滤芯"实用新型专利权利要求保护范围，构成侵权。

案例38　王飞诉江苏洋河酒厂股份有限公司侵犯实用新型专利权因现有技术抗辩成立被判败诉案[①]

【案情简介】

原告：王飞。

被告：江苏洋河酒厂股份有限公司（以下简称洋河酒厂）。

原告王飞诉称：2008年9月17日，原告申请了"一种烟酒的防伪结构"的实

---

① 案例来源：江苏省南京市中级人民法院（2011）宁知民初字第00121号判决。

用新型专利,2009年9月16日获得国家知识产权局的授权。该专利权的权利要求书载明,"一种烟酒的防伪结构,该结构主要由外包装盒(1)、酒瓶(2)、充值卡(3)3个部分组成;其特征是在酒瓶(2)外的一侧,包装盒(1)的内侧,设置有一张充值卡(3)"。2009年6月至今,被告洋河酒厂将原告的专利使用于其生产、销售的"海之蓝""天之蓝"系列酒上,侵犯了原告的专利权。原告曾于2009年11月25日书面要求被告停止侵权未果。2010年6月17日,被告针对原告的专利权向国家知识产权局专利复审委员会提出了无效宣告请求。2010年12月3日,国家知识产权局专利复审委员会经审查作出了维持原告专利权有效的决定。原告认为,被告未经许可擅自使用原告专利的行为严重妨害了其专利的推广,给原告造成了损失。故诉至法院,请求判令被告:1.停止侵犯原告专利权的行为;2.赔偿原告损失30万元;3.承担本案诉讼费用。庭审中,原告撤回"海之蓝"酒与购买发票的证据以及起诉状中针对"海之蓝"酒的事实理由,同时确认诉讼请求第一项、第二项系针对被告生产、销售"天之蓝"酒的侵权行为以及该行为对原告在全国范围内造成损失的赔偿数额,并明确表示关于"海之蓝"酒将收集证据后另行起诉。

被告洋河酒厂辩称:1.被告在原告专利申请日前就已经使用同样的方式对产品进行促销,被告享有先用权;2.被告在产品中放入充值卡只是诸多促销方式的一种,电话充值卡上没有任何防伪标识,也没有其他明示或暗示的方式表明其能够用于防伪;3.1997年5月30日案外人王健申请了"利用电话卡防伪的包装容器"实用新型专利,被告的产品落入的是王健专利权的保护范围,即使被告的产品落入原告专利权的保护范围,原告的专利也是公知技术,没有新颖性和创造性,不应当被授予专利权,王健的专利已公开了原告专利的技术方案所记载的技术特征;4.被告没有给原告造成损失,原告起诉被告系滥用诉权的行为。故请求法院驳回原告的诉讼请求。

江苏省南京市中级人民法院一审查明:2008年9月17日,原告王飞向国家知识产权局申请了名称为"一种烟酒的防伪结构"的实用新型专利,2009年9月16日获得授权并公告,专利号为Z1200820160347.2,该专利目前仍处于有效的法律状态。其权利要求书仅记载了权利要求1,即一种烟酒的防伪结构,该结构主要由外包装盒(1)、酒瓶(2)、充值卡(3)3个部分组成,其特征是:在酒瓶(2)外的一侧,包装盒(1)的内侧,设置有一张充值卡(3)。其说明书记载了该专利的背景技术是烟酒行业的多种防伪技术容易为不法分子所掌握,让消费者难以区分。该专利的发明目的在于解决目前烟酒防伪技术所存在的不足,提供一种简单、方便、防伪性高且易于操作的烟酒防伪结构，使用时，打开外包装盒，取出充值卡，如能顺利充进的为真品，否则为伪劣产品。该专利中的"充值卡"为手机充值卡，在和手机网络运营商取得合作意向后，充值卡的面值可设置在1～500元。

2010年6月17日，被告洋河酒厂针对原告的涉案实用新型专利权向国家知识产权局专利复审委员会提出了无效宣告请求，认为原告专利权利要求1不具备创造性，请求宣告其权利要求全部无效。被告洋河酒厂提供了（2008）宿证经内字第890号公证书、《扬子晚报》、《新华日报》和《现代快报》复印件等证据。经审查，国家知识产权局专利复审委员会认为涉案专利将外包装盒和手机充值卡组合起来后，不仅起到了盛装瓶酒和手机充值的作用，还能起到防伪的作用，即组合后实现了新的技术效果。这种组合具有实质性特点和进步，涉案专利具备创造性，并据此作出了维持涉案专利权有效的决定。

原告王飞当庭提供了未拆封的"天之蓝"酒1瓶，当庭拆封后，经被告洋河酒厂的技术人员当庭鉴别，确认其生产日期为2009年3月16日，批号为161991 A6，从外包装、内包装等方面鉴定属于被告的产品，并当庭出具了一份编号为洋司鉴字NQ8022054的《江苏洋河酒厂股份有限公司鉴定报告书》。该瓶酒拆封后，打开外包装盒盒盖，可见包装盒底座圆形孔洞内有一个盛装白酒的酒瓶，在酒瓶外与包装盒底座圆形孔洞之间放置了一张"中国电信充值付费卡"。该卡正面注明了"天之蓝升级版""洋河蓝色经典""充值付费卡￥20（固定电话、小灵通、宽带、天翼通用）"等字样；背面注明："本卡适用于中国电信江苏省预付费和后付费固定电话、移动电话、宽带充值付费。"原告认为，被告的"天之蓝"酒产品在酒瓶的外侧和包装盒的内侧设置了充值卡，完全落入了其涉案实用新型专利权的保护范围。被告同意原告关于充值卡位置的观点，但认为该充值卡的作用只是充值，没有防伪的功能，不落入原告专利权的保护范围，被告的产品即使具有与原告专利相同或者等同的技术特征，落入的也是案外人王健专利权的保护范围。

原告提供了3张江苏省徐州市定额发票，每张金额100元，原告当庭陈述定额发票系其购买"天之蓝"酒所取得。

1997年5月30日，案外人王健向国家知识产权局申请了名称为"利用电话卡防伪的包装容器"的实用新型专利，1998年10月14日获得授权并公告，专利号为ZL97236213.4。由于未交年费该专利权已于2005年8月10日终止。其权利要求1为"一种利用电话卡防伪的包装容器，其特征在于它包括包装容器本体(1)和防伪电话卡(2)";权利要求3为"根据权利要求1所述的一种利用电话卡防伪的包装容器,其特征在于防伪电话卡(2)设置在包装容器本体(1)内";权利要求8为"根据权利要求1~7其中之一所述的一种利用电话卡防伪的包装容器,其特征在于防伪电话卡为磁卡或IC卡或光卡";权利要求9为"根据权利要求1~7其中之一所述的一种利用电话卡防伪的包装容器,其特征在于包装容器为盒状、袋状、瓶状或罐状容器"。其说明书记载,该专利的目的在于"提供一种防伪功能特好的防伪包装容器"。"与现有的防伪容器相比,本实用新型将包装容器与电话卡配合使用,利用电话卡的不易伪造性来对容器进行防伪,因此具有如下优点:不易仿制、真伪立辨、防伪性好、不能重复使用。""电话卡的发行由国家专营,指定厂印刷,需要强大的技术、资金实力,伪造者难以有此条件,而且还要冒极大的犯法风险。"

【基本问题】

1. 被告洋河酒厂被诉的"天之蓝"酒产品是否落入原告王飞涉案实用新型专利权的保护范围?
2. 被告洋河酒厂主张的现有技术抗辩能否成立?

【讨论与分析】

一、被告洋河酒厂被诉的"天之蓝"酒产品是否落入原告王飞涉案实用新型专利权的保护范围

庭审中双方当事人均确认,被诉侵权产品"天之蓝"酒系被告洋河酒厂的产品,且在酒瓶的外侧和包装盒的内侧设置了充值卡。原告王飞认为该产品完全落入其专利权的保护范围;被告洋河酒厂认为该产品中的充值卡作用是充值而非防伪,不落入原告专利权的保护范围,落入的是案外人王健已失效专利权的保护范围。法院认为,庭审中经当庭拆封,可见被诉侵权产品"天之蓝"酒的结构主要包括由包装盒盒盖与底座组成的外包装盒、酒瓶和中国电信充值付费卡,中国电信充值付费卡被置于酒瓶外与包装盒底座之间,即位于酒瓶外的一侧、包装盒的内侧,与原告涉案实用新型专利权利要求1的全部技术特征一一对应,落入原告涉案实用新型专利权的保护范围。判断被告的产品是否落入原告专利权的保护范围应当将其产品与原告专利的权利要求书进行技术比对,审查原告主张的权利要求所记载的全部技术特征,而不是根据被告对产品或产品组成部分功能的设定。虽然被告产品中的中国电信充值付费卡并未表明其能够用于防伪,但其具有手机充值卡的功能,且在正面注明了"天之蓝升级版""洋河蓝色经典"等字样,是被告为涉案的"天之蓝"酒产品专门定制的充值卡,其与外包装盒、酒瓶等组合后,不但能起到盛装酒的作用,还能起到防伪的作用,这种组合实现了新的技术效果。故法院对被告洋河酒厂的充值卡作用仅在于充值、在产品中放入充值卡是一种促销方式的抗辩意见不予采纳。对被告主张的其在原告专利申请日前就已经使用同样的方式对产品进行促销,被告享有先用权的抗辩,法院认为被告所提供的相应证据与本案没有关联性,不能证明被告是否采用与原告涉案专利相同或等同的方式生产、销售"天之蓝"酒产品,故对被告的该抗辩意见亦不予采纳。

二、被告洋河酒厂主张的现有技术抗辩能否成立

被告洋河酒厂认为,案外人王健"利用电话卡防伪的包装容器"的实用新型专利公开了原告专利的全部技术特征,被告产品使用的是现有技术方案。原告王飞认为,王健的专利与原告的涉案专利性质不同,没有关联性,原告专利中的"充值卡"不同于王健专利中的"电话卡",需要生产商通过和手机网络运营商取得合作意向后定制可以给手机充值的充值卡;而王健专利中的"电话卡"无须特别定制,不具有给手机充值的功能。法院认为,案外人王健"利用电话卡防伪的包装容器"的实用新型专利权的申请日、授权公告日分别为1997年5月30日、1998年10月14日,并于2005年8月10日终止,相对于涉案专利而言属于现有技术方案。判断被告主张的现有技术抗辩能否成立,应当将被告洋河酒厂被诉的"天之蓝"酒产品与王健的现有技术方案进行比对。被告的产品包括包装容器本体和"中国电信充值付费卡",且充值卡设置在包装容器本体内,包装容器为盒状,除被告的产品使用的是充值卡外,其他技术特征与现有技术方案权利要求1、3、9均相同。法院认为,被告产品所使用的充值卡虽然不同于现有技术方案列举的"磁卡或IC卡或光卡",但与防伪电话卡构成等同的技术特征,理由如下:(1)两者手段相同,都是采用在包装容器内放入信息识别卡片的方式。(2)两者实现的功能基本相同,被告产品所使用的充值卡为"中国电信充值付费卡",适用于中国电信江苏省预付费和后付费固定电话、移动电话、宽带充值付费,其功能主要在于电话或网络通信;现有技术方案使用的是防伪电话卡,其功能在于电话通信。(3)两者达到基本相同的效果,被告产品所使用的充值卡与现有技术方案中的防伪电话卡通过使用都能达到防伪的效果,如能正常使用则为真,否则为伪。电话卡和充值卡都是由国家电信部门或者专业的通信公司所发行的,都具有不易仿制、真伪立辨、防伪性好的特点,这也正是它们能够被用于防伪的主要原因。(4)将防伪电话卡替换为充值卡是本领域的普通技术人员无须经过创造性劳动就能联想到的特征,充值卡是随着电话和网络通信等科技不断进步应运而生的,其使用更为方便、快捷,已被广泛应用于通信消费服务领域,且这种替换未对涉案产品的形状、构造或者结合产生实质影响。因此,法院认为,被告洋河酒厂被诉的"天之蓝"酒产品虽然落入了原告涉案专利权的保护范围,但被告的产品与现有技术方案的技术特征构成相同或等同,被告的产品使用了现有技术方案,被告主张的现有技术抗辩成立。

由于被告使用的技术方案属于现有技术,故被告不构成对原告涉案专利权的侵犯,原告指控被告侵犯专利权并要求其承担民事责任的诉讼请求不能成立,法院不予支持。被告洋河酒厂被诉的"天之蓝"酒生产日期为2009年3月16日,被诉侵犯原告专利权的行为发生在2009年10月1日前,应当适用2008年12月27日修改前的《中华人民共和国专利法》。

据此,南京市中级人民法院依照2008年12月27日修改前的《中华人民共和国专利法》(2000)第五十六条第一款、《最高人民法院关于审理专利纠纷案件适用法律问题的若干规定》第十七条之规定,于2011年8月16日作出(2011)宁知民初字第121号判决:

驳回原告王飞的全部诉讼请求。

原告王飞不服一审判决,向江苏省高级人民法院提起上诉。在二审审理过程中,原告王飞撤回上诉,一审判决发生法律效力。

案例39 永莹辉贸易(上海)有限公司与上海欣典灯饰有限公司、张某侵害外观设计专利权纠纷案[①]

【案情简介】

原告:永莹辉贸易(上海)有限公司。

---

① 案例来源:上海市高级人民法院(2012)沪高民三(知)终字第3号判决。

被告：上海欣典灯饰有限公司（以下简称欣典公司）、张某。

原告诉称：原告是"吊灯（BP9051）"的外观设计专利权人，现发现被告欣典公司销售的一款"帝罗"牌吊灯与原告的外观设计极为相似。该产品由中山市古镇某奇灯饰厂（以下简称"某奇厂"）生产，该厂业主为被告张某。此前，"帝罗"产品已经多次被法院判定侵权。原告认为，两被告的行为侵犯了其外观设计专利权，故请求法院判令：被告欣典公司立即停止销售侵权产品；被告张某立即停止生产、销售侵权产品；被告张某赔偿原告经济损失人民币30万元及合理费用人民币11680元（以下币种同）；本案诉讼费由两被告负担。

被告欣典公司辩称：被控侵权产品是其从某奇厂购买，且使用的是现有设计，故其不构成侵权。

被告张某辩称：其在原告申请本案专利之前已经生产、销售被控侵权产品，且其产品使用的是现有设计，故不构成侵权。

【基本问题】

灯具的外观设计是否为现有设计？

【讨论与分析】

上海市第一中级人民法院在审理中将两被告制造、销售的 MD0447A-1 型灯具的外观分别与原告的"吊灯（BP9051）"外观设计、产品图册中相应型号灯具照片所示外观进行了比对，结论均相同。产品图册的形成时间早于原告申请本专利的时间，双方的争议在于该图册是否早已公开并为国内外公众所知悉。并分析如下：首先，从公开的载体而言，专利法意义上的现有设计包括出版物公开，出版物又可以包括各种印刷、打字、光影、视听资料。本案中，披露原告外观设计特征的是一份产品图册，而产品图册也属于可公开设计方案的出版物的范畴。

其次，从公开的程度而言，这份产品图册中 MD0447A-1 型灯具产品的照片虽然只是从一个角度拍摄，但却足以披露两被告制造、销售的系争产品的设计技术特征。

最后，从公开的范围而言，一个不争的事实是这份产品图册在 2005 年河南省郑州市中级人民法院审理（2005）郑民三初字第 117 号案件的过程中，已经在法庭上举证和质证，并且记录并归档于该案的卷宗资料中。由于该案是公开开庭审理，所以至少包括被告张某在内所有参与该案审理的人员均有机会获得该份图册,而且没有任何保密要求。张某还主张图册早在香港展会上展示过。对此,法院认为,任何经营主体印制产品图册的目的都是宣传自己的产品,故产品图册印制完成后却不用于产品宣传显然不符合常理,目前没有证据显示该图册属于内部资料,仅在特定范围内发行或要求保密,故该产品图册已用于公开宣传的事实可以确认。

综上所述,被告张某在本案中的现有设计抗辩成立。两被告制造、销售系争灯具产品的行为并不构成侵权。

案例40 伐柏拉姆公司与义乌市丹晨袜业有限公司、马凤英侵害发明专利权纠纷案[①]

【案情简介】

上诉人(原审原告):伐柏拉姆公司。

被上诉人(原审被告):义乌市丹晨袜业有限公司(以下简称丹晨公司)。

被上诉人(原审被告):马凤英。

原审判决认定:涉案发明专利的专利号为ZL200680044064.5,名称为"具有可独立关节连接的脚趾部分的鞋",其专利权人为伐柏拉姆公司,专利申请日为2006年9月26日,授权公告日为2010年7月21日,目前专利有效。该专利的独立权利要求为:一种鞋,包括:鞋底;上部;紧邻上部形成在鞋底上的凸形部。其中,所述鞋底和上部限定了单个的脚趾部分,所述脚趾部分被构造成接收、保持并且允许插入鞋中的脚的对应的单个的脚趾的独立关节连接;鞋底包括绕着脚的至少一部分向上延伸的部分;鞋底成形为顺从并符合脚的自然形状和造型;鞋底包括密切对应于脚的形状的造型和弯曲部分;鞋底的所述延伸部分包括脚趾帽,所述脚趾帽绕着所述单个的脚趾中的一个的前部延伸并且延伸越过所述脚趾的趾甲区域的至少一部分,以及所述凸形部被构造成配合插入鞋中的脚的前脚分。

丹晨公司在其公司网站展示涉案五趾鞋产品,并标注产品图片、价格、"五指鞋、五趾鞋批发"等字样。丹晨公司在其公司厂区样品间展示涉案五趾鞋产品。

---

① 案例来源:浙江省高级人民法院(2012)浙知终字第293号判决。

马凤英将两双被诉侵权五趾鞋销售给伐柏拉姆公司,销售单价人民币300元。

伐柏拉姆公司认为丹晨公司和马凤英制造、销售的丹晨五趾鞋完全落入了其发明专利权的保护范围,侵害了其公司的合法权益,遂于2010年11月8日诉至原审法院,请求判令丹晨公司、马凤英:1. 立即停止侵犯涉案发明专利权的行为;2. 赔偿伐柏拉姆公司因被侵权受到的损失以及为制止侵权的合理开支共计30万元。

丹晨公司答辩称:1. 该公司系根据其生产五趾袜的经验及公知技术独立研发了被诉侵权五趾鞋;2. 涉案专利技术特征早已公开,该公司已向中华人民共和国国家知识产权局专利复审委员会(以下简称专利复审委)就涉案专利提出无效宣告请求;3. 被诉侵权产品未落入涉案专利权的保护范围。

马凤英答辩称:其销售的被诉侵权产品具有合法来源,其基于相信丹晨公司系被诉侵权产品的合法专利权人而与该公司的地区经销商签订了买卖合同,主观上亦无侵权故意。

【基本问题】

被控侵权产品"五趾鞋"是否在伐柏拉姆公司发明专利的独立权利要求范围内?

【讨论与分析】

原审法院认为,专利法(2008)第五十九条第一款规定:"发明或者实用新型专利权的保护范围以其权利要求的内容为准,说明书及附图可以用于解释权利要求的内容。"《最高人民法院关于审理侵犯专利权纠纷案件应用法律若干问题的解释》(2010)第七条规定:"人民法院判定被诉侵权技术方案是否落入专利权的保护范围,应当审查权利人主张的权利要求所记载的全部技术特征。被诉侵权技术方案包含与权利要求记载的全部技术特征相同或者等同的技术特征的,人民法院应当认定其落入专利权的保护范围;被诉侵权技术方案的技术特征与权利要求记载的全部技术特征相比,缺少权利要求记载的一个以上的技术特征,或者有一个以上技术特征不相同也不等同的,人民法院应当认定其没有落入专利权的保护范围。"

经比对,伐柏拉姆公司认为被诉侵权产品与其专利独立权利要求相同;丹晨公司、马凤英认为存在一处区别:被诉侵权产品没有凸形部,仅有凹陷,而涉案专利权利要求限定为"紧邻上部形成在鞋底上的凸形部"。

原审法院认为,针对该区别,涉案专利对凸形部限定:"紧邻上部形成在鞋底上的凸形部"以及"所述凸形部被构造成配合插入鞋中的脚的前脚分。"故根据该权利要求,鞋底的对应于前脚分的部分形成有凸形部,从而实现以下效果:在穿戴者穿着该鞋时,当小重量放置在鞋底上时,凸形部轻轻按压穿戴者脚的底部,凸形部这种轻轻向上的压力给穿戴者提供了抚慰、舒服的感觉;在穿戴者向凸形部施加重量或者在施加重量之前,在凸形部提供的轻柔向上的力能用来张开穿戴者脚趾从而用于增加舒适感、提供与地面的增加接触。根据说明书的解释,前脚分系指从中间脚分向前延伸并且主要对应于拓球区域,也就是拓骨和贴近趾骨结合的邻接区域。而被诉侵权产品在鞋底的凸起设计在人脚趾骨的自然弯曲部分,是鞋底(贴近地面一侧)的凹陷所对应的在鞋底贴近人脚一侧的突起,更多起到的是防止脚中部挤压脚趾的作用,故被诉侵权产品的凸起与涉案专利的凸形部具体位置、所起作用均不相同。综上,被诉侵权产品不具备伐柏拉姆公司涉案专利的权利要求所载明的"紧邻上部形成在鞋底上的凸形部"的技术特征,故没有落入其涉案专利权的保护范围,伐柏拉姆公司提出的丹晨公司、马凤英侵犯其涉案专利权的主张不成立。鉴于被诉侵权产品未落入伐柏拉姆公司涉案专利权保护范围,故对丹晨公司的现有技术抗辩是否成立、马凤英是否具有合法来源等争议,原审法院不再予以评述。

综上,原审法院判决驳回伐柏拉姆公司的全部诉讼请求。

案例41 湖南千山制药机械股份有限公司与山东新华医疗器械股份有限公司等侵害发明专利权纠纷案[①]

【案情简介】

上诉人(一审原告):湖南千山制药机械股份有限公司(以下简称千山公司)。
被上诉人(一审被告):山东新华医疗器械股份有限公司(以下简称新华公司)。
被上诉人(一审被告):华润双鹤药业股份有限公司(以下简称华润双鹤公司)。
千山公司是名称为"一种软袋输液生产线"的发明专利申请(以下简称涉案

---

① 案例来源:北京市高级人民法院(2014)高民终字第723号判决。

专利）的专利权人，专利号为 ZL200810183159.6。千山公司发现，新华公司生产、销售的产品侵害了其涉案专利的专利权，故将新华公司以及被控侵权产品的购买和使用者华润双鹤公司诉至法院。

千山公司明确以涉案专利权利要求3、4、6、7、9作为本案主张权利的依据，其中权利要求3为独立权利要求，权利要求4、6、7、9为从属权利要求。其中权利要求3的内容为："根据权利要求1或2所述的软袋输液生产线，其特征在于，所述袋转移机构包括：夹持装置，用于夹持所述袋子；平移转动机构，包括平移单元和转动单元，所述平移单元带动所述夹持装置在所述出袋工位与所述进袋工位之间移动，在此期间所述转动单元带动所述夹持装置转动；取袋机构，将所述袋子从所述出袋工位中取出并送入所述夹持装置，以及将所述袋子从所述夹持装置中取出并送入所述进袋工位；以及支架，所述平移转动机构设置在所述支架上。"

涉案专利说明书共披露了6个实施例。其中，在第一、第二、第四、第五实施例中，夹持装置为被动型夹持装置；在第三、第六实施例中，夹持装置为主动型夹持装置。在第一、第二、第三实施例中，平移转动机构为四杆机构；在第四、第五、第六实施例中，平移转动机构为平移翻转机构，其特征即为权利要求6记载的附加技术特征。在第一、第四实施例中，取袋机构包括袋推出机构和袋推入机构，其特征即为权利要求9记载的附加技术特征；在第二、第五实施例中，取袋机构在第一、第四实施例的基础上，通过优化翻转梁的结构，省去了袋推入机构的上下运动气缸；在第三、第六实施例中，取袋机构包括带导向装置的取袋气缸和气爪，其中，取袋气缸固定在平移转动机构上，气爪固定在取袋气缸的活塞杆上。

【基本问题】

涉案专利权利要求3中的袋转移机构、平移转动机构是否为功能限定性特征？

【讨论与分析】

一审法院认为：对于权利要求3的附加技术特征，其对袋转移机构进行了进一步限定，记载了袋转移机构所包括的部件名称及夹持装置、平移转动机构和取袋机构各自的功能，虽然描述了平移转动机构的安装位置，但并未描述夹持装置、平移转动机构和取袋机构的结构、材料等特征。故就袋转移机构而言，仍属于以功能进行表述的技术特征，应当结合说明书和附图描述的该功能或者效果的具体实施方式及其等同的实施方式，确定该技术特征的内容。因此，权利要求3附加技术特征的内容应为涉案专利说明书和附图描述的6个实施例中实现袋转移机构功能的方式及其等同的方式。其中,翻转气缸是实现袋转移机构的功能所必须的结构,属于该功能性特征的内容。旋转气缸是专利申请日的现有技术,通过旋转气缸自身的驱动能够实现翻转功能,而翻转气缸需要通过铰接连接的方式使气缸由直线运动变为翻转运动。以专利申请日的标准,两者使用的并非基本相同的手段,故使用旋转气缸并非该功能性特征具体实施方式的等同实施方式,不属于该功能性特征的内容。

由于权利要求4、6、7、9均引用了权利要求3的技术特征,故被诉侵权产品未落入涉案权利要求4、6、7、9的保护范围。

二审法院认为:本案中,涉案专利权利要求3的附加技术特征对袋转移机构进行了进一步限定,记载了袋转移机构所包括的部件名称及夹持装置、平移转动机构和取袋机构各自的功能。虽然描述了平移转动机构的安装位置,但并未描述夹持装置、平移转动机构和取袋机构的结构、材料等特征。故就袋转移机构和平移转动机构而言,仍属于以功能进行表述的技术特征,应当结合说明书和附图描述的该功能或者效果的具体实施方式及其等同的实施方式,确定该技术特征的内容。鉴于涉案专利权利要求3中的袋转移机构和平移转动机构是功能性限定特征,故应当结合说明书披露的具体实施方式及其等同方式确定权利要求3的保护范围。对于平移转动机构,说明书记载了两种实施方式:一种为四杆机构,另一种为平移翻转机构,故四杆机构和平移翻转机构及其等同实施方式均是权利要求3的保护范围。

将被诉侵权产品与涉案专利权利要求3中含平移翻转机构的技术方案相比,两者的区别仅仅在于平移转动机构中的翻转机构存在区别,被诉侵权产品中的翻转机构为旋转气缸和翻转梁的组合,而涉案专利权利要求3的翻转机构为翻转气缸、铰接件及翻转梁的组合。判断被诉侵权产品是否落入涉案专利权利要求3的保护范围的关键是,被诉侵权产品中旋转气缸对涉案专利权利要求3中翻转气缸及铰接件的组合的替换是否构成等同替换。涉案专利中的翻转气缸是直线运动气缸,被诉侵权产品中的旋转气缸是摆动气缸,即自身就可以实现摆动的功能。根据千山公司在二审中提交的《机械设计手册》,本领域的技术人员所公知,翻转气缸和旋转气缸本身均是涉案专利申请日前已有的气缸型式,其自身特性也已经为本领域的技术人员所熟知,即翻转气缸为通过活塞杆进行往复直线运动,旋转气缸为通过叶片输出驱动轴实现角度摆动转动,利用旋转气缸的角度摆动特性实现工件的翻转也早已经是专利申请日前本领域的技术人员所熟知的应用。在此情况下，对于本领域的普通技术人员来说，将涉案专利中的翻转气缸及铰接部件的组合替换为被诉侵权产品中的旋转气缸，可以说是一种仅仅利用了气缸的特性而进行的替换，两者的手段基本相同，实现的功能相同，达到的效果相同或基本相同，即都是通过气缸运动来实现翻转功能，而且这一技术手段的替换在涉案专利申请日前对于本领域的技术人员来说是无须经过创造性劳动就能够想到的。因此，以涉案专利申请日为准，二者构成等同实施方式。综上，被诉侵权产品落入了涉案专利权利要求3的保护范围。

从属权利要求4、6、7、9均直接或间接引用权利要求3，因此在上述权利要求中权利要求3的保护范围最大。鉴于已经认定被诉侵权产品落入了权利要求3的保护范围，本院无须继续对被诉侵权产品是否落入其他权利要求进行审理。

保护专利权的根本目标是确保专利权人因发明创造得到足够的经济回报。千山公司因本案被诉侵权产品而产生的经济损失已得到了充分补偿，涉案专利权受侵害的状态已经得到恢复，千山公司要求保护涉案专利权的目的已经实现。华润双鹤公司购买、使用被诉侵权产品主观上是善意的，不存在过错，也支付了合理对价。被诉侵权产品价格高昂，且早已投入生产运营，若责令华润双鹤公司停止使用该产品，将给其生产经营造成重大冲击和经济损失，亦会不当地增加后续处理所带来的成本，损害经济效率和社会整体利益。从利益平衡的角度考虑，对千山公司要求华润双鹤公司停止使用被诉侵权产品的诉讼请求不予支持。

最终法院撤销了一审判决，判定新华公司和华润双鹤公司的涉案行为构成专利侵权，但免除了华润双鹤公司停止侵权的责任。

案例42　上海拓鹰机电设备有限公司与上海昱品通信科技有限公司专利权权属纠纷案[①]

【案情简介】

原告：上海拓鹰机电设备有限公司。

被告：上海昱品通信科技有限公司。

---

① 案例来源：上海市第一中级人民法院(2013)沪一中民五(知)初字第140号判决。

原告系一家从事光纤、光缆制造设备研究和生产的专业公司,从2001年开始自主研发SZ绞合束管成缆机,目前该款设备技术先进性和可靠性得到客户充分认可,市场占有率达70%。光纤束管SZ绞合装置和扎纱装置是该产品生产线的核心部件。第三人申魁、张水明、赵小卫分别于2006年3月、2009年6月、2008年3月进入原告公司,分别任职技术部、生产部、服务部,掌握了原告公司的先进技术,上述3人于2011年5月至9月间分别离职,以家属名义注册了经营范围与原告公司相同的上海拓鹰机电设备有限公司(以下简称拓鹰公司),并于2012年3月14日以拓鹰公司为申请人,申请了名称为"一种SZ绞合光缆成缆机绞合装置"(专利号:ZL×××××××××××.1)的实用新型专利,并获得授权。被告成立于2012年10月15日,经营范围为机电设备、光纤光缆设备、电缆设备、自动化设备设计、制造、加工、批发、零售等业务。2013年1月23日,系争专利由拓鹰公司转移至被告公司名下。2013年4月1日,拓鹰公司注销。原告认为该专利是3位第三人在该公司时的职务发明,该专利应该归属原告公司所有。

【基本问题】

1. 被告诉讼主体是否适格？
2. 系争专利是否为职务发明？

【讨论与分析】

依据民事诉讼法(2012)第一百一十九条之规定,起诉必须符合下列条件:(1)原告是与本案有直接利害关系的公民、法人和其他组织;(2)有明确的被告;(3)有具体的诉讼请求和事实、理由;(4)属于人民法院受理民事诉讼的范围和受诉人民法院管辖。本案中,原告的诉讼标的物为系争专利,原告与系争专利的权属具有直接利害关系。现该系争专利所有权归属被告,原告可以依法向被告主张权利。至于被告专利所有权来源合法或非法的问题,属于人民法院实体审查的范畴,与被告的诉讼主体无关。

专利法(2008)第六条规定,"执行本单位的任务或者主要是利用本单位的物质技术条件所完成的发明创造为职务发明创造。职务发明创造申请专利的权利属于该单位;申请被批准后,该单位为专利权人。"专利法实施细则(2010)第十二条第一款规定:"专利法第六条所称执行本单位的任务所完成的职务发明创造,是指:(1)在本职工作中作的发明创造;(2)履行本单位交付的本职工作之外的任务所作出的发明创造;(3)退休、调离原单位后或者劳动、人事关系终止后1年内作出的,与其在原单位承担的本职工作或者原单位分配的任务有关的发明创造。"上述法律规范表明,发明人与原单位劳动关系终止后一年内作出的与其在原单位承担的本职工作或者分配的任务有关的发明创造属于职务发明创造,专利权应当归属原单位;且专利法实施细则(2010)第十二条中"有关"的表述说明,职务发明创造的技术特征与发明人在原单位执行任务时所接触的技术方案并不需要一一对应的关系。原告的主要产品为SZ光缆成缆机,该机器设备包括了光缆机绞合装置。系争专利3名发明人为赵小卫、张水明、申魁,其中赵小卫在原告处从事电气设计(自动控制工程师)、调试、工艺、服务等工作内容,张水明在原告处从事装钳工、安装、调试、服务等工作内容,申魁在原告处从事机械设计、调试、工艺、服务等工作内容,上述工作内容说明3名发明人有机会接触到光缆成缆机相关部件的图纸及实物;且从申魁在原告处设计过的图纸来看,系争专利中的伺服电机、束管、传动机构、检测装置、机架等在图纸中均有所反映。因此,原审法院认为,系争专利与3名发明人在原告处承担的本职工作或分配的任务之间具有关联性。

二审法院认为:上诉人提交了相关证据,虽可证明拓鹰公司曾与案外人海南光通信技术有限公司签订"STR2#高速成缆机设备"的采购合同,但根据二审当庭比对,无法确认上述设备所具有的全部技术特征;退言之,即便如拓鹰公司所称上述设备的技术特征与系争专利的技术特征一致,且在本案专利申请日之前上述设备已经生产并予以销售,上述证据亦属用于证明系争专利缺乏新颖性的相关材料,而根据我国现有法律,专利权的效力问题并不属于法院在专利民事诉讼中的审查范畴。因此,上述证据二审法院不予采纳。

上诉人拓鹰公司认为,昱品公司的图纸技术都是毫无秘密的技术,系争专利比昱品公司图纸的技术特征有了实质性进步;昱品公司无证据证明系争专利是该公司的商业秘密。二审法院认为,判断系争专利权权利归属的事实依据在于三名原审第三人是否为执行原单位分派的工作任务或者主要是利用原单位物质技术条件完成该发明创造。至于上述人员在工作中所经手的图纸是否承载有技术秘密、系争专利技术较之上述图纸是否具有实质性进步以及系争专利技术是否属于商业秘密,均非本案专利权权属纠纷的案件审理范畴。此外,上诉人拓鹰公司还认为,昱品公司在系争专利技术公开后再申请专利不应享有该专利权。本院认为,拓鹰公司该主张涉及系争专利技术是否可以依法被授予专利权之行政授权审查问题,同样不属于本案专利权属民事纠纷之审理范畴,故二审法院依法不予审查。因此,二审法院作出驳回上诉,维持原判的判决。

案例43　柳艳舟、程旭波与程海波植物新品种权属纠纷案[①]

【案情简介】

上诉人(原审被告):柳艳舟。

上诉人(原审被告):程旭波。

被上诉人(原审原告):程海波。

程旭波与程海波是兄弟关系。2002年11月1日,双方签订一份《协议书》,确认甲方(程海波)从1995年以前就独立奠定了"玉米稻技术"的前期基础;乙方(程旭波)从1995年开始,负责玉米稻宣传、推广、争取各方面的支持,特别是富民水稻研究所成立以后,乙方负责组织协作及资金筹措和对专利技术的取得,发挥重要和关键的作用;玉米稻技术的知识产权所得的利润、收入甲乙双方依法享有的部分,甲乙双方各占50%;从2002年11月1日起,从政府及有关部门争取的支持经费,优先支付成本,其余资金应用于实验、研究、宣传、推广等与试种有关事项。协议签订后,双方因经费的使用等问题发生纠纷,程海波遂于2003年5月8日发表声明,中止与程旭波的合作。协议中止后,双方未就玉米稻技术成果的归属进行处理。2006年1月23日,程旭波与柳艳舟就"程氏玉稻1号"向农业部申报品种权,农业部于2009年9月1日核发了"程氏玉稻1号"品种权证书,证书号为CNA20060035.4,品种权人为程旭波、柳艳舟,培育人为程旭波、程海波。程海波认为其系"程氏玉稻1号"植物新品种培育人之一,因该技术成果获得的植物新品种权应归属程海波、程旭波共有,柳艳舟不具备获取该品种权的资格,遂诉至法院。请求判令确认程海波是"程氏玉稻1号"植物新品种的共有人。

[①] 案例来源:安徽省高级人民法院(2012)皖民三终字第00007号判决。

【基本问题】

如何确定植物新品种非植物育种的申请权归属？

【讨论与分析】

原审法院认为：程海波长期参与玉米稻技术的研发工作。2006年1月23日，程旭波、柳艳舟申请"程氏玉稻1号"品种权时，程旭波与程海波中止合作研发玉米稻技术已有3年的时间，但并不能否认程海波对玉米稻技术所作出的创造性劳动及其贡献，不能将程海波与程旭波前期合作研发的玉米稻技术与"程氏玉稻1号"新品种技术隔离开来。程旭波、柳艳舟在"程氏玉稻1号"品种权证书中既然确认了程海波为培育人的法律地位，即应当知道程海波所应享有的培育人权利，程旭波、柳艳舟虽否认程海波参与"程氏玉稻1号"品种权的培育，但对程海波为何被列为培育人未作出合理的解释，也无证据证明登记错误。该院结合程海波长期从事玉米稻技术研发、"程氏玉稻1号"品种权证书将程海波列为培育人的事实，确认程海波为"程氏玉稻1号"的实际培育人之一。

本案讼争的"程氏玉稻1号"品种权系非职务育种。《中华人民共和国植物新品种保护条例实施细则（农业部分）》（2007）第九条规定"完成新品种培育的人员（以下简称培育人），是指对新品种培育作出创造性贡献的人，仅负责组织管理工作、为物质条件提供方便或者从事其他辅助工作的人不能被视为培育人。"植物新品种保护条例（1997）第七条第一款规定对于非职务育种，申请权属于完成育种的个人，申请被批准后品种权属于申请人。据此，程海波作为"程氏玉稻1号"的培育人之一，依法应享有该品种的共有申请权，在申请被批准后应为品种权的共有人之一。

现有的证据无法证明柳艳舟参与了"程氏玉稻1号"新品种技术的研发，并为此作出了创造性的劳动，也没有证据证明柳艳舟以委托、合作育种或以买卖的方式取得了讼争"程氏玉稻1号"品种权的共有权利，故柳艳舟作为讼争品种权的共有人，有悖于现行的法律法规及本案查明的事实，依法应予纠正。程旭波庭审中辩称柳艳舟之所以对讼争品种权享有共有权利，是基于柳艳舟在讼争品种权申报过程中出钱出力，程旭波感念柳艳舟所作贡献而对其的赠与。原审法院认为，根据查明的程海波为讼争"程氏玉稻1号"玉米稻技术共有人之一的事实，程旭波单方将此技术的申请权赠与他人的行为构成了无权处分，该无权处分的行为侵害了程海波的利益,程海波对此以诉讼的方式提出异议,致该赠与行为无效。柳艳舟认为,即便赠与行为无效,其取得共有权也为善意取得。对此,原审法院认为,我国现行法律规定的善意取得制度,并不适用于没有合理对价的赠与行为,柳艳舟的此项抗辩理由没有法律依据,依法予以驳回。

综上,程海波为"程氏玉稻1号"技术的实际培育人之一,应为"程氏玉稻1号"品种权的共有人之一。柳艳舟作为"程氏玉稻1号"品种权共有人之一,与本案查明的事实和现有的法律规定相悖,依法应予纠正。据此,依照植物新品种保护条例(1997)第七条第一款,《中华人民共和国植物新品种保护条例实施细则(农业部分)》(2007)第九条,《最高人民法院关于审理植物新品种纠纷案件若干问题的解释(一)》第一条第(七)项的规定,判决:"程氏玉稻1号"植物新品种权归程海波与程旭波共同共有。

柳艳舟、程旭波不服原审判决,向安徽省高级人民法院提起上诉称:1.原审法院篡改了原审原告的诉讼请求。2.程旭波让与部分新品种权,原审认定"无权处分"不当。3.程旭波让与部分新品种权行为的效力,应当通过独立的司法途径确认。4.人民法院无权在民事诉讼中"纠正"国家机关授权登记行为的错误。5.上诉人参与了"程氏玉稻1号"的研发工作,柳艳舟有偿取得"程氏玉稻1号"部分申请权和新品种权(30%),不是受赠,原审法院认定事实错误。且品种权申请过程中,授予机关进行了两次公告,程海波均未提出异议,应视为对两上诉人品种权的认可。6.原审适用法律错误。请求二审法院依法改判驳回程海波的诉讼请求或将案发回重审。

安徽省高级人民法院查明的事实与原审一致,归纳二审争议焦点为:一、原审判决是否超出原告程海波的诉讼请求;二、程海波是否享有涉案"程氏玉稻1号"的植物新品种权;三、程旭波让与柳艳舟"程氏玉稻1号"部分植物新品种权的行为是否有效。

安徽省高级人民法院认为,本案中,一、二审两项请求权虽表述不一致,但其性质均是确认之诉,目的是请求确认权利归属,原审法院也是围绕涉案植物品种权的权利归属进行审理,并未超出原告程海波的诉讼请求。本案中,没有程海波的前期研发,就没有后续的品种权。因此,可以认定程海波对"程氏玉稻1号"新品种技术作出过创造性贡献。依据植物新品种保护条例(1997)第七条第二款的规定:"委托育种或者合作育种,品种权的归属由当事人在合同中约定;没有合同约定的,品种权属于受委托完成或者共同完成育种的单位或者个人。"故涉案"程氏玉稻1号"植物新品种的申请权应当由程海波与程旭波共同行使。鉴于程海波与程旭波签订的《协议书》中仅约定品种权的利润各占50%,双方并未对涉案品种权约定按份共有,故应视为共同共有。又因程旭波将涉案品种权部分让予柳艳舟,未经程海波同意,且在本案一、二审诉讼中,柳艳舟并未提供证据证明其参与了"程氏玉稻1号"新品种技术的研发,并为此作出了创造性的劳动,也没有证据证明其以委托、合作育种或等价有偿的方式取得讼争"程氏玉稻1号"品种权的共有权利。《中华人民共和国植物新品种保护条例实施细则(农业部分)》(2007)第九条规定:"完成新品种培育的人员(以下简称培育人)是指对新品种培育作出创造性贡献的人。仅负责组织管理工作、为物质条件提供方便或者从事其他辅助工作的人不能被视为培育人。"据此,程旭波的单方处分行为,属擅自处分,该让予行为无效。柳艳舟不是涉案"程氏玉稻1号"植物新品种的培育人,其上诉主张享有涉案"程氏玉稻1号"植物新品种权缺乏事实和法律依据。

综上,上诉人的上诉理由均不能成立,其上诉请求应予驳回。原判法院认定事实清楚,适用法律正确,审判程序合法。虽然裁判说理中有个别词句表述欠妥,但确认涉案"程氏玉稻1号"植物新品种权归程海波与程旭波共同共有正确,二审法院予以维持。二审法院驳回上诉,维持原判。

案例44 莱州市金海种业有限公司与张掖市富凯农业科技有限责任公司侵害植物新品种权纠纷案[①]

【案情简介】

原告:莱州市金海种业有限公司。

被告:张掖市富凯农业科技有限责任公司。

莱州市金海种业有限公司(以下简称金海种业)经品种权人金海农作物研究所授权,享有玉米新品种"金海5号"的独家生产经营权及以自己的名义提起诉讼的权利。2011年张掖市富凯农业有限责任公司(以下简称富凯公司)在甘

---

① 案例来源:甘肃省张掖市中级人民法院(2012)张中民初字第28号民事判决。

州区沙井镇古城村进行玉米制种,金海种业遂以富凯公司侵犯"金海5号"玉米植物新品种权为由提起诉讼。张掖市中级人民法院受理后,经证据保全并委托北京玉米种子检测中心,对被提取的样品与农业部植物新品种保护办公室植物新品种保藏中心的"金海5号"标准样品进行了DNA指纹图谱检测。待测样品与农业部品种保护的对照样品金海5号比较,在40个位点上,有1个差异位点,结论为无明显差异。原审法院以被控侵权物与授权品种不是同一品种,不构成侵权为由,判令驳回原告的诉讼请求。宣判后,金海种业不服,向省高级人民法院提起上诉,省高级人民法院二审撤销了一审判决,改判被告停止侵权并赔偿原告经济损失50万元。

【基本问题】

如何确定侵权品种与权利人的授权品种是同一品种?

【讨论与分析】

解决这一问题,主要依靠鉴定,即本案中的DNA指纹图谱检测。一般来讲,检测中的40个位点全部相同,差异位点数为0,可确定为同一品种;差异位点数为2,可确定为不同品种。本案中,差异位点数为1,不能证明不是同一品种,此时应由被告继续举证。由于本案被告举证不能,必须承担举证不利的法律后果,二审法院依法改判富凯公司构成侵权并承担赔偿责任。这一案例被甘肃省人民法院收录为2014年度知识产权司法保护十大案例之一,具有相当的指导意义。

案件45 钜泉光电科技(上海)股份有限公司等诉上海雅创电子零件有限公司侵害集成电路布图设计专有权纠纷案[①]

【案情简介】

上诉人(一审原告):钜泉光电科技(上海)股份有限公司(以下简称钜泉公司)。

---

① 案例来源:上海市第一中级人民法院(2010)沪一中民五(知)初字第51号判决。

上诉人(一审被告):深圳市锐能微科技有限公司(以下简称锐能微公司)。

一审被告:上海雅创电子零件有限公司(以下简称雅创公司)。

钜泉公司于2008年3月1日完成了名称为ATT7021AU的集成电路布图设计(以下简称涉案布图设计),并于同年5月9日向国家知识产权局提交集成电路布图设计申请,同年7月2日获得布图设计登记证书,登记号为BS.×××××××.7。锐能微公司未经钜泉公司许可,在其生产、销售的RN8209、RN8209G芯片(以下简称涉案芯片)中包含了钜泉公司ATT7021AU集成电路布图设计中具有独创性的"数字地轨与模拟地轨衔接的布图"和"独立升压器电路布图",故此钜泉公司认为锐能微公司侵犯了其集成电路布图设计专有权。由于雅创公司也参与了涉案芯片的销售活动,故该公司也被钜泉公司列为被控侵权当事人。

锐能微公司认为其芯片的布图设计与涉案的布图设计不同,是通过自身的独创性实现芯片功能的提升和飞跃。同时,锐能微公司认为涉案布图设计不具有独创性,属于常规设计。据此,锐能微公司辩称其芯片的布图设计没有落入涉案布图设计专有权的保护范围,不构成侵权。在上诉阶段,锐能微公司认为其是在分析涉案布图设计电路原理的基础上创造的新设计,符合《集成电路布图设计保护条例》第二十三条关于"反向工程"的规定。另外,锐能微公司还认为,涉案布图设计中的两个创新点仅占整个芯片布图设计的很小部分,因此锐能微公司的布图设计与钜泉公司的布图设计不相同,也不构成实质性相似,不应当判定为侵权。

【基本问题】

1. 涉案集成电路布图设计是否具有独创性?
2. 锐能微公司的行为是否侵犯了涉案布图设计的专有权?

【讨论与分析】

一、涉案集成电路布图设计是否具有独创性

一审法院认为:依据《集成电路布图设计保护条例》(以下简称《条例》)第四条第一款规定,判断布图设计是否具有独创性,应当判断布图设计是否具有创作者的智力劳动成果,同时还应当判断布图设计是否为公认的常规设计。首先,涉案布图设计是其在受让案外人炬力公司电能计量芯片专有技术基础上进一步研发而完成创作的,故该布图设计包含了钜泉公司的智力劳动成果。其次,涉案布图设计中"数字地轨与模拟地轨衔接的布图"与"独立升压器电路布图"具有一定的独创性。锐能微公司用于常规设计抗辩的证据,有的是ESD电路的原理及电原理图例,而不是在集成电路布图设计中实现ESD网络电原理图的布图设计;有的是在先布图设计没有显示与涉案布图设计相同或者实质性相似的布图设计,也看不到田字形布图;有的仅是集成电路产品制作过程中的相关工艺,而不是具体布图设计;有的虽然是钜泉公司上述布图设计中的一个组成部分,但并非主要、核心部分。由此可见,锐能微公司的证据尚不足以证明"数字地轨与模拟地轨衔接的布图"和"独立升压器电路布图"属于公认的常规设计。故此,涉案布图设计是具有独创性的设计,钜泉公司经登记依法享有该集成电路布图设计专有权。

二审法院认为:钜泉公司对于涉案布图设计中两个创新点具有独创性的主张已经完成了初步的举证责任。在钜泉公司已经完成初步举证责任的情况下,锐能微公司在本案中提交的证据材料不足以否定钜泉公司ATT7021AU集成电路布图设计中的"数字地轨与模拟地轨衔接的布图"和"独立升压器电路布图"具有独创性的结论。故此,涉案布图设计具有独创性。

二、锐能微公司的行为是否侵犯了涉案布图设计的专有权

一审法院认为:涉案芯片的布图设计包含了与涉案布图设计中"数字地轨与模拟地轨衔接的布图"和"独立升压器电路布图"相同的部分。这两部分布图虽然只是起辅助性的功能,但《条例》并未将那些基本电路或者起辅助性功能的布图设计排除在受保护的布图设计之外,这些布图设计如果具有独创性,且不属于公认的常规设计,同样应受到保护。关于"相似度"问题,《条例》也未规定两者芯片的布图设计达到怎样的"相似度"才能认定侵权,任何具有独创性的布图设计经登记都应受到《条例》的保护。未经权利人许可,复制权利人受保护的布图设计的任何具有独创性的部分,均构成侵权。据此,锐能微公司的行为构成侵权。雅创公司销售的涉案芯片系锐能微公司制造,在钜泉公司未能举证两被控侵权人系共同侵权的前提下,雅创公司不知道也没有合理理由应当知道涉案芯片中含有非法复制的布图设计,故其行为不应视为侵权。

二审法院认为:由于集成电路布图设计的创新空间有限,因此在布图设

侵权判定中对于两个布图设计构成相同或者实质性相似的认定应当采用较为严格的标准。本案中，即使按照较为严格的判定标准，锐能微公司涉案RN8209、RN8209G芯片的相应布图设计也与钜泉公司ATT7021AU集成电路布图设计中的"数字地轨与模拟地轨衔接的布图"和"独立升压器电路布图"构成实质性相似。《条例》第三十条第一款第（一）项规定，"复制受保护的布图设计的全部或者其中任何具有独创性的部分的""行为人必须立即停止侵权行为，并承担赔偿责任"。本案中，锐能微公司认可其接触了钜泉公司的ATT7021AU集成电路布图设计。现锐能微公司未经钜泉公司许可，在其生产、销售的涉案RN8209、RN8209G芯片中包含了钜泉公司ATT7021AU集成电路布图设计中具有独创性的"数字地轨与模拟地轨衔接的布图"和"独立升压器电路布图"，其行为已经侵犯了钜泉公司ATT7021AU集成电路布图设计专有权，应当承担相应的民事责任。

对于锐能微公司有关集成电路布图设计侵权判断标准应有相似度概念（即相似部分占芯片总体面积的比例）的主张，二审法院认为，依据《条例》第三十条第一款第（一）项规定的规定，复制受保护的布图设计的全部或者其中任何具有独创性的部分的行为均构成侵权。由此可见，受保护的布图设计中任何具有独创性的部分均受法律保护，而不论其在整个布图设计中的大小或者所起的作用，占整个集成电路布图设计比例很小的非核心部分布图设计的独创性也应得到法律保护。布图设计中任何具有独创性的部分的相同或者实质性相似与整个布图设计的相同或者实质性相似是两个不同的判定标准。只有在判定被控侵权行为是否属于复制布图设计的全部的情况下，才需要对整个芯片的布图设计是否相同或者实质性相似进行判断，从而才可能涉及锐能微公司所主张的两项集成电路布图设计整体相似度的问题。涉案布图设计中的两个创新点在整个芯片中所占的比例、所起的作用，仅属于侵权情节的考量因素，并不影响锐能微公司的行为已经侵犯钜泉公司依法享有的布图设计专有权的判定。

关于锐能微公司的行为是否适用《条例》第二十三条第（二）项的规定，二审法院认为，该条款规定，"在依据前项评价、分析受保护的布图设计的基础上，创作出具有独创性的布图设计的""可以不经布图设计权利人许可、不向其支付报酬"。实现相同或相似功能的芯片必然在电路原理上存在相似性，而电路原理不属于《条例》规定的可赋予专有权的部分，因此法律并不禁止对他人芯片的布图设计进行摄片进而分析其电路原理的这种反向工程的行为。在反向工程的基础上重新设计出具有独创性的布图设计,即通过对他人芯片的逐层摄片分析研究其中的电路原理,然后再进行重新设计或替换设计,这个过程中的分析和设计是要投入较多的时间和成本的。而在发展迅速的集成电路行业,竞争对手这些时间和成本的投入能够保证被模仿的企业可以在一定的时间内仍然保有自己的竞争优势,这也是法律允许反向工程的原因所在。但是,法律并不允许在反向工程的基础上直接复制他人的布图设计,因为这将大幅度减少竞争对手在时间和成本上的投入,从而极大地削弱被模仿企业的竞争优势,最终将降低整个集成电路行业创新的积极性。本案中,锐能微公司认可其接触了钜泉公司ATT7021AU集成电路布图设计,而非通过反向工程获得;锐能微公司未经许可直接复制了钜泉公司涉案布图设计的两个创新点,用于制造涉案芯片并进行销售。因此,无论锐能微公司涉案芯片的布图设计是否具有独创性,其行为均不适用《条例》第二十三条第(二)项的规定。

最终二审法院判决驳回上诉,维持原判。

案例46 宝钢集团有限公司、宝山钢铁股份有限公司与青岛宝钢五金制品有限公司商标侵权及不正当竞争纠纷案[①]

【案情简介】

上诉人(原审原告):宝钢集团有限公司(以下简称宝钢集团公司)

上诉人(原审原告):宝山钢铁股份有限公司(以下简称宝钢股份公司)

被上诉人(原审被告):青岛宝钢五金制品有限公司(以下简称宝钢五金公司)

"宝钢"既是宝钢集团公司的企业字号,也是宝钢集团公司和宝钢股份公司企业名称的简称,"宝钢"同时也是宝钢股份公司享有权利的注册商标,宝钢集团公司经授权取得了该商标的使用权。宝钢五金公司成立于2006年7月26

---

① 案例来源:山东省高级人民法院(2014)鲁民三终字第228号判决。

日,经营范围为:制钉,加工五金工具、模具、机械零部件。宝钢集团公司和宝钢股份公司认为宝钢五金公司在企业名称中使用"宝钢"二字侵犯了其商标权并构成不正当竞争,故此向法院提起诉讼,要求宝钢五金公司停止在企业名称中使用"宝钢"二字。

【基本问题】

宝钢五金公司是否存在侵犯宝钢集团公司和宝钢股份公司商标权及不正当竞争的行为?

【讨论与分析】

一审法院认为:本案中,宝钢集团公司和宝钢股份公司以宝钢五金公司在其企业名称中使用"宝钢"二字侵犯了其商标权并构成不正当竞争为由,要求宝钢五金公司停止在企业名称中使用"宝钢"二字,宝钢集团公司和宝钢股份公司用以证明宝钢五金公司侵权的证据为宝钢五金公司的工商登记材料。《最高人民法院关于审理商标民事纠纷案件适用法律若干问题的解释》(2002)第一条第(一)项规定"将与他人注册商标相同或者相近似的文字作为企业的字号在相同或者类似商品上突出使用,容易使相关公众产生误认的",属于给他人注册商标专用权造成其他损害的行为,《中华人民共和国反不正当竞争法》(1993)第五条第(三)项规定"擅自使用他人的企业名称或者姓名,引人误认为是他人的商品的",属不正当竞争行为。根据上述规定,无论"宝钢"商标是否为驰名商标,也无论宝钢集团公司和宝钢股份公司要求保护商标权,还是企业名称权,使用与他人相同或相似商标、企业名称,如构成侵权均须以容易使相关公众造成误认为要件。而是否造成误认,并不能仅以注册登记作为判断标准,而应当结合实际使用状况综合加以判断。本案中,宝钢集团公司和宝钢股份公司仅提交了宝钢五金公司的工商登记材料,而未提交其他实际使用的证据,因此无法证明宝钢五金公司在实际经营中使用了"宝钢"二字,进而无法证明宝钢五金公司的实际使用行为造成了相关公众的误认,侵犯了宝钢集团公司和宝钢股份公司的合法权益。因此,宝钢集团公司和宝钢股份公司的证据不能证明其主张,应承担举证不能的不利后果,一审法院对其诉讼请求不予支持,宝钢集团公司和宝钢股份公司可在取得新的证据后另行主张权利。

宝钢集团公司和宝钢股份公司不服一审判决,提起上诉,其主要理由是:

一、宝钢五金公司在企业名称中使用"宝钢"字样,足以导致或可能导致其交易客户和消费者误认为其是宝钢下属的从事五金制品加工制造的子企业,其行为已构成不正当竞争,不以其是否有突出使用或其他实际使用行为为前提;二、宝钢五金公司作为从事制钉、五金制品的企业,其业务范围与宝钢集团公司和宝钢股份公司从事的钢铁行业极其近似,其在2006年注册成立时,不可能不知道宝钢集团公司和宝钢股份公司作为国内钢铁行业龙头、领导者的地位和企业简称、字号和商标,其主观上具有攀附宝钢集团公司和宝钢股份公司驰名商标、名称字号知名度以及造成混淆的故意。

二审法院认为:无论是企业名称还是商标,都具有商业标识的属性,我国商标法及反不正当竞争法所禁止的行为,本质上都是使用和借助他人在先注册、使用的商业标识,进而引起市场混淆,损害他人竞争优势的行为。而对于商标法及反不正当竞争法意义上对商标和企业名称的使用,我国法律及司法解释有明确规定:我国商标法实施条例(2002年修订)第三条规定:"商标法和本条例所称商标的使用,包括将商标用于商品、商品包装或者容器以及商品交易文书上,或者将商标用于广告宣传、展览以及其他商业活动中。"《最高人民法院关于审理不正当竞争民事案件应用法律若干问题的解释》第七条也对反不正当竞争法意义上的"使用"进行了界定,即"在中国境内进行商业使用,包括将知名商品特有名称、包装、装潢或者企业名称、姓名用于商品、商品包装以及商品交易文书上,或者用于广告宣传、展览以及其他商业活动中"。可见,我国商标法和反不正当竞争法规制的是经营者在经营活动中对包括企业名称在内的商业标识的使用行为,而不是经营者为从事经营活动而进行的企业名称登记行为。

本案中,相关公众在购买商品或服务时,是以标注在商品或服务上的商业标识以及这些商业标识在商业活动中的具体使用情况来进行区分和选择,而并非依赖于企业在工商部门的登记注册情况。宝钢五金公司登记注册其企业名称的行为并不属于对企业名称进行商业使用的范畴,不会导致相关公众产生混淆或误认,也不会损害到宝钢集团公司和宝钢股份公司的商标权和企业名称权,不构成商标法及反不正当竞争法意义上的侵权行为,无须承担侵权民事责任。

此外,对于宝钢集团公司和宝钢股份公司要求认定其"宝钢"商标为驰名商标的主张,二审法院认为,依据《最高人民法院关于审理涉及驰名商标保护的民事纠纷案件应用法律若干问题的解释》第三条第一款第(二)项的规定,被诉侵犯商标权或者不正当竞争行为因不具备法律规定的其他要件而不成立的,人民法院对于所涉商标是否驰名不予审查。本案中,因宝钢集团公司和宝钢股份公司未提交证据证明宝钢五金公司存在侵犯其商标权或不正当竞争的行为,故本案无须再审查"宝钢"商标是否驰名,对宝钢集团公司和宝钢股份公司的该项主张本院依法不予支持。

最终二审法院驳回了上诉,维持了原判。

案例47　加多宝公司诉湖北日报传媒集团、广州医药集团不正当竞争纠纷案[①]

【案情简介】

原告:加多宝公司。

被告:湖北日报传媒集团。

被告:广州医药集团有限公司(以下简称"广药集团")。

原告加多宝诉称:2013年6月8日,被告湖北日报传媒集团在其下属《楚天都市报》上刊登了被告广药集团的整版广告《解密王老吉之争　外资企业加多宝老板行贿潜逃是根源》。此外,被告广药集团还在全国其他报刊上刊登了同样内容的广告。被告发布的广告内容涉及多方面、多种形式的广告违法行为与不正当竞争行为,虚构和扭曲事实、误导公众、诋毁原告商誉,严重侵害了原告的合法权益。遂请求法院判令被告停止侵权行为、赔礼道歉、消除影响并赔偿原告经济损失。

被告湖北日报传媒集团辩称:其与原告加多宝公司处于不同行业,不存在竞争关系;该集团及所属《楚天都市报》发布广告是受武汉楚汉之翼文化传播有限公司的委托,且尽到了形式上合理的审查义务,不应承担不正当竞争的法律责任。

被告广药集团辩称:1.尽管原告加多宝公司的企业名称中含有"加多宝"文字,但不代表其对争议广告中提及的"加多宝"享有合法权益,原告不具有诉

---

① 案例来源:湖北省武汉市中级人民法院(2013)鄂武汉中知初字第02061号判决。

讼主体资格。2. 诉争广告的刊载是被告广药集团正当权益受到损害后采取的救济措施,不存在违法行为,且内容基本上都是事实,均有证据予以证实。根据相关法律,虚假宣传和商业诋毁都是针对商品,而涉案报道没有对商品作出宣传。3. 原告加多宝公司没有举证证明其商誉受到何种损失,应承担举证不能的责任。因此,请求驳回原告对广药集团的诉讼请求。

【基本问题】

1. 原告加多宝公司是否为本案适格主体?
2. 被告湖北日报传媒集团发布争议广告时是否尽到了合理审查义务?

【分析与讨论】

一、原告加多宝公司是否为本案适格主体

武汉市中级人民法院认为,在确定原告与案件是否有直接利害关系时,可通过审查原告与起诉所依据的事实之间是否具有关联关系,原告的民事权益是否因该起诉事实受到直接的影响来进行判断。就不正当竞争行为而言,行为人所实施的不正当竞争行为可能针对具体的对象,还有可能针对不特定的对象;有可能针对单个竞争对手,也可能针对多个竞争对手。但不论该行为针对的对象是否明确、具体,只要该不正当竞争行为本身是特定、具体的,同时该行为所针对对象与不正当竞争行为人之间存在竞争关系,受该不正当竞争行为影响的经营者原则上都可以主张权利,否则将使不具体表明针对对象或有意模糊针对对象的不正当竞争行为逃避法律的规制,损害正常的市场竞争秩序。

具体到本案,可以确定争议广告所针对对象包括原告加多宝公司在内,因此原告加多宝公司为本案适格的原告,有权提起本案诉讼。

二、被告湖北日报传媒集团发布争议广告时是否尽到了合理审查义务

本案中,被告湖北日报传媒集团陈述争议广告的内容为广告主提供,并提交了刊发争议广告时掌握的背景材料和广告主的免责承诺。但从争议广告的标题和内容判断,该广告具有明确的针对性,且广告中的众多语词和观点陈述具有明显的诋毁性质,被告湖北日报传媒集团作为广告经营者理应对广告主提供的内容进行必要的审查,以免损害广告内容所涉竞争者的商誉,给他人的市场竞争力带来负面影响。显然,被告湖北日报传媒集团在刊发争议广告时未能尽到合理审慎的注意和审查义务,给原告加多宝公司商誉带来伤害,应当承担相应的民事责任。

关于被告湖北日报传媒集团主张的与原告加多宝公司处于不同行业、不存在竞争关系的辩称理由,法院认为,反不正当竞争法的立法要旨在于通过规制经营者的不正当竞争行为以维护正常的市场秩序。从规制现实中形式各样的不正当竞争行为以实现立法目的的角度考虑,不应将反不正当竞争法调整的竞争关系局限于同业者之间的竞争关系。对行为人帮助他人争取交易机会所产生的竞争关系以及因破坏他人竞争优势所产生的竞争关系,也应纳入反不正当竞争法的规制范畴。本案中,被告湖北日报传媒集团通过发布争议广告,在帮助被告广药集团提升企业形象、争取交易机会的同时破坏了原告加多宝公司的企业形象和竞争优势,其行为在性质上属于帮助他人实施不正当竞争行为,理应受反不正当竞争法的规制。

EPILOGUE

后　记

《知识产权法案例教程》是在我国创新法治人才培养机制，继续深化法学专业实践教学改革，不断提高法学专业学生实践创新能力的背景下编写的一部教程。本教程的特点有三：第一，真实性。所选案例全部为知识产权法诉讼和知识产权法复议实践中发生的案件，避免假想案件的出现。第二，典型性。案例尽量从《最高人民法院公报》《人民法院案例选》等权威出版物中择取，避免研讨意义不甚明显的案例。第三，理论与实践相结合。通过案例解析和印证理论，通过理论指导和总结实践，是案例分析的基本要求，也是本教程的目标。研读本教程，有利于激发法学专业学生学习知识产权法的兴趣，提高其解决实际问题的能力，对于高校法学教师、知识产权司法工作人员以及政府机关工作人员等也具有较高的参考价值。

本教程由袁海英任主编，邱丽阳、焦红梅、王司担任副主编。具体撰写分工如下（按所撰写案例先后为序）：

袁海英（河北大学法学院）：第1章案例1—案例10；

焦红梅（河北大学法学院）：第1章案例11—案例22；

邱丽阳（河北大学法学院）：第2章；

王司（河北大学法学院）：第3章。

全书由袁海英统稿，并经作者审定对个别章节内容作了必要修改。本教程的写作与出版得到了河北大学法学院领导的亲切关心、充分理解与鼎力支持，在此表示诚挚的谢意！

由于水平有限，加之时间仓促，书中不足之处在所难免，希望读者批评指正！

编　者
2022年1月